Goldstadt-Reiseführer
Band 304

Schwäbische Alb
Oberes Donautal

Reise- und Wanderführer

Hartmut Radel

21 Farbfotos
34 Fotos schwarz-weiß
2 Übersichtskarten
3 Skizzen

GOLDSTADTVERLAG PFORZHEIM

Titelbild: Blautopf in Blaubeuren
(Foto: Gerhard Jost, Pforzheim)

Meiner lieben Mutter

Den Damen und Herren im Württembergischen Fremdenverkehrsverband, in Bürgermeister- und Verkehrsämtern sowie der Evangelischen Jungenschaft „Horte“ besten Dank für die freundliche Unterstützung. Herzlich danke ich Gerhard Jost für seine Fotos und Skizzen. Für weitere Fotos dem Hauff Museum in Holzmaden und Günter Schäfer.

ISBN 3-87269-304-2

5. Auflage

Herstellung: Karl A. Schäfer, Buch- und Offsetdruckerei, Pforzheim
Vertrieb: GeoCenter Verlagsvertrieb GmbH, München

0591039130

Die Schwäbische Alb

Dieses 200 km lange Bergland steckt voller Überraschungen. Die Jüngeren entdecken geheimnisvolle Höhlen, schwindelnde Felskanzeln und romantische Raubritterburgen. Die Älteren, die das Abenteuern gern den Jungen überlassen, erfreuen sich an weiten Wacholderheiden, lichtdurchfluteten Buchenwäldern und malerischen Städtchen. Für beide aber reizvoll sind die weiten Ausblicke – oft bis zu den fernen Schneegipfeln der österreichischen bzw. Schweizer Alpen – und die gemütlichen Weinstuben, wo's handfeste Kost zu niedrigen Preisen gibt, – wo man herrliche Stunden lang an seinem „Viertele" Württemberger Wein „schlotze" kann. Gastfreundschaft und Gastlichkeit halten die Alb-Schwaben hoch. Der Gast ist stets willkommen und wird mit wohltuender Herzlichkeit umsorgt. Was ein echter Älbler ist, der braucht dazu nicht viele Worte. Er wirkt zuweilen verschlossen, weil er lieber ruhig ist als zuviel „z'babble". Er ist vielmehr ein geduldiger Zuhörer, der ab und zu durch deftige Kommentare erkennen läßt, daß er mit den Gedanken noch bei der Sache ist.

Die Schwäbische Alb müssen Sie sich erwandern, wenn Sie ihre Reize richtig erleben wollen. Sie ist eine Landschaft, die zum Schauen und Besinnen, zum Abenteuern und Entdecken einlädt. Freunde der Alb wissen das und haben sich durch den Schwäbischen Albverein ein Instrument geschaffen, die Albhöhen und -täler systematisch zu erschließen. Unter seiner Regie sind 12 000 km bezeichnete Wanderwege angelegt worden. Sie bieten dem Naturfreund einzigartige Möglichkeiten, die schönsten, oft versteckten Punkte zu erwandern. Auch für den Autotouristen ist gesorgt: 200 km lang ist die „Schwäbische Albstraße". Diese Ferienstraße führt den Wochenendausflügler und den Urlauber zu allen wichtigen kulturellen, historischen oder landschaftlichen Höhepunkten. An dieser Trasse und an den Zubringer-Straßen sind ca. 450 Wanderparkplätze eingerichtet, von denen Sie erfrischende Rundwanderungen unternehmen können.

Die Schwäbische Alb bietet mannigfaltige Abwechslung für Ihre Urlaubs-Beschäftigungen. Ideal sind Hänge und Winde für den Segelflugsport. Wasserratten haben ihren Spaß an modernen Höhen- und Waldfreibädern. Wer angeln möchte, findet gute Fischwasser in den klaren Bächen, die dem Neckar oder der Donau zufließen. Bergsteiger schätzen die idealen Kletterfelsen z.B. bei Urach, im Lautertal oder im oberen Donautal. Und Pferdefreunde kommen ebenfalls auf ihre Kosten. Reiten ist gar kein Problem. Es gibt, abgesehen von den Reitgelegenheiten auf Bauernhöfen, genügend Reitställe, Reiterpensionen, Fohlenhöfe und nicht zu vergessen das Landesgestüt Marbach mit verschiedenen Außenstellen, so z.B. Güterstein und St. Johann. Hier galoppieren edle Araber-Vollblutpferde und temperamentvolle Württemberger Landpferde über die Koppel.

Viel besucht ist die Schwäbische Alb auch im Winter. Bezeichnete Routen locken im unberührten Schnee zu herrlichen Skiwanderungen durch verschneite Wälder und über in der Sonne glänzende Schneekuppen. Wer es liebt, ungestört in winterstiller Natur zu sein, der findet hier eines der letzten Schneeparadiese auf deutschem Boden. Der rasante Pistenhase dagegen hat in den Wintersportzentren wie z.B. in Schopfloch oder Donnstetten genügend Gelegenheit, sich auf schnellen Abfahrtshängen (mit Skiliften) auszutoben.

Wenn Sie Ihren Körper gründlich entschlacken oder sich von einer Krankheit erholen möchten, dann finden Sie die allerbeste Pflege in einem der anerkannten Alb-Heilbäder, Erholungs- oder Luftkurorte. Im oberen Filstal liegen Bad Ditzenbach, Bad Überkingen und Bad Boll, im Eyachtal Bad Imnau, alle mit vielfachen Kurerfolgen bei Herz-, Kreislauf- und Stoffwechselleiden. Bad Sebastiansweiler, zwischen Tübingen und Hechingen gelegen, hat sich als Schwefel-Heilbad bei Rheuma und Hauterkrankungen einen Namen gemacht.

Die Schwäbische Alb ist eines der frühest besiedelten Gebiete in Europa. In den Wohnhöhlen des Lonetales beispielsweise hat man Werkzeuge der Altsteinzeitjäger gefunden; auch aus der Bronze- und Hallstattzeit liegen zahlreiche Funde vor. Die Kelten haben später ganze Bergplateaus befestigt. Reste ihrer Ringburgen sind noch auf dem Ipf bei Bopfingen, auf dem Rosenstein bei Heubach, am Heidengraben bei Grabenstetten und oberhalb der Donau in der Heuneburg zu sehen. Zeugen einer großen geschichtlichen Vergangenheit sind auch die Burgen, Schlösser und Ruinen, die viele Gipfel krönen. Zwei der bedeutendsten Herrschergeschlechter der deutschen Geschichte hatten auf der Alb ihren Stammsitz: die

Hohenstaufer und die Hohenzollern. – Nachhaltigen Eindruck hinterlassen Klöster und Kirchen, die in der sakralen Kunst einen beachtlichen Höhepunkt – vor allem in der gotischen und barocken Stilepoche – darstellen, so beispielsweise Kloster Beuron, die Klosterkirchen in Neresheim, Zwiefalten, Lorch, Blaubeuren oder das Ulmer Münster.

Urgewalten haben das Bett der jungen Donau tief in das stark profilierte Juramassiv eingegraben. In jahrtausendelanger Entwicklung ist eine Landschaft von besonderem Reiz entstanden. Wie Wolkentürme leuchten weiße Felsnadeln aus dem hellen Grün der Buchenwälder und spiegeln sich in dem klaren Wasser der Donau. Hinter jeder der vielen Windungen des Tales tut sich ein neues Bild auf. Sagenumwobene Burgen wie z.B. der trutzige Wildenstein bei Beuron thronen stolz auf schroffen Felstürmen. Herrliche Wanderwege folgen dem noch jungen Fluß, führen hin zu den hundert Meter hohen Felswänden, winden sich hinauf auf die aussichtsreichen Höhen der Alb und verschwinden wieder in dunklen Schluchten, die sich rechts und links des Tales auftun. Das cañonähnliche obere Donautal ist voll wilder Romantik!

Jeder Besucher der Schwäbischen Alb und des oberen Donautales findet – seinen persönlichen Neigungen entsprechend – unvergeßliche Erlebnisse, die ihm das sichere und beglückende Gefühl geben, das richtige Reiseziel gewählt zu haben.

Zu den Fotos:

1 Die stolze Burg Hohenzollern bei Hechingen ist die Stammburg der Preußen-Könige und deutschen Kaiser.

2 Burgenromantik kann man auf der Schwäbischen Alb überall erleben. Viktor v. Scheffel hat das Schloß Lichtenstein oberhalb von Honau durch seinen gleichnamigen historischen Roman berühmt gemacht.

3 Das Mittelalter ist auch in den Städtchen rund um und auf der Alb lebendig – hier zeigt das Bild einen historischen Winkel in Balingen.

4 Am nördlichen Albaufstieg drängen sich die Häuser von Wiesensteig zusammen. Im Hintergrund ist ein Viadukt der Autobahn Stuttgart – München zu erkennen, die sich hier am Aichelberg kilometerweit und kurvenreich zur Albhochfläche hochwindet.

5 Die Alb ist eine Landschaft zum Verweilen, Schauen und Besinnen. Wer sie sich erwandert, wird ihre Reize erst richtig erleben können. Aussichtsreiche Wanderwege wie hier, oberhalb von Honau, finden sich überall.

6 Unweit vom Schloß Lichtenstein steht an diesem Aussichtspunkt die Büste von Viktor v. Scheffel, der die Schwäbische Alb durch seine Gedichte und Romane als historisch bedeutungsvolle Landschaft bekannt gemacht hat. Das Denkmal blickt hinunter ins Ermstal und zum steil in die Ebene abfallenden Albtrauf.

7 Ein kühnes Felsennest ist die Burg Reußenstein bei Kirchheim/T., oberhalb von Neidlingen, die auch als Ruine noch einen starken Eindruck auf den Besucher macht.

8 Der schönste Wasserfall der Alb befindet sich in einem Seitental bei Urach. Der Uracher Wasserfall ist nicht gewaltig, aber besonders schön durch seinen abwechslungsreichen Verlauf.

9/10 Über 200 Höhlen dokumentieren das reiche Innenleben der Alb. Eine davon ist die Bärenhöhle bei Erpfingen auf der Albhochfläche. In ihren Tropfsteinhallen lebten früher Bären, was Knochenfunde bewiesen haben.

11 Pferde gehören zur Schwäbischen Alb. Sie sind hier nicht nur zur Sommerfrische wie auf dieser Koppel bei Onstmettingen/Albstadt, sondern werden auch in Gestüten aufgezogen.

12 Vom Zeller Horn ist die Aussicht über die typischen Tafelberge besonders schön. Im Norden steigt die Alb steil auf, geht dann in eine Hochfläche über und flacht nach Süden allmählich ab.

1 Burg Hohenzollern

2 Schloß Lichtenstein

3 Historischer Winkel in Balingen

4 Wiesensteig

5 Oberhalb von Honau

6 Blick ins Ermstal

7 Ruine Reußenstein

8 Uracher Wasserfall

9 Bärenhöhle

10 Bärenhöhle

11 Pferdekoppel bei Onstmettingen

12 Aussicht vom Zeller Horn

13 Oberes Donautal
bei Gutenstein

14 Felspartien
bei Thiergarten

15
Versteinerung
im Museum Hauff

16 Steinbrecher

17 Teil eines Mammutzahns

18 Martinskirche
in Kirchheim/Teck

19 Stiftskirche in Wiesensteig

20
Sakralkunst

21 Amadeuskirche und ehem. Schloß in Urach

13/14 Eine Naturschönheit ist das Obere Donautal. Malerische Flußwindungen, wie hier bei der Donauschleife nahe Gutenstein, und imposante Felspartien (bei Thiergarten) prägen das Tal.

15 Vor 150 Millionen Jahren bedeckte das Liasmeer die Region der heutigen Albfläche. In seinen Ablagerungen wurden Saurier und andere Tiere konserviert, die heute in den Schiefer- und Steinbrüchen als Versteinerungen gefunden werden. Die schönsten Fossilien sind im Museum Hauff in Holzmaden/Teck zusammengetragen. Aus dieser Sammlung stammt der abgebildete und als Versteinerung erhaltene, krokodilähnliche Meeressaurier, der ca. 3 m lang war.

16 Der Farbunterschied zwischen Schiefer und Fossil läßt den Steinbrecher die Versteinerung erkennen.

17 Es gibt auch viele private Sammler, die Antiquitäten aus Bauernhöfen, Burgen oder Klöstern der Alb zusammentragen. Dieser Sammler aus Wiesensteig zeigt ein Stück eines Mammutzahns, der auf der Alb gefunden wurde.

18/19/20 Die Alb und das Obere Donautal sind reich an sakraler Kunst. In nahezu jedem größeren Ort befinden sich Kapellen, Kirchen oder Klöster, die eine Fundgrube deutscher Kunstgeschichte sind. Die Abbildungen zeigen in der Reihenfolge die Martinskirche in Kirchheim/Teck und die Stiftskirche in Wiesensteig.

21 So wird auch eine Kunst- und Studienreise über die Schwäbische Alb zu einem Genuß. Zu den Baudenkmälern kommen noch liebevoll gestaltete Museen, die einzigartige Überblicke über die Kunst- und Kulturgeschichte dieses süddeutschen Raums geben. Im ehemaligen Schloß von Urach befindet sich ein beachtenswertes Historisches Museum. Im Hintergrund ragt der gotische Turm der Amadeuskirche in den Himmel.

INHALTSVERZEICHNIS

A. ZUR EINFÜHRUNG

B. STRECKENBESCHREIBUNGEN

C. ORTE UND SEHENSWÜRDIGKEITEN

D. PRAKTISCHE HINWEISE

E. STICHWORTVERZEICHNIS

A
ZUR EINFÜHRUNG

2. Ein wenig Erdkunde

Die Schwäbische Alb ist der Mittelabschnitt eines langgestreckten Gebirgszuges, der bei Chambéry in Savoyen (Frankreich) als Jura seinen Ausgang nimmt, quer durch die Schweiz und Süddeutschland zieht und schließlich als Fichtelgebirge in der geographischen Mitte Europas endet. Geologen haben nachgewiesen, daß die Gesteinsformationen im wesentlichen in allen vier Abschnitten des Gebirgszuges (Französischer/ Schweizer Jura, Schwäbische Alb, Fränkische Alb, Fichtelgebirge) gleich sind. Die Zusammensetzung wurde erstmals im Schweizer Juragebirge festgestellt. Man spricht deshalb von der Juraformation (Sedimentargebilde zwischen Trias und Kreide). Sie kam zustande, als das Alpenvorland und weite Gebiete Südwestdeutschlands noch vom Jura-Meer überspült waren. Auf dem Grund dieses Meeres setzten sich vor ca. 175 Millionen Jahren Schlamm, Pflanzen- und Tierreste, Kalk und Ton ab. In Millionen Jahren wurden diese Ablagerungen zu Stein.

Die Juraformation setzt sich zusammen aus Schwarzem Jura oder Lias, Dogger (lagert über dem Lias) und dem Weißen Jura oder Malm (oberste und jüngste Schichtung).

Auf der Schwäbischen Alb, deren Juraformation nichts anderes als diese zu Stein gewordenen Schlammabsonderungen ist, finden sich fast überall Versteinerungen von Urtieren, die in einzigartiger Weise über das Leben auf unserer

Erde vor Jahrtausenden Zeugnis geben. Am berühmtesten sind die Funde, die man in den Schwarzjuraschichten bei Holzmaden gemacht hat. Ammoniten, Muscheln, Schnecken, Seesterne, Tintenfische und Fischechsen lebten damals im Jura-Meer. In den sumpfigen Küstenregionen tummelten sich Flug- und Landsaurier, riesige Echsen und Reptilien. Die Leiber verendeter Tiere versanken allmählich im Schlamm und während das Fleisch verweste, wurden Panzer und Knochen immer fester in die Hunderte von Metern dicken Schlammschichten eingepreßt. Sie versteinerten und der Abdruck ihrer Gerippe ermöglicht, daß wir uns heute eine, der Wirklichkeit wahrscheinlich sehr nahe kommende, Vorstellung vom Aussehen dieser Urtiere machen können, die im Erdmittelalter, vor ca. 150 Millionen Jahren, gelebt haben.

Das Meer ist verschwunden. Gewaltige Erschütterungen im Erdinnern haben die Erdkruste aufgeworfen. Die Hochgebirge sind entstanden und mit ihnen hat sich auch der Meeresboden gehoben. Die Schwarz-, Braun- und Weißjuraschichten der Schwäbischen Alb wurden damals auf durchschnittlich 800 m Höhe geschoben. Im Westen wurde die Juratafel höher gehoben, weil die Erdkruste durch die starke Aufwölbung des Schwarzwaldes mehr bewegt wurde. Auf der Westalb erhebt sich deshalb auch der höchste Berg der Schwäbischen Alb: der Lemberg (1015 m ü.M.). Die Berge der Ostalb haben dagegen nur eine Höhe von ca. 700 m (Ipf 668 m ü.M.).

Vor ca. 10 Millionen Jahren erschütterten noch einmal gewaltige Vulkanausbrüche das Gebiet der heutigen Schwäbischen Alb. Es war eine Zeit (Tertiär), in der sich auf der ganzen Welt schwere Gasexplosionen und gewaltige Vulkanausbrüche ereigneten. Die Vulkane auf und am Rand der Schwäbischen Alb schleuderten allerdings keine glühende Lava aus ihren Trichtern, vielmehr erkalteten die glühenden Massen noch bevor sie an die Oberfläche kamen. Das harte Basaltgestein war widerstandsfähiger als die Juraformationen, die schnell abwitterten. Übrig blieben daher die imposanten Basaltkegel, die heute besonders attraktive Ausflugsziele sind (Metzinger Weinberg, der Jusi bei Kohlberg, die Limburg bei Weilheim oder der Georgenberg bei Pfullingen). Eine gewaltige Gasexplosion muß sich in jener Zeit auf der Ostalb und an ihrem Ostrand ereignet haben: Das „Steinheimer Becken“ (Steinheim am Albuch) hat einen Durchmesser von 2,5 km. Sogar 20 km breit ist das „Nördlinger Ries". Eine Explosion von unvorstellbaren Ausmaßen hatte eine Bresche in das Juragebirge geschlagen. Wahrscheinlicher aber ist die These, daß das Ries durch einen gewaltigen Meteoriteneinschlag entstanden ist. Nach den Erkenntnissen der letzten Jahre ist das Nördlinger Ries ein Meteoritenkrater. Rund 50 solcher Krater sind auf der Welt registriert. Das Nördlinger Ries ist der bekannteste. Zwar gibt es noch größere und auch noch jüngere, aber das Ries ist bei weitem am besten erhalten. Seitdem es 1960 amerikanischen Mineralogen gelungen war, Coesit und Stishovit im Ries festzustellen, reisten und reisen Wissenschaftler aus der ganzen Welt an. 1970 trainierten zwei amerikanische Astronauten im Ries. Heute darf man als gesichert feststellen, daß ein Meteorit von rund einem Kilometer Durchmesser mit einer Geschwindigkeit von 50 000 bis 100 000 km/h auf diesem Gelände aufgeschlagen war. Er bohrte sich etwa 1 km tief in den Boden. Dabei enstand ein Druck von 10 Millionen Atmosphären. Unter diesem unvorstellbar hohen Druck sind die beiden obengenannten Mineralien entstanden. Dem Druck folgte eine explosionsartige Druckentlastung. 250 Milliarden Tonnen Gestein wurden herausgeschleudert. Wissenschaftler datieren den Zeitpunkt des Einschlags auf 15 Millionen Jahre zurück. Heute gilt dieses Becken als Grenze zwischen der schwäbischen und der fränkischen Alb. Übrigens haben sich viele der Vulkantrichter mit Wasser gefüllt. Am bekanntesten ist das Randecker Maar. Darüber hinaus gibt es noch eine Vielzahl kleinerer Maare, von denen in den Ortsbeschreibungen noch die Rede sein wird.

In der Kreidezeit (vor ca. 60–130 Millionen Jahren), die der Jura-Periode nachfolgte, formten Unwetter, Hitze und Kälte, Wind und Wasser die landschaftliche Struktur des Gebietes der heutigen Schwäbischen Alb. Langanhaltende Regenperioden ließen Quellbäche zu reißenden Flüssen anschwellen, deren gewaltige Kraft an der tiefen Zerfurchung der Alb, besonders deutlich am nördlichen Steilabfall, sichtbar wird. Es haben sich in der Kreidezeit nicht nur Flüsse tief in die Gesteinsschichten hineingefressen, vielmehr haben die extremen Klimaverhältnisse jener Epoche des Erdmittelalters das Gebirge ausgewaschen und abgetragen. Dieser Zeit müssen wir auch das Entstehen einzelner Albberge zuordnen, z.B. des Hohenzollern, der Achalm, des Hohenneuffen, Stuifen, Rechberg und Hohenstaufen, die entweder abgetrennt vom Gebirgszug völlig frei im Albvorland stehen oder nur noch durch eine kleine Landzunge mit ihm verbunden sind.

Eine landschaftliche Besonderheit sind die „Trockentäler". Sie sehen aus wie richtige Täler, sind meist nicht tief und winden sich oft mehrere Kilometer durch das Kalkgestein. Es fehlt ihnen aber der Wasserlauf. Ursprünglich flossen durch diese Täler Bäche und kleine Flüsse. Das Wasser löste mit der Zeit den Kalk auf und versickerte durch die ausgewaschenen Spalten in die Tiefe. In dem porösen Gestein sammelten sich unterirdische Wasserläufe in großen Hohlräumen und bildeten unter der Erde riesige Seen. Das Wasser suchte sich neue Wege und spülte in Jahrmillionen weitverzweigte Höhlensysteme aus.

Heute sind bereits über 200 Karsthöhlen bekannt. Viele der großartigen Tropfsteinhöhlen können besichtigt werden. (Siehe auch „Auf Rulamans Spuren"). Es kommt ab und zu vor, daß vom Wasser ausgewaschene Hohlräume plötzlich einstürzen und trichterförmige Erdlöcher (Dolinen) bilden.

Das versickernde Quell- oder Regenwasser sammelt sich immer dort, wo der wasserundurchlässige Mergel das Abfließen verhindert. In faszinierenden Karstquellen tritt es dann wieder an die Oberfläche. Eine der interessantesten in Deutschland ist der sagenumwobene „Blautopf" in Blaubeuren. Am Rande sei noch erwähnt, daß die obere Donau bei Immendingen in die Erde versickert und – Farbversuche haben dies nachgewisen – ihr Wasser erst viele Kilometer weiter südlich in einer anderen Karstquelle, dem Aachtopf, wieder an die Oberfläche quillt.

Das Landschaftsbild wandelt sich von Westen nach Osten, dem Höhenunterschied folgend, so daß man mit Recht von einer Westalb, mittleren Alb und Ostalb spricht. Tiefe und breite Flußtäler, die den schroffen Gebirgszug zerfurchen, teilen die Hochfläche außerdem in mehrere Abschnitte, die nach Städten benannt sind. So spricht man von der Heidenheimer, Ulmer, Kirchheimer, Uracher, Reutlinger, Balinger, Münsinger Alb. Trotz vieler landschaftlicher und geologischer Besonderheiten in den einzelnen Albabschnitten bildet die Schwäbische Alb in ihrer Struktur ein Ganzes. Es ist eine sanft gewellte Hochfläche, von Feldern und Wäldern überzogen, dazwischen kleinere Bauerndörfer. Der Boden ist karg und überall fehlt es an Wasser, das oft von weither geleitet oder von den Tälern auf die Hochfläche gepumpt wird. Das Ackerland ist außerdem übersät von Steinen, die das Bebauen sehr schwierig machen und natürlich auch den Ernteertrag mindern, da die Humusschicht viel zu dünn ist. Daher auch die Bezeichnung „Rauhe Alb". „Rauh" nennt noch heute der Albbauer sein Land und meint damit, daß es schwer bebaubar, steinig und wellig ist. Mit dem Klima hat der Begriff nichts zu tun.

3. Geschichte – kurz gefaßt

Die Schwäbische Alb gehört zu den wenigen deutschen Landschaften, die bereits **120 000 v.Chr.** besiedelt waren. Das ist umso erstaunlicher, als damals vermutlich nur einige tausend Menschen in Europa gelebt haben. An der Wende von **Mittlerer und Jüngerer Altsteinzeit** herrschte kaltes Tundren- und Steppenklima. Die Temperaturen lagen durchschnittlich 10–15°C unter den heutigen. Die Menschen jener Zeit (Sirgensteiner Stufe) trugen einfache Fellkleidung und bewohnten Höhlen. Die Männer und wahrscheinlich auch die Frauen lebten von der Jagd auf Wölfe, Höhlenbären, Wildpferde, Riesenhirsche und Auerochsen.

Schon im 19. Jahrhundert haben Archäologen in Höhlen und Gräbern Handspitzen, Schaber, Knochenwerkzeuge, Wurfspeere und Nadeln ausgegraben. Die bedeutendsten Fundstätten sind bei Schelklingen (Sirgenstein), Veringenstadt, Heidenheim (Heidenschmiede) und im Lonetal.

Die Gedankenwelt des Praesapiens-Typus kreiste vermutlich um Jagd und Tod. Davon geben einfache Tierplastiken aus Elfenbein Zeugnis, die am Vogelherd im Lonetal gefunden wurden. Auch im rätselhaften Ries-Kessel bei Nördlingen wurde eine einzigartige Hinterlassenschaft unserer Vorfahren entdeckt: die sogenannten Schädelnester. Es handelt sich dabei um Schädel der **Mittelsteinzeit,** gefüllt mit Schmuck (bearbeitete Hirschzähne und Schneckengehäuse) aus der **Moustérien-Periode.** Fundstelle: Ofnethöhlen.

Von der Mittleren Altsteinzeit an finden sich immer wieder Spuren der **Urbewohner** dieser Landschaft, so daß die kontinuierliche Besiedlung seit 120 000 v.Chr. nachgewiesen werden konnte. Aus der **Bronze- und Hallstattzeit** (2500 bis 500 v.Chr.) sind bis auf unsere Tage Grabhügel erhalten geblieben. Aus der weiten Streuung dieser Gräber kann man schließen, daß die gesamte Albhochfläche verhältnismäßig dicht besiedelt war. In diesen Grabstätten hat man wertvolle Schmuckstücke und Waffen gefunden. Berühmt geworden sind die Fürstengräber bei der Heuneburg (ca. 700–500 v.Chr.) nahe bei Hundersingen. Die kostbaren, meisterhaften Schmuckstücke, wertvollen Waffen und Hausgeräte aus Edelmetall haben in aller Welt viel Beachtung gefunden.

Von **500 bis ca. 100 v.Chr.** haben sich die **Kelten** auf der Alb angesiedelt. Sie bauten auf den Bergkuppen riesige Wallanlagen, die auch heute noch deutlich zu erkennen sind. Man ist sich noch nicht einig über den Verwendungszweck der Einfriedungen. Wahrscheinlich waren es Fliehburgen, in die sich bei Gefahr ganze Sippen mit ihren Gerätschaften und dem Viehbestand zurückziehen konnten.

Die bekanntesten Ringanlagen können Sie bei der Heuneburg, bei Heidenheim, oberhalb von Seeburg, am Ipf bei Bopfingen, bei Upflamör (Heunenburg) und bei Balingen (Gräbelesberg) besichtigen. Auch der „Heidengraben" beim Wanderparkplatz Erkenbrechtsweiler ist ein Teil einer solchen Fliehburg. Die Fundarmut innerhalb dieser Wälle läßt darauf schließen, daß es sich hier nicht um bewohnte Siedlungen handelte, sondern um Sammelwehre, in welche die Kelten sich nur bei äußerster Gefahr zurückzogen.

Während Kaiser Domitian brutal und grausam in Rom herrschte, eroberten römische Legionen **um 80 n.Chr.** die Albhochfläche, bauten Kastelle, Wachttürme und legten in den fruchtbaren Talsenken vereinzelt auch Gutshöfe an. Vermutlich begann die Erschließung der Alb von Rottweil aus, wo starke Besatzungen lagen. **Die Römer** verbanden ihre Stützpunkte mit einem ausgedehnten Straßennetz. Sie bauten eine Hauptstraße von Rottweil nach Aalen, die durch Kastelle und kleinere Stützpunkte geschützt wurde. Reste dieser Befestigungen haben Archäologen in Heidenheim, Burladingen, Lautlingen, Geislingen, Urspring, Gomaringen und Donnstetten freigelegt.

Von den römischen Verbindungsstraßen sind Teilstücke noch recht gut erhalten. Mancher vermeintliche Waldweg entpuppt sich bei genauerem Hinsehen als ehemalige Römerstraße. Nicht selten kann der Wanderer in den zusammengefügten Steinplatten noch die Rinnen erkennen, welche die Räder der schwerbeladenen Holzwagen im Verlauf von 180 Jahren eingegraben haben.

Alemannen und **Sueben** durchstießen **256 n.Chr.** den Limes und fluteten in das von den Römern kultivierte Land. Die einheimische keltische Bevölkerung war auch den neuen Herrschern gegenüber tributpflichtig. Die Alemannen ließen sich in Dörfern nieder. Diese Siedlungen sind an der Endung „ingen" im Namen heute noch nachweisbar, z.B. Wißgoldingen, Ebingen, Tuttlingen, Sigmaringen, Schelklingen. Wenn Sie sich einmal die Mühe machen, auf der Karte nachzuforschen, wo und wieviele Orte mit „ingen" zu finden sind, so werden Sie überrascht sein über die Vielzahl. Die Besiedlung ist sehr dicht, dehnt sich über die gesamte Schwäbische Alb aus und reicht weit ins Albvorland hinunter bis hinüber zum Schwarzwald. Sie können daraus ersehen, daß es sich bei den Alemannen, die tragender Bestandteil im Stammesbund der Sueben waren, um ein tüchtiges Volk gehandelt haben muß, das mit Energie daranging, die Alb landwirtschaftlich zu nutzen.

498 n.Chr. unterwirft der Merowingerkönig **Chlodwig I.** Alemannien und gründet das Frankenreich. Neue Ortschaften entstehen oder werden umbenannt. Die fränkischen Dörfer tragen die Endsilben „heim", „weiler", „hausen", „stetten", so z.B. Erkenbrechtsweiler, Westernheim, Donnstetten, Harthausen.

Die Alemannen (Sueben) und Franken ließen sich naturgemäß dort nieder, wo es Wasser gab. So waren als Siedlungsplätze jene Maare bevorzugt, wo das Wasser des Basalttuffs wegen nicht abfließen konnte (Grabenstetten, Laichingen, Hengen u. a.).

Im **7. Jahrhundert** vollzogen die Franken auch auf der Schwäbischen Alb die **Christianisierung.** Das war bei den Urbewohnern, die weiterhin den alten germanischen Göttern opferten, gar nicht einfach. Nicht selten wurde der Übertritt zum Christentum mit dem Schwert erzwungen. Wotanseichen wurden gefällt, Kultstätten (meist an Quellen) zerstört und an denselben Plätzen Kapellen gebaut, um die Überlegenheit des Christengottes sichtbar zu machen.

Die straffe Regierungsform der fränkischen Herren blieb auch auf der Alb nicht ohne Auswirkungen: Das ganze Gebiet wurde systematisch in Grafschaften aufgeteilt. Danach — **im 11. und 12. Jahrhundert** — wurden viele der stolzen Burgen gebaut, deren Ruinen noch heute die Täler und den Albrand eindrucksvoll überragen.

Der schwäbische Adel hatte während der Regierungszeit der Stauferkaiser, deren alte Stammburg Hohenstaufen auf einem der Alb-Vorberge gestanden hat, einen besonderen Rang am Kaiserhof. In jener Zeit der Stauferherrschaft wurde die Schwäbische Alb zu einer der burgenreichsten Landschaften im Deutschen Reich. Natürlich haben die Burggrafen nicht selbst Hand beim Bau der Burgen angelegt, sondern ihre Untertanen, leibeigene Bauern aus der näheren Umgebung, zu Frondiensten herangezogen. Mühsam mußten auf Holzkarren Steine aus den Steinbrüchen herangefahren werden. In schwindelnder Höhe, hart am Abgrund, wurden die Mauern hochgezogen und Brunnen oft hundert Meter tief gegraben. Viele Bauern verloren bei diesen gefährlichen Bauarbeiten ihr Leben.

Den Staufern gelang während ihrer Herrschaft (1139 bis 1268) durch Lehen-Vergabe eine treue Gefolgschaft unter den sogenannten Ministerialen, dem niederen Adel, zu gewinnen. Diese Ministerialen wurden immer mehr dominierend im kulturellen, wirtschaftlichen und öffentlichen Leben. Die Ministerialen hatten guten Grund, sich wehrkräftige Wohnsitze zu bauen; denn es war eine kriegerische Zeit, in der immer wieder kleinere und größere Heerscharen über die Alb streiften. Als nächste griffen die Bauern zur Selbsthilfe und bauten sich Wehrkirchen, um bei Überfällen mit

Hab und Gut, auch mit dem Viehbestand, in der Kirche Schutz zu finden. Auch die Klöster, in jenen unruhigen Jahrhunderten in den moorigen Talsohlen dunkler Albtäler vornehmlich auf Initiative des Klosters Hirsau im Schwarzwald gegründet, wurden stark befestigt, um Plünderungen zu entgehen. Reste klösterlicher Befestigungsanlagen können Sie noch in Neresheim, Blaubeuren, Lorch, Bebenhausen und Marchtal erkennen. Die kirchlichen und weltlichen Mächte (Zähringer, Staufer) haben Klöster bzw. Burgen und Städte ganz systematisch angelegt, um zu einer geregelten Territorienbildung auf der Schwäbischen Alb zu kommen. Die wichtigsten Stadtgründungen aus jener Zeit waren Biberach, Esslingen, Reutlingen, Schwäbisch Gmünd und Ulm. Diesen Siedlungen wurde das Stadtrecht von den Staufern verliehen. Auf Burgen, in Klöstern und Städten entwickelte sich rasch eine Blütezeit geistlicher und höfisch-ritterlicher Kultur.

Auf der Schwäbischen Alb stehen die Stammburgen bedeutender Herrschergeschlechter. Die Staufer vom Hohenstaufen waren die mächtigsten. Fünf deutsche Kaiser stellte diese Adelsfamilie zwischen 1139 und 1268, nämlich Konrad III., Friedrich Barbarossa, Heinrich VI., Philipp von Schwaben und Friedrich II.

Die Stammutter von Habsburg, Gertrud, Gemahlin König Rudolfs von Habsburg, wurde als Gräfin von Hohenberg auf der Burg Weiler bei Rottenburg/N. geboren. — Der Hohenzollern auf der Balinger Alb, wo die Wiege der Markgrafen von Brandenburg und der Hohenzollern auf dem preußischen Königs- und dem deutschen Kaiserthron gestanden hat, ist heute noch die eindrucksvollste Burg der Alb.

Als Konradin, ein Enkel des Staufers Friedrich II., von Karl von Anjou in der Schlacht bei Tagliacozzo besiegt, gefangengenommen und in Neapel öffentlich enthauptet wurde (1268), endete die über ein Jahrhundert anhaltende Herrschaft der Staufer über das Deutsche Reich. Es folgten Jahre der Unsicherheit und des Unfriedens. Die Burgen auf der Schwäbischen Alb wurden weiter ausgebaut und stark befestigt. Und mancher der adeligen Herren begann seine Untertanen brutal auszubeuten, forderte von den Bauern irrsinnig hohe Abgaben und verlangte von ihnen zusätzliche harte Frondienste. Rücksichtslos wurden aufbegehrende Bauern in die tiefen Verliese der Albburgen geworfen und „ungehorsame“ Städte, die sich immer neue Steuern nicht mehr länger aufzwingen lassen wollten, bekriegt. Die jahrelang anhaltende, blutige Auseinandersetzung zwischen Ministerialadel und Stadtgemeinden hat in jenen Jahren begonnen. Und als der Widerstand der Städter wuchs, nahmen auch die gewalttätigen Kraftproben zwischen Rittern und Bürgertum zu.

Die Burgen lagen meist an strategisch wichtigen Punkten und schützten bedeutende Überlandverbindungen. Kaufleute waren jetzt ihres Lebens nicht mehr sicher. In Windeseile ritten die Burgherren und ihre Knechte vom Reußenstein oder vom Rauber hinunter ins Tal. Schwerter klirrten, ein kurzes Kampfgetümmel, die Kaufleute wurden niedergemetzelt und so rasch wie sie gekommen waren, so schnell verschwanden die Raubritter mit ihrer Beute. Da vom Reich keine Hilfe zu erwarten war, griffen Städte wie Urach, Heidenheim, Schwäbisch Gmünd und Ulm zur Selbsthilfe. Die Kaufleute schlossen sich zusammen und ließen sich durch Stadtsoldaten Geleitschutz geben. Es war eine gefährliche Zeit und man lief Gefahr für Leib und Leben, wenn man es wagte, allein beispielsweise von Münsingen durch das Lautertal nach Zwiefalten zu reisen. Der albkundige Reisende konnte freilich die Burgen, die fast immer an den Talrändern lagen, umgehen und über die einsame Albhochfläche auf überwucherten Römerstraßen, abseits jeder menschlichen Siedlung, verhältnismäßig sicher zu seinem Ziel gelangen.

Im Bereich der städtischen und dörflichen Gemeinden entfalteten sich immer mehr freiheitliche Lebensformen, die schließlich unter dem Druck der Vögte und Burggrafen zum **Bauernkrieg** führen mußten. **1524** rotteten sich in Süddeutschland, natürlich auch im Raum der Schwäbischen Alb, die Bauern zusammen „gleichwie die Bienen, wann sie stoßen“. Mit Sensen, Dreschflegeln, Morgensternen, Saufedern und Hellebarden erklommen kleinere, 50—100 Mann starke Haufen die steilen Hänge zu den Burgen der verhaßten Territorialherren. Die Ritter waren damals bereits verarmt, die Befestigungen waren vernachlässigt und nicht mehr widerstandsfähig. In den Burgen lag meist nur eine kleine Besatzung. „Auf rammte der Schmied mit einem Schlag das Tor, das er fronend geschaffen. Dem Ritter fuhr ein Schlag ins

Gesicht und ein Spaten zwischen die Rippen, er brachte das Schwert aus der Scheide nicht und nicht den Fluch von den Lippen. Aufrauschte die Flamme mit aller Kraft, brach Balken und Bogen und Bande. Ja, gnade dir Gott, du Ritterschaft, der Bauer stund auf im Lande."

Mordend, plündernd und brandschatzend zogen die undisziplinierten Horden durch das Land. Im benachbarten Hegau loderte die Flamme des Aufstandes lichterloh. Schnell hatte sie auch die Schwäbische Alb erreicht, fraß sich in die Täler hinein. Zurück blieben Tote, geplünderte Waffenkammern und schwelende Trümmer einst stolzer Burgen. Die Schwäbische Alb gehörte zu den Kerngebieten, von wo aus sich der Bauernkrieg im März 1524 ausbreitete. Kaum einer Burg im oberen Donautal, im Großen Lautertal, im Tal der Blau oder am Rand des Nordwestabfalls der Alb gelang es, dem Ansturm zu trotzen. Die Bauern hatten das tragische Schicksal des „Armen Konrad", der 1514 für einen erfolglosen Aufstand als Anstifter hingerichtet wurde, nicht vergessen. Jetzt nahmen sie an den Rittern bittere Rache. Adelige Führer der Bauern versuchten, die Einzelaktionen zu koordinieren und das in einzelnen Horden aufgesplitterte Bauernheer im „Bundschuh" zu sammeln. Als sich die Ritter von ihrem ersten Schrecken erholt hatten, schlossen sie sich rasch im „Schwäbischen Bund" zusammen. Zu Befehlshabern ihrer Armeen machten sie die alten Haudegen Georg von Frundsberg und Georg Truchseß von Waldburg. In den engen Tälern der Südalb lieferten sich Bauern und von den Rittern besoldete Landsknechte erbitterte Kämpfe. Es war ein erbarmungsloses Ringen um Burgen, Dörfer, Felsvorsprünge, Talwindungen und Anhöhen. Die Städte hatten ihren Widerstand längst aufgegeben. Heidenheim, Nördlingen, Urach, Sigmaringen, Ulm, Metzingen oder Blaubeuren öffneten abwechselnd dem Bundschuh oder dem Schwäbischen Bund die Tore. Es war immer noch besser, die Truppen der streitenden Parteien innerhalb der Mauern zu beherbergen und die Vorratskammern zu räumen, als ständig von Bauern oder Landsknechten geplündert zu werden. Denn für beide Parteien galt die Parole: „Wer nicht für uns ist, ist gegen uns." Von schrecklichen Greueltaten berichten die Chronisten. Gefangene wurden oft zu Tode gefoltert, Dörfer niedergebrannt. Und hatten die Bauern eine Burg erobert, so war es keine Seltenheit, daß die Verteidiger unter dem Gejohle der Eroberer vor aller Augen kastriert oder geblendet wurden.

Je mehr Territorialherren sich dem Schwäbischen Bund anschlossen, desto schwieriger wurde es für die Bauern, sich Waffen zu verschaffen. Außerdem mangelte es ihnen an der notwendigen Einheit. Es gelang dem Schwäbischen Bund eine militärische Wendung herbeizuführen. Der Bauernaufstand durch den Leibeigenschaft, steuerlicher Druck, Frondienste und Privilegien der Adeligen abgeschafft werden sollten, brach in sich zusammen. Die Landesherren gewannen schnell die Oberhand zurück und nahmen seinerseits wieder bittere Rache an der Landbevölkerung. Es gab keine Gnade. 30 000 Menschen wurden damals allein im Bereich der Schwäbischen Alb auf Marktplätzen, in Burgverliesen und auf den Galgenbergen hingerichtet. Die Erinnerung an tragische Gestalten aus jenen blutigen Jahren ist in einzelnen Gemeinden wachgeblieben. Freilich vermischen sich Sage und Wirklichkeit in den überlieferten Berichten wie beispielsweise vom Armen Konrad, vom Pfeifer von Hardt oder vom Reformer Brenz. Klöster, Dörfer und Hunderte von Burgen waren zerstört. Die verarmten Ritter hatten nicht die Mittel, um ihre Burgen wieder aufzubauen. Sie zogen in die befestigten Städte Urach, Göppingen, Heidenheim, Schwäbisch Gmünd, Sigmaringen, Ulm etc., wo sie bequemer und vor allem auch sicherer leben konnten. Ihre Burgen verfielen vollends und sind heute kaum mehr als gewaltige Steinhaufen.

Ein Fürstengeschlecht, die Hohenzollern nämlich, waren nicht in den allgemeinen Niedergang des Rittertums mit einbezogen. Im Gegenteil, sie gewannen immer mehr Macht. **1576** teilten sie sich in die Linien zu Hechingen und Sigmaringen (zeitweise auch zu Haigerloch). Im **17. Jahrhundert** erlangte das Haus die reichsfürstliche Würde (Hechingen 1623, Sigmaringen 1632). Allerdings vermochte das Fürstenhaus zu jener Zeit nicht aus dem engen Herrschaftsbereich seines Stammlandes herauszukommen. Auch das Haus Württemberg (Teck) vermochte seinen Besitz zu mehren und übernahm schließlich die Landesherrschaft.

Mit der **Reformation** zerfiel Württemberg in einen kirchlich-religiösen Zwiespalt. Auch die Grafschaften und Reichsstädte der Schwäbischen Alb lagen in gegenseitiger religiöser Fehde, wobei die Land- und Stadtbevölkerung hauptsächlich unter dem Einfluß der Klöster Blaubeuren, Neresheim und Zwiefalten standen, aber gleichzeitig auch mit den Lehren der Reformatoren Calvin, Zwingli, Luther und Brenz konfrontiert wurden.

Die religiösen Auseinandersetzungen führten zum **Dreißigjährigen Krieg (1618 — 1648).** Die Schwäbische Alb hatte zunächst kaum darunter zu leiden. Als aber in einer der entscheidenden Schlachten dieses Krieges, die auf dem flachen Rücken des Härtsfeldes nahe Nördlingen im Jahr 1634 geschlagen wurde, die Kaiserlichen die Schweden besiegen konnten, zogen versprengte Truppen beider Parteien kreuz und quer über die Alb. Sie plünderten, brannten Klöster und Dörfer nieder und quälten die Bevölkerung zu Tode.

Während von **1650 — 1800** die württembergischen Landstände gegen die fürstliche Willkür um ihre Rechte kämpften, blieb es droben auf der Alb verhältnismäßig ruhig. Man war genug damit beschäftigt, die Schäden des 30 Jahre dauernden Krieges zu beseitigen.

Die **Barockkultur** des 17. und 18. Jahrhunderts erreichte auch die Täler der Alb. Die herrlichen Klosterkirchen von Neresheim und Zwiefalten, alte Kaufmannshäuser in Nördlingen, die Schloßkirche zu Haigerloch oder das Kloster Beuron sind die eindrucksvollsten Zeugen dieser Stilepoche.

Der Untergang des Deutschen Reiches und die napoleonische Flurbereinigung im buntscheckigen Kartenbild des deutschen Südwestens ging natürlich auch an der Schwäbischen Alb nicht spurlos vorbei. Alle geistlichen Herrschaften und Klöster, alle Reichsstädte wie beispielsweise Gmünd, Rottweil oder Reutlingen, und auch alle Grafschaften wurden aufgelöst. Die überkommenen Formen des landständischen Lebens wurden durch eine straffe Verwaltung nach französischem Vorbild ersetzt. Die teilweise abgelegenen Städte der Alb wurden wieder an wichtige Handelsstraßen angeschlossen und die Bewirtschaftung der Albhochfläche mit Nachdruck vorangetrieben. Der ehrgeizige Landesherr, **König Friedrich**

von Württemberg, kümmerte sich selbst um die rasche Durchführung der Verwaltungsreform.

Die Hohenzollern, als das bedeutendste Fürstengeschlecht, überließen **1849** ihren schwäbischen Herrschaftsbereich der in Preußen regierenden Linie. Das war die Folge der Revolution von 1848, die in die Hohenzoller Landschaft Unruhe brachte und die über ihre Verhältnisse lebenden Fürstlichkeiten in Sigmaringen und auf dem Zollern aufschreckte. Um eine Annexion durch Württemberg zu vermeiden, wurde die Herrschaft schließlich der preußischen Linie übertragen. Allerdings haben die Hohenzollern keineswegs absolutistisch regiert. Immerhin hatte Hohenzollern-Sigmaringen schon **1833** eine Verfassung. **1848** folgte Hohenzollern-Hechingen. Unter preußischer Herrschaft wurde der Landtag 1873 vom Landeskommunalverband abgelöst, der auch heute noch für die Kreise Sigmaringen und Hechingen zuständig ist.

Die **Schwäbische Dichterschule** mit den bedeutendsten Vertretern Uhland, Mörike, Kerner, Gustav Schwab, Friedrich Theodor Vischer und Hauff muß hier insofern erwähnt werden, weil die Romantiker die Schwäbische Alb aus ihrem tiefen Dornröschenschlaf weckten. Sie besangen Burgen und Schlösser (Lichtenstein), schrieben Märchen zu geheimnisvollen Naturbrunnen (Schöne Lau). Und was sich die Alten abends am Spinnrad in Grabenstetten, Trochtelfingen, Nusplingen oder anderswo erzählt haben, das schrieben die Poeten auf (Sybille von der Teck) oder ließen sich durch diese alten Sagen inspirieren zu neuen Werken (Rulaman). In Kirchheim/Teck ist übrigens der hierzulande sehr bekannte Max Eyth geboren. Aus seiner Feder stammt die Erzählung „Der Schneider von Ulm".

Seither haben sich Schriftsteller in Erzählungen und Gedichten immer wieder mit der Schwäbischen Alb beschäftigt. Es seien in diesem Zusammenhang aus der neueren Zeit August Lämmle, Ludwig Finckh, Otto Rombach, Math. Koch, Gerd Gaiser, Sebastian Blau und Wendelin Überzwerch genannt.

Die wirtschaftliche Entwicklung und **Industrialisierung** des Landes vollzog sich auf der Schwäbischen Alb langsamer als im Unterland. Wasserarmut und schlechte Verkehrsverbindungen waren die Ursache. **Ende des 19. und Anfang des**

20. Jahrhunderts siedelten sich am nördlichen Albrand Webereien und Stickereien an (Reutlingen, Metzingen), die sich allmählich auch auf die Nordalb ausdehnten (Tailfingen, Burladingen). Heute finden Sie auf der Westalb hauptsächlich Trikotfabriken, Strickmaschinenfabriken, Brauereien und Kleinindustrie.

In Onstmettingen begründete der Pfarrer Mathias Hahn durch seine Erfindung der Feinwaage eine Industrie, die der Feinmechanik und dem Instrumentenbau dient.

Auf der mittleren und östlichen Alb sind aus Handwerksbetrieben ansehnliche Firmen geworden. Hauptsächlich sind es Werkzeug- und Maschinenfabriken. Aber auch aus dem Nähberuf haben sich Industriezweige entwickelt wie beispielsweise die Firma Steiff in Giengen, deren Spieltiere in alle Welt verschickt werden. In Schwäbisch Gmünd ist eine beachtliche Schmuckindustrie entstanden, die hauptsächlich auf Silberarbeiten spezialisiert ist. Aber auch Papier- und Lederfabriken, Textilindustrie sowie Glasmanufaktur haben sich am Albrand oder in den größeren Tälern angesiedelt. Berühmt von altersher sind die Druckereien in Ulm und Reutlingen. Eine der größten Papierfabriken (Scheufelen) befindet sich in Oberlenningen. Nirgendwo kann man aber von einer Ballung der Industrie sprechen, die den landschaftlichen Reiz beeinträchtigen könnte.

Unter den Kriegswirren der beiden **Weltkriege** hatten Land und Leute der Schwäbischen Alb schwer zu leiden. Am schwersten betroffen wurde im 2. Weltkrieg die Stadt Ulm, deren Innenstadt fast vollständig zerstört wurde. Aus dieser Stadt waren übrigens die Geschwister Scholl gebürtig, die dem Widerstandskreis der „Weißen Rose“ angehörten. Nach der Kapitulation vom **8. Mai 1945** wurde die Alb von Franzosen und Amerikanern besetzt. Der Normalisierung, dem Zusammenschluß von Württemberg, Südwürttemberg-Hohenzollern und Baden sowie der Währungsreform von **1948** folgte eine Blütezeit auf technisch-wirtschaftlichem Gebiet. Eisenbahnstrecken wurden elektrifiziert, Straßen gebaut, Kanalisierung und Trinkwasserversorgung modernisiert und die Bautätigkeit forciert. Davon profitierten nicht nur die Bevölkerung, Landwirtschaft und Industrie, sondern auch der

Fremdenverkehr, da die Alb von nun an über hervorragende Verkehrsverbindungen und moderne, schöne Ferienquartiere verfügte.

4. Klima und Reisezeit

Das Klima auf der „Rauhen Alb“ hält durchaus Vergleichen mit den Temperatur-Mittelwerten anderer Mittelgebirge wie beispielsweise dem benachbarten Schwarzwald, dem Fichtelgebirge oder dem Bayerischen Wald stand. Die Durchschnittswerte liegen im Juli bei ca. 16° C. Im Winter kann es allerdings passieren, daß die Quecksilbersäule auf —20° C absinkt. Die durchschnittliche Jahrestemperatur beträgt aber dennoch 7° C und unterscheidet sich kaum von dem Jahresmittel der oben genannten Mittelgebirge. Der Fremdenverkehr hat sich auf die günstigen Witterungsverhältnisse längst eingestellt. Und so erwartet den Fremden das ganze Jahr hindurch eine stets bereite Gastronomie — beste Unterkunft und Verpflegung.

Auf der Alb verwischen sich die Übergänge von Vor-, Haupt- und Nachsaison. In jeder Jahreszeit ist Reisezeit, mal ein bißchen mehr, mal ein bißchen weniger. Das wirkt sich günstig auf die Preise aus: Sie ziehen während der Sommermonate nicht plötzlich an, sondern bleiben konstant.

Die schönste Reisezeit für die Schwäbische Alb? Das ist schwer zu sagen und bleibt Geschmacksache. Der Verfasser meint, es sei der Herbst. Hätte ein anderer diesen Reiseführer geschrieben, würde er vielleicht das Frühjahr hervorheben. Was tut's? Die Alb hat viele Gesichter und noch mehr Reize. Entscheiden Sie selbst, welche Jahreszeit für Sie die schönste ist!

Sonnig warm sind die Monate Mai bis August. Jetzt ist in den Höhenfreibädern und an den Flüssen Hochbetrieb! Und nicht nur auf den Liegewiesen aalen sich die Menschen in der Sonne. Auch draußen in der Landschaft, auf den angenehm warmen Felsplatten und im weichen Heidegras liegen Spaziergänger und träumen in den Sommertag. Dabei empfinden Sie selbst starke Sonneneinstrahlung nicht als unangenehm, da ein leichter Wind, der ständig über die Alb weht, die Hitze mildert. Das kommt vor allem Wanderern zugute. Die Wanderwege führen meist durch schattige Wälder.

Besonders geeignet für Spaziergänge und Wanderungen ist die Herbstzeit, die auf der Alb Mitte September beginnt und bis Ende November andauert. Und vielleicht würde es Ihnen gerade im November, dem unfreundlichsten Gesellen des Jahres, auf der Alb am besten gefallen. Denn jetzt zeigt sich die Alb in ihrem schönsten Kleid! Die barocke Farbenpracht des Frühherbstes ist schon vergangen. Nun sind es die vielen feinen Farbtöne, die aus dem Rostbraun, in das die Wälder getaucht sind, herausleuchten. Die lichten Wälder geben weit mehr Ausblicke frei als im Sommer. Grau und furchterregend thront der Hohenneuffen auf seinem Berg. Der schlanke Turm der Teck ist an einem verhangenen Novembertag zwar kaum mehr auszumachen, aber die Dörfchen, die sich drunten im Albvorland fröstelnd an die Bergflanken schmiegen, sind gut zu erkennen. Zugegeben, es ist keine milde Zeit. Ein Schwarm aufgescheuchter Krähen flattert mit vielstimmigem „Krä, krä" um den Felsen des geheimnisumwitterten Rosensteins und läßt den einsamen Wanderer erschauern.

Kenner der Alb lassen es sich nicht entgehen, im Herbst hier ein paar Tage zu verbringen. Es sind keineswegs nur die Albvereinler, Naturfreunde und Bergsteiger, die an den Wochenenden ihre Häuser und Hütten bevölkern. Nein, auch wohlsituierte Geschäftsleute bevorzugen die ruhigen Albtage, um sich im traditionsreichen Traifelberg-Hotel oder in irgendeinem anderen gemütlichen Alb-Gasthof auf Konferenzen vorzubereiten oder nur, um den grauen Alltag zu vergessen. Und jeder, der in dieser späten Jahreszeit einen Teil seines Urlaubs auf der Alb verlebt, steigt gesund und erholt wieder hinunter in die Städte.

Wer sich im Herbst auf die Alb flüchtet, wird gut daran tun, warme und regensichere Kleidung im Reisegepäck mit sich zu führen. Der Wind kann je nach Witterung jetzt schon scharf aus dem Westen über die Hochfläche pfeifen. Mit

---

Hoch über Honau bei Pfullingen steht auf einem schmalen Felsen der Lichtenstein, Inbegriff deutscher Burgenromantik.
(Foto: Gerhard Jost, Pforzheim)

Sommerkleidung ist das recht ungemütlich. Feste Schuhe mit tief profilierter Gummisohle bewahren Sie vor bösen Ausrutschern. Sie kennen doch das Wort: „Für einen echten Wanderer gibt es kein schlechtes Wetter, höchstens unpassende Kleidung." Vielleicht überrascht Sie auch einmal dichter Nebel, so daß Sie die Orientierung verlieren. In einer solchen Situation werden Sie schnell einsehen, daß Karte und Kompaß keineswegs nur Pfadfindern hilfreich sind.

„Seltsam im Nebel zu wandern!
Einsam ist jeder Busch und Stein,
kein Baum sieht den andern,
jeder ist allein."

Hermann Hesse

Der Winter zieht mit Regen, Schnee und Frost auf der Schwäbischen Alb ein. Schneidende Kälte liegt über dem Hochland die Straßen sind vereist, Wege zugeweht und frostig bläst der Wind.

Die Schwäbische Alb hat sich in den letzten Jahren dank der Bemühungen des Albvereins, des Fremdenverkehrsverbandes, der Gemeinden und von privater Seite immer mehr zum Skigebiet entfaltet. Heute gibt es bereits eine ganze Reihe beachtlicher Pisten. Schlepplifte sind in Betrieb. Zentren des Skisports sind das schneesichere Schopfloch, Donnstetten, Zainingen, Wiesensteig und Westerheim. Tausende von Skiläufern aus der nahen und weiteren Umgebung — sogar aus Ulm oder Stuttgart — treffen sich an den Wochenenden auf den Pisten oder zu wunderschönen, einsamen Skiwanderungen. In den Gasthöfen herrscht reges Leben und die Albvereinshütten dröhnen nachts von zünftigen Gesängen.

Frühling wird es auf der Schwäbischen Alb viel später als drunten im Neckar- oder Donautal. Wenn dort schon der Krokus blüht, blinzeln auf der Alb gerade die ersten Schneeglöckchen aus dem schneebedeckten Boden. Es kommt zuweilen auch vor, daß auf den Albbergen immer noch Schnee liegt, wenn im Oberland schon die Bäume blühen. Aber schließlich findet der Frühling doch herauf. Da ist ein Jubilieren in der erwachenden Natur! Die Wälder duften, die Wiesen dampfen. Tausende von Krokussen blühen und bald danach legt sich ein gelber Teppich von Schlüsselblumen über die Wiesen. Das zarte Grün der Buchen leuchtet hell in die Täler hinein. Und die bunte Schar der Vögel begrüßt auf ihre Weise den Vorboten des nahen Sommers. Wenn die Obstbäume droben in Neresheim, Trochtelfingen und Erkenbrechtsweiler blühen, dann hält es die heimatverbundenen Schwaben nicht mehr in ihren Häusern. Aus Stuttgart, Tübingen, Reutlingen, Sigmaringen oder Tuttlingen reisen sie meist an den Wochenenden zur Alb. Überall begegnen Sie jetzt fröhlichen Wandergruppen. Ihre Lieder schallen durch den Wald. Vom Hörnle bei der Teck, vom Klippeneck und Plettenberg starten schlanke Segelflugzeuge und lassen sich von den Aufwinden, die am nordwestlichen Steilabfall entstehen, spiralförmig in große Höhen tragen. Wie herrlich muß erst die Aussicht aus dem Cockpit dieser stillen Segler sein, wenn Sie schon vom Römerturm, Dreifaltigkeitsberg, Raichberg und anderen Albgipfeln ein einmaliges Alpenpanorama vom Wetterstein bis zum Montblanc genießen können!

Die klarsten Tage mit den besten Fernsichten (bis zu 150 km) sind im Frühjahr oder frühen Herbst. Im Sommer dagegen ist die Sicht oft durch einen leichten Schönwetterdunst auf eine Entfernung von ca. 50 km beschränkt.

Die Schwäbische Alb offenbart Ihnen zu jeder Jahreszeit immer wieder neue, großartige Reize, so daß es wirklich töricht wäre, Ihnen einen zeitlich eng begrenzten Tip für Ihren Urlaub zu geben. Natürlich sind auch auf der Schwäbischen Alb — wie auf allen deutschen Mittelgebirgen — die Frühjahrs- und Sommermonate die wärmsten und deshalb angenehmsten. Die Möglichkeiten für Unternehmungslustige sind in der warmen Zeit entsprechend zahlreicher als in anderen Jahreszeiten. Man kann baden, spazierengehen, wandern, bergsteigen, reiten, jagen, bootfahren, sich sonnen. Höhlen besuchen, picknicken und noch vieles mehr. Diese warme Zeit beginnt auf der Alb Ende Mai und reicht bis Ende August.

Wenn Sie die Hauptsaison, die Monate Juni, Juli und August für Ihren Alb-Urlaub ausgewählt haben, dann planen Sie Ihre Ausflüge so, daß Sie die bekanntesten Sehenswürdigkeiten an einem Werktag besuchen. Dann können Sie alle diese Attraktionen fast für sich allein genießen. Ihr Eindruck wird umso nachhaltiger sein.

5. Die Alb-Schwaben

Volkscharakter und Wirtschaft

Die Schwaben gehören dem Stammesbund der germanischen Sueben oder Sueven an, die sich nach der Völkerwanderung zwischen Ostsee und Donau niedergelassen haben. Der führende Stamm, die Semmonen, siedelten sich bei Mainz an. Von hier zog eine Splittergruppe weiter nach Süden ins obere Donautal, auf die Höhen der Schwäbischen Alb und zum Schwarzwald. Diese Bauern- und Kriegervolkschaft nannte sich Alemannen (oder auch Alamannen). Sie sind die Stammesvorfahren der heutigen Albbevölkerung. Die Alemannen haben die Alb seit etwa 260 n. Chr. besiedelt. Die keltischen Urbewohner und römischen Siedlergruppen vermischten sich im Lauf der Jahrhunderte mit ihnen. Auf der Nordost-Alb hat sich zwischen 536 und 911 der keltische, fränkische und alemannische Volksteil verschmolzen.

Die Alemannen hatten — und die Älbler haben ihn auch heute noch — viel Familiensinn. Das prägt sich auch im Dorfbild aus. Zahlreich sind die Haufendörfer, selten die einsam gelegenen Einzelhöfe.

Eine einheitliche Charakterisierung des Alb-Bauernhauses ist nicht möglich. Das „Weberhaus“ auf der Westalb beispielsweise läßt nach den Wohnungen die Tierställe und dann die Scheunen folgen, während im sogenannten „Seldnerhaus“ auf der Ostalb nach den Wohnräumen erst die Scheunen und dann die Tierställe angegliedert sind. Wieder anders sehen die bäuerlichen Anwesen in den Weingegenden um Urach aus. Hier sind die Wohnräume in den ersten Stock verlegt.

Die Alb ist ursprünglich ein landwirtschaftlich genutzter Mittelgebirgszug. Die dünne Humusschicht und die Wasserdurchlässigkeit des porösen Muschelkalksteins haben den Bauern aber von jeher viel Mühe und Fleiß abgefordert. Dort, wo sich beim besten Willen keine Felder mehr bestellen lassen, weiden Schafe, Pferde und Rinder. Weite Teile der steinigen Hochflächen wurden auch aufgeforstet, so daß heute die Viehzucht und die Forstwirtschaft eine nicht unerhebliche Einkommensquelle für die Landbevölkerung bedeuten. Auf der Ostalb wird insbesondere Getreide, in den übrigen

Gebieten Hackfrucht und Viehfutter angebaut. Am nördlichen Albtrauf wächst der beliebte „Württemberger“. Der Name sagt es schon, daß der edle, kräftige Wein nicht nur in Württemberg gedeiht, sondern auch hier getrunken wird. Außerhalb der Landesgrenzen findet man selten eine Flasche mit dem charakteristischen weiß-gelb-schwarzen Etikett der Württembergischen Winzergenossenschaft.

Lange Zeit war es auf der Alb üblich, dem erstgeborenen Kind den Bauernhof zu vererben. Das führte zu einer allmählichen Abwanderung der Landbevölkerung in die Städte. Bereits im Mittelalter gab es dort blühende Gewerbezweige wie z. B. das Textilgewerbe in Reutlingen, Balingen oder Nördlingen.

Die industrielle Entwicklung, verursacht durch steigende Nachfrage und durch die Erfindung neuer Maschinen, hat die Textilherstellung zur Erwerbsquelle Nr. 1 werden lassen.

Vater, seine beiden Söhne und die Großmutter bei der Kartoffelernte. Im Hintergrund Erkenbrechtsweiler. In der Erntezeit müssen alle zusammenhelfen. Die Kinder bekommen in der Schule heute noch „Kartoffelferien“.

Reutlingen, Metzingen, Burladingen, Tailfingen, Balingen, Heubach sind nur einige Orte, in denen heute bekannte Trikot- und Strickwarenfabriken stehen. Dazu kommt die Zulieferer-Industrie wie z. B. Maschinenfabriken und Chemie-Betriebe. Nach dem 2. Weltkrieg haben sich Fabrikationsbetriebe der Feinmechanik und Optik in den Albtälern niedergelassen (Onstmettingen, Balingen, Heidenheim, Schwäbisch Gmünd etc.). Im Fils- und Remstal finden Sie darüber hinaus große Papier-, Leder- und Maschinenfabriken. In Schwäbisch Gmünd hat die Gablonzer Schmuckindustrie eine neue Heimat gefunden, und in Giengen sind die weltbekannten Steiff-Tiere zu Hause.

Ihrem Fleiß, ihrer Ausdauer und Sparsamkeit haben die Schwaben den Aufschwung zu verdanken, den das Land genommen hat. „Schaffe, schaffe, Häusle baue“ ist ein geflügeltes Wort, das die Wesensart des Schwaben oder seine Lebensziele charakterisieren soll. Sie werden aber kaum einen Schwaben treffen, der mit dieser Pauschaltypisierung voll einverstanden ist. Es stimmt, daß der Schwabe einen ausgeprägten Ehrgeiz und auch einen „Dickschädel“ hat. Beides bringt ihn schon mal ein gutes Stück vorwärts im Leben. Dazu gesellen sich eine außergewöhnliche Sparsamkeit und viel Sinn für Ordnung. Der Schwabe bedenkt seine Entscheidungen. Er ist kein Freund von schnellen Entschlüssen. Er läßt sich Zeit. Und er weiß das. „Bis i Wurschd gsagd hab', hat en andrer sie scho gesse!“

Zusammen mit der Ordnungsliebe muß man noch einen Charakterzug erwähnen. Er wird Ihnen spätestens an einem Samstagnachmittag auffallen, wenn draußen auf den Dörfern die Bäuerinnen die Straße kehren und rundum ihren Bauernhof auf sonntäglichen Hochglanz polieren. Zwanzig, dreißig Frauen betätigen sich dann zu gleicher Zeit auf der Dorfstraße. Ein ungewohntes Bild für den Fremden. Das ist keine „Aktion sauberes Dorf“, sondern eine wöchentliche Pflichtübung. In der Stadt heißt das „Kehrwoche“. Da heißt's putzen vom Dach bis hinaus auf den Gehsteig. Die Zugereisten versuchen von Zeit zu Zeit verzweifelt durch Leserbriefe und Presseartikel die Kehrwoche abzuschaffen. Aber die „Reigschmeckde“ hatten mit ihren Aktionen bisher kein Glück. Wenn ein junger Mann in Ulm, Reutlingen oder Stuttgart ein Zimmer sucht, ist die erste Frage der Vermieterin: „Und wie isch des mid'm Butze?" Es ist die Gretchenfrage an jeden Untermieter.

Geordnet und sauber, so sieht es auch in den Häusern drinnen aus. Für Feriengäste besonders angenehm, denn sie können mit hundert Prozent Sicherheit damit rechnen, daß ihr Quartier in puncto Sauberkeit nichts zu wünschen übrig läßt.

Der Schwabe will was sehen für sein Geld und gesteht dieses Recht auch dem anderen zu. Die Dienstleistungen in Hotels und Restaurants beispielsweise sind das Geld wert, das Sie dafür bezahlen.

Wer das Glück hat, von einem Schwaben zu einem „Vesper" oder einem „Viertele" eingeladen zu werden, wird erfahren, was man auf der Alb unter Gastfreundschaft und Geselligkeit versteht. Und wen ein Schwabe ins Herz schließt, der hat einen zuverlässigen Freund gewonnen.

In der bewegten Geschichte vergangener Jahrhunderte hat die Alb immer wieder im Brennpunkt des Geschehens gestanden. Mit den verschiedensten Gruppierungen mußte sich der Älbler auseinandersetzen und hat von jeder einen herausragenden Charakterzug übernommen. So hat er in seinem Wesen etwas von der Furchtlosigkeit eines Ritters, von der Bedächtigkeit eines Landmannes, von der Lässigkeit eines Mönchs und von der Heiterkeit eines Spielmannes.

6. Tier- und Pflanzenwelt

Zu erwähnen sind hier insbesondere die vielen Vogelarten, die auf der Alb ihre Nistplätze haben. In den lichten Buchenwäldern haben sich Buchfinken, Amseln, Drosseln, Baumläufer, Leierschwänze und verschiedene Arten von Meisen ihre Nester gebaut. Die unersättlichen Stare fühlen sich, zum Leidwesen der Bauern, wohl in frischer Albluft, und die Lerchen tirilieren über den flimmernden Heidflächen der Sonne entgegen. In den alten Burggemäuern haben sich Eulen und Käuze einen sicheren Unterschlupf gebaut, während Bergdohlen und Turmfalken (auch Wanderfalken werden beobachtet) hoch in den glatten Wänden grauer Felsbastionen nisten. Fledermäuse hängen oft zu Hunderten von der Decke selten besuchter Tropfsteinhöhlen. Unbeleuchtete Höhlen deshalb nicht ohne Kopfbedeckung betreten! Die schwarzweißen Elstern klauen aus Dörfern, was nicht niet- und nagelfest ist. Die Eichelhäher warnen als „Polizisten des Waldes“ die Tierwelt durch ihr Gekrächze vor dem anrükkenden Friedensstörer, dem Menschen. Ihre kleinen ca. 5 cm langen hellblauen Federchen sind beliebte Feriensouvenirs. Der Rote Milan sucht auf der Hochfläche geduldig seine Beute. Habichte und Bussarde leben in einer Urfehde mit den Krähen, die es zu Tausenden auf der Alb gibt. Wie eine Gottesplage fallen sie über Felder her und picken sich ihre Bäuche voll. Wehe dem Bussard, der sich von einer Krähe aufspüren läßt. Stundenlang kann man dann das kehlige „krab, krab" hören und den grausamen Luftkampf beobachten.

Rebhühner, Schnepfen, Fasanen und Birkhühner zählen zum jagdfreien Wildbestand auf der Alb. Ebenso Hasen, Rehe, Füchse und — seltener schon — Wildschweine. Wiesel, Wühlmäuse und Maulwürfe richten beträchtlichen Schaden im Feld und Garten an. Igel, die auf der Alb so häufig vorkommen, daß schon mancher in der Dunkelheit über solch einen stacheligen Gesellen gestolpert ist, machen sich da schon nützlicher; ebenso die wenigen Schlangenarten, die auf der Alb leben. Es sind hauptsächlich Ringelnattern und die giftigen Kreuzottern; letztere sonnen sich gern in Geröllhalden. Eine Rarität ist der ca. 5 cm lange, schwarze Hirschkäfer mit seinen mächtigen Zangen. Er steht unter Naturschutz. Auf der Alb gibt es auch seltene Schmetterlinge. Am Georgenberg ist der Schwalbenschwanz heimisch. Rund um die Wurmlinger Kapelle, die auf einem Vorberg außerhalb des Albtraufs steht, können Sie den Segelfalter beobachten. Trauermantel und Perlmutter sieht man am häufigsten in der Nähe des Roßberg.

In den klaren Flüssen im Oberteil der Albtäler flitzen Regenbogen-Forellen von einem Stein zum anderen. Weiter unten tummeln sich Karpfen, ständig von Hechten gejagt.

Hörvelsingen (Kreis Ulm) ist ein typisches Dorf auf der Albhochfläche: Ruhige, sonnige Lage, die Häuser drängeln sich um die Dorfkirche, viel Grün zwischen den Bauernhöfen, weite Sicht und nahe beim Dorf ein weiß leuchtender Kalksteinbruch.
(Foto: Werner Bauer, Mundingen)

Auf der Hochfläche der Alb breitet sich die Schaf- und Wacholderheide aus, fast ohne Heidekraut, dafür mit Steppengras, Gold- und Silberdisteln. Auf dieser Steppenheide und in den Kiefernwäldern blühen die seltenen Orchideenarten Frauenschuh und Knabenkraut. Die „Blaue Blume" der Alb, das vielfach verwendete Symbol für Naturverbundenheit und Naturschönheiten ist die herbe Silberdistel, deren Sterne sich wie ein silberner Teppich über den Heidegrund legen. — Die landwirtschaftlich genutzten Gebiete unterscheiden sich nicht von denen anderswo: Obstbäume, wogende Getreidefelder, gelber Raps, Rüben-, Mais- und Kartoffelfelder — eine farbenfrohe Palette der Natur.

Auf der Alb wurde in den vergangenen 100 Jahren Mischwald aufgeforstet. Hauptbestandteil ist die Buche, vermischt mit Linde, Ulme, Ahorn oder Esche. Auf der Westalb finden Sie ausgedehnte Fichtenwaldungen. Die Laubwälder sind dort meist mit Tannen vermischt.

Wie Inseln im Meer, so stehen Schlehen und Weißdornbüsche inmitten der Felder. Und auf den steppenartigen Weiden blühen je nach Jahreszeit Enzian, Fingerhut, Alpenaster, Seidelbast oder Herbstzeitlose. Heidekraut säumt verschwiegene Pfade. In feuchten Wiesenniederungen blühen Vergißmeinnicht, Wollgräser und Sumpfdotterblumen. Am Waldrand wachsen duftende Veilchen, Maiglöckchen und Anemonen zwischen verwelktem Laub. Gelb leuchten Waldwiesen, wenn die Schlüsselblumen ihre Blüten öffnen. Im Frühjahr ist die Alb eine Augenweide für jeden Blumenfreund!

7. Auf Rulamans Spuren

Die Schwäbische Alb hat ein reiches „Innenleben", wie wir es von keiner anderen deutschen Landschaft kennen: Höhlen, Hungerbrunnen, Höllenlöcher, unterirdische Wasserläufe und geheimnisvolle Quelltöpfe. Über 200 Höhlen sind bis heute registriert und erforscht. Ihre wirkliche Zahl wird von Forschern auf weit über 300 geschätzt. Zahllos sind die Hungerbrunnen und Höllenlöcher. Der bekannteste Quelltopf der Alb ist der Blautopf in Blaubeuren. Die Erforschung dieser rätselvollen Naturerscheinungen hat um 1600 begonnen. Es sind phantasievolle Beschreibungen, die zwar die Kenntnis von einigen Höhlen bezeugen, aber keine zuverlässigen Angaben liefern. Unheimliche Geschichten von menschenfressenden Riesenpudeln und von feuerspeienden Drachen haben die Menschen bis ins 18. Jahrhundert hinein abgehalten, Höhlen und die sogenannten Höllenlöcher zu betreten. Mit genauen Ausmessungen der Alb-Höhlen wurde erst um 1750 begonnen. Abenteurer waren es zumeist, die sich mit Fackeln in die stockdunklen Gänge vortasteten. Nicht aus wissenschaftlichem Interesse, sondern auf der Suche nach Gold, Schätzen, Montmilch (Heilmittel) oder Phosphaten. Die Ausbeute blieb mager, stattdessen fand man zur allgemeinen Überraschung Berge von Menschen- und Tierknochen. Dafür interessierten sich die Wissenschaftler. Institute der Universitäten führten Mitte des 19. Jahrhunderts paläontologische Grabungen durch. Die erste im „Hohlen Stein", Lonetal.

Auch die Romantiker der Schwäbischen Dichterschule haben die geheimnisvollen Höhlen für sich entdeckt. 1825 ist Wilhelm Hauffs „Lichtenstein" erschienen, in dem die Nebelhöhle als Zufluchtsstätte für den Landesvater Herzog Ulrich eine wichtige Rolle spielt. Zwei Jahre früher hat Gustav Schwab den Anfang gemacht, als er in seiner Reisebeschreibung „Die Neckarseite der Schwäbischen Alb" die sagenumwobenen Höhlen phantasievoll beschrieb und dazu einlud, die unterirdischen Märchenlandschaften zu besuchen.

Nachdem auch König Friedrich von Württemberg die Nebelhöhle besichtigt hatte, bei diesem Ereignis wurde übrigens das alljährlich am Pfingstsonntag stattfindende Nebelhöhlenfest geboren, war die Scheu bei den Älblern verflogen. Das Interesse an den heimischen Höhlen wuchs. Um die bekanntesten den Besuchern zugänglich zu machen, gründeten Höhlenfreunde und Wissenschaftler 1889 auf Initiative des Gutenberger Pfarrers Karl Gußmann den Schwäbischen Höhlenverein. Die Mitglieder des Vereins begannen sogleich damit, die Höhlen systematisch zu erschließen, d. h. zu vermessen, Pläne anzufertigen und die Höhlenpfade zu sichern. Dabei hat sich erwiesen, daß die Urbewohner der Alb ausschließlich in Wohnhöhlen gehaust haben. In der Heidenschmiede in Heidenheim, im Hohlen Fels (Lonetal), in der Bärenhöhle, der Kleinen und Großen Scheuer oder der Falkensteinhöhle im Donautal fanden die Forscher Tausende von Steinwerkzeugen, Knochengeräten und Feuerstellen, die die einzelnen Kulturstufen in ihrer Reihenfolge fast lückenlos nachweisen ließen.

Bevor Sie einige der interessantesten Höhlen kennenlernen, noch ein Wort zu den verschiedenen Höhlenarten und ihrer Entstehung: **Primärhöhlen** nennt man die Höhlen, die zu gleicher Zeit entstanden wie das Urgestein, in dem sie sich befinden. Die **Sekundärhöhlen** sind jünger. Risse und Spalten, die durch die Witterung entstanden sind, verbreiterten sich im Verlauf von Tausenden von Jahren **(Spaltenhöhlen, Höllenlöcher).** Wasser und Eis, Frost und Hitze sprengten schließlich die Felsen. Es kam zu Abbrüchen, bei dem sich Hohlräume, sogenannte **Überdeckungshöhlen** bildeten. Der häufigste Höhlentypus auf der Alb ist die **Tropfsteinhöhle.** Das versickernde Regenwasser, das sich noch in der Luft mit Kohlensäure angereichert hat, löst den Jurakalk und stößt ihn in den Hohlräumen unter der Erde wieder ab. So entstehen die Tropfsteine, die sich aus Stalaktiten (von oben) und Stalagmiten (von unten) zusammensetzen und im Laufe von vielen tausend Jahren zusammenwachsen.

Die Tiefenhöhle bei Laichingen ist ein gutes Beispiel für die **Vertikal- oder Schachthöhlen.** Sie entstehen durch lang anhaltende Verkarstung, d. h. das Regenwasser sickert immer durch den gleichen Kanal in die Tiefe und löst dabei immer mehr Kalk. Der Vertikalspalt verbreitert sich und wird zu einem Schacht, an dessen Ende sich meist eine geräumige Halle öffnet, im Gegenteil zu den Spaltenhöhlen (Höllenlöcher), die im allgemeinen sehr eng sind. **Felsüberhänge** und **Nischenhöhlen** gingen meist aus Witterungseinflüssen (Erosion) hervor. Einzelne Blöcke brachen aus der Felswand und ließen Überhänge zurück, unter denen sich höhlenartige Vertiefungen bildeten. Zu erwähnen ist noch die **Doline,** die entsteht, wenn das Regenwasser beim Versickern unterirdische Hohlräume ausspült. Es kommt vor, daß die Erde darüber einbricht und ein trichterförmiger Einsturz sichtbar wird. Häufig ist auch die Lösungsdoline, die von der Erdoberfläche aus nicht erkennbar ist.

Die **Hungerbrunnen** gehören zwar nicht zu den vielfältigen Erscheinungsformen der Höhlen, hängen aber so eng mit der Verkarstung der Alb zusammen, daß sie hier genannt werden müssen. Der Karstwasserspiegel in den Hohlräumen unter der Erde schwankt ständig. Nach Regenperioden steht er bis zu 30 cm höher als der Normalstand. Jetzt spenden die Quellen Wasser, deren Öffnungen über dem normalen Wasserspiegel liegen. Da Regenperioden in früherer Zeit oft gleichbedeutend mit Ernteausfall und Hungersnot waren, nannte der Volksmund diese Quellen Hungerbrunnen. — Die **Trokkentäler** sind ein anderes Phänomen, das man in Deutschland nur auf der Schwäbischen Alb vorfindet. Da das Regen- und Schneewasser in dem porösen Gestein sofort senkrecht versickert, sind diese Täler wasserleer. Wie aber sind sie entstanden? Sie gehen auf die Eiszeit zurück, in der der gefrorene Boden das anlaufende Schmelzwasser nicht mehr aufnehmen konnte. Im Winter oder bei langanhaltendem Niederschlag kommt es auch heute noch vor, daß die Trockentäler plötzlich wieder Wasser führen und ein Wildbach alles mit sich reißt, was nicht angewachsen ist.

Nachfolgend erhalten Sie einen Überblick über die reizvollsten Höhlen, Höllenlöcher, Quelltöpfe und Hungerbrunnen. Sie sind nach Fremdenverkehrsgebieten (von West nach Ost) zusammengefaßt. Eine alphabetische Reihenfolge finden Sie innerhalb des allgemeinen Stichwortregisters.

Gebiet: Tuttlingen

Die Verkarstung führt bei **Immendingen, Zimmern, Möhringen** und weiter donauabwärts unterhalb **Fridingen** dazu, daß die Donau an diesen Stellen fast vollständig in ihrem Flußbett versickert. Heute sind die Stellen der **Donauversickerung** beliebte Ausflugsziele, weil sie ein in Deutschland einmaliges Natur-Phänomen darstellen. Man hat lange gebraucht, um festzustellen, wo das Donauwasser wieder ans Tageslicht findet. Farb- und Salzversuche haben schließlich ergeben, daß das Wasser durch den **Aachtopf**, der rund 15 km (Luftlinie) südlich liegt, an die Oberfläche sprudelt. Der Aachtopf befindet sich geologisch in einem Übergangsgebiet zwischen Alb und Hegau. Die Quelle ist wie der Blautopf kreisrund. Größte Tauchtiefe 17 m.

Der **Quellhöhle des Wulfbachs**, 2 km nördlich von Mühlheim im Donautal, hat der Ort vermutlich seine Entstehung zu verdanken. Die starke Schüttung und weitere Zuflüsse haben dem Bach die Kraft gegeben, mehrere Mühlen, kurz bevor er in die Donau einmündet, in Gang zu halten. In die Quellhöhlen sind Taucher 100 m eingeschwommen, ohne das Ende erreicht zu haben.

93 m lang ist die **Mühlheimer Felsenhöhle**, die Sie auf einem Wanderweg erreichen. Hinter einer Vorhalle führt sie ca. 3 m nach oben. Es folgt eine zweite Halle. Nach weiteren 20 m geht es über eine 25 m tiefe Spalte hinweg (Vorsicht!). Es folgt nach ca. 15 m eine 8 m lange Leiter, die nach unten hängt. Der Abstieg ist gefährlich! Drunten angekommen finden Sie sich in der lehmigen Haupthöhle, die 20 m in der Länge, 12 m in der Breite und 10 m in der Höhe mißt.

Die **Kolbinger Höhle** bei Kolbingen nordöstlich von Mühlheim ist als Schauhöhle hergerichtet. Sie ist 60 m lang. Die Höhle ist nicht ständig geöffnet. Auskünfte erteilt das Bürgermeisteramt in Kolbingen. Die Eröffnungshalle fällt an einer Seite ab. Sie blicken 30 m in die Tiefe. Eine Treppe führt Sie aufwärts. Die zweite Tropfsteinhalle ist gekennzeichnet durch eine Säule, die in einigen tausend Jahren mit der Decke zusammengewachsen sein wird. Insgesamt umfaßt die Höhle fünf Hallen, die alle mit herrlichen Tropfsteingebilden ausgestattet sind.

Die **Ziegelhöhle** unterhalb von Fridingen ist 60 m lang. Der Zugangspfad ist bezeichnet. Es handelt sich um eine Tropfsteinhöhle, die aus mehreren kleineren Hallen besteht. Die Höhle sollten Sie nur mit mindestens drei Stablampen betreten, von denen Sie jeweils nur 2 gleichzeitig benutzen.

Das **Sperbersloch** ist allgemein bekannt, weil es direkt an einem Wanderweg liegt. Gegenüber vom Schloß Bronnen öffnet sich das 6×6 m große Eingangsloch. Der Höhleneingang selbst ist verhältnismäßig eng. Nur die drei Hallen haben größere Ausmaße. Die Höhle ist ca. 40 m lang. — Auch in dem Felsen, auf dem Schloß Bronnen steht, befinden sich einige kleine Höhlungen. Die größte ist die **Bronnenhöhle** mit einer Länge von 13 m. Sie liegt am Wanderweg zum Schloß.

2 km südwestlich vom Kloster Beuron steht eine mächtige Weißjura-Bastion, der **Probstfelsen.** In ihm öffnet sich eine 14 m lange Höhle, in der man zahlreiche Werkzeuge aus der Magdalénien-Zeit und Tierknochen vom Wildpferd, Steinbock, Rentier gefunden hat. Diese Nische hat wertvolle Er-

kenntnisse für die Besiedlung dieses Raumes während und nach der Eiszeit gebracht.

Wenn Sie etwa 300 m auf dem Wanderpfad von Beuron zur Burg Wildenstein gewandert sind, entdecken Sie ein Bildstöckchen. Hier zweigt der Weg zum Petersfelsen und der **Petershöhle** ab. Eine Treppe führt zum Eingang der Höhle. Sie besteht aus einem großen ellipsenförmigen Raum, der einen Durchmesser von ca. 30 m und eine Höhe von 10 m hat. Keine Tropfsteine. Die Petershöhle hat den Mönchen des nahen Klosters in kriegerischen Zeiten als Zufluchtsstätte gedient, ebenso wie die **Paulshöhle,** die ähnlich aussieht und sich im Paulsfelsen befindet (500 m nordöstlich von Beuron).

1,5 km südöstlich von Irrendorf entspringt der **Großschmiedebrunnen.** Er ist die größte Karstquelle im Donauraum zwischen Fridingen und Sigmaringen.

Vorsicht vor dem Einstieg in das **Sauloch** östlich von Spaichingen, 1 km von Mahlstetten entfernt! Der 4 m tiefe Abstieg in eine 5 m breite Halle ist gefährlich. Von der Halle zweigen zwei Kriechgänge ab. — Ebenso ist vom Begehen (oder besser: Bekriechen) der **Rappenfelshöhle** (Länge 36 m), knapp 2 km südwestlich von Kolbingen, abzuraten. Die Gänge sind oft nur 60 cm breit.

1 km nördlich von Königsheim (nordwestlich von Spaichingen) öffnet sich die tiefe **Beilsteinhöhle.** Zutritt nur für Höhlenkundige! Nach einem 20 m langen schmalen Spalt erreichen Sie eine Kammer, von der es 4 m (gefährlich!) nach unten geht. Es folgt eine weitere Halle und ein 20 m langer Gang. In der Tropfsteinhöhle hat man Bärenknochen gefunden. — Im Bäratal liegt auch das **Mondmilchloch**, das Sie etwa 500 m nordwestlich der Gemeinde Bärenthal entdecken. 15 m tief, leicht abfallend, führt der Gang abwärts. Vorsicht bei der Wasserstelle! Mehrere Wasserbecken und 30 m tiefe Schächte! Ohne Seilsicherung sollten Sie die Höhle nicht betreten. — Drunten im Tal ein **Kalktuffsteinbruch** und zwischen der Höhle und dem Steinbruch eine gefaßte Quelle und ein hübscher Kalktuffwasserfall. — Im Bäratal gibt es übrigens auch zwei sehenswerte Felsbrücken. Da ist das **Felsentor,** nordöstlich von Bärenthal, und das 7 m hohe **Heidentor,** 1,2 km nordwestlich von Egesheim. — Ca. 1 km südlich

von Bärenthal die einsturzbedrohte Schachthöhle, das **Eulenloch,** die 21 m lange Höhle **Hohle Fels** und die Doline **Hummelsloch.**

Gebiet: Sigmaringen

Die **Kellerhöhle** zwischen Dietfurt und Gutenstein diente früher als Pferdestall. Das Tor und die Ausmauerung erinnern noch daran. Die Höhle verläuft nach rechts 25 m tief in den Berg hinein. Schöne Tropfsteingebilde und „Bergmilch" sind der Schmuck der Kellerhöhle. 60 m oberhalb eine weitere Tropfsteinhöhle, die **Gutensteiner Höhle,** die 60 m lang ist. Gegenüber der Ortschaft Gutenstein erkennen Sie in dem steilen Fels auf dem linken Donauufer (kurz vor dem Tunnel) in einer Aushöhlung eine Madonnenfigur. Man bezeichnet die Vertiefung als **Lourdesgrotte.**

In der **Falkensteinhöhle,** 2 km von Thiergarten entfernt, haben Forscher 1933 ca. 9000 Werkzeuge, Geräte und Schmuck aus der mittleren Steinzeit ausgegraben. Der **Schaufelsen** mit prächtiger Sicht ist ganz in der Nähe. Besichtigen Sie dann auch das Felsentor am Nordrand des Felskomplexes.

Die steinzeitlichen Wohnhöhlen bei Veringenstadt sind von größter Bedeutung für die Kennzeichnung des süddeutschen Kulturraumes. E. Peters hat hier in mehreren Grabungen 1934/35 wertvollste Geräte aus Knochen und Stein, Speisereste und Wohngegenstände freigelegt. Besonders fündig war die **Annakapellenhöhle** (Länge 8 m), südwestlich vom Bahnhof gelegen. Hier wohnte der Magdalénien. Auf der Höhe, links von der Stadtmauer, die **Göpfelsteinhöhle** (zweistöckig). Hier lebte der Moustérien und der Aurignacien. Ebenso war der **Schafstall,** links der Lauchert, bewohnt. Der 30 m tiefe und 5 m breite Überhang diente wohl in späterer Zeit Schafen als Unterstand. Nahebei die **Nikolaushöhle,** ebenfalls 30 m lang. Auch hier wurden Tierknochen und Werkzeuge gefunden. — Nordöstlich von Veringenstadt zwischen Enerfeld und Ittenhausen der **Adernzopf.** Es ist gefahrvoll, die Höhle zu betreten, da erst ein 20 m tiefer Schacht

---

Die Bärenhöhle bei Erpfingen ist eine der großen Attraktionen, die die Schwäbische Alb zu bieten hat. Tausende steigen im Sommer in die Höhle ein, um die bizarren Tropfsteingebilde zu bestaunen.
(Foto: Gerhard Jost, Pforzheim)

zu den Kammern auf der Höhlensohle überwunden werden muß. Die Höhle soll angeblich mehrere Male von den Enerfeldern als Versteck im Dreißigjährigen Krieg und in den Franzosenkriegen gedient haben.

Gebiet: Ebingen

Südöstlich von Erpfingen (ca. 1 km) ist das Einstiegsloch zum „Hansmutterlesgstank“, wie der **Heilenbergschaft** von den Älblern genannt wird. Sie finden die Höhle über den Albvereinsweg zur Ruine Holstein. Kurz vorher gehen Sie 50 m abwärts zur eingezäunten Einstiegsluke. Vorsicht! Die nicht mehr bruchsichere Leiter führt 8 m in die Tiefe. Die Höhle ist 30 m lang und 15 m tief.

Eine der interessantesten Schauhöhlen der Schwäbischen Alb ist die **Bären- und Karlshöhle.** Die Zufahrtswege sind von Erpfingen aus genau beschildert. Die Höhle ist ca. 200 m lang und besteht aus zwei Teilen. Der erste, die Karlshöhle, wurde 1834 entdeckt, als einem Schulmeister die Tabakdose in einen Spalt fiel. 1949 beobachtete ein Höhlenkundler, wie Fledermäuse zum Höhlenende flogen und dort verschwanden. Er stieg ihnen nach und entdeckte die Bärenhöhle mit herrlichen Tropfsteinhallen und vielen tausend Bärenknochen. Doch überzeugen Sie sich selbst! Der Besuch dieser Höhle ist ein Erlebnis-Höhepunkt während eines Alburlaubs! Die Höhle ist vom 1. 4. bis 31. 10. täglich geöffnet.

Der **Hangende Stein** beim Raichberg (Onstmettingen) weist sehr tiefe Spalten auf. Nicht weit weg davon die 25 m tiefe, schwierig zu befahrende **Hohenzollernhöhle.** In derselben Spalte ist auch die **Mackensenhöhle**, die sogar 30 m tief ist. Auch sie darf nur mit einem Führer bestiegen werden.

Die 220 m lange **Linkenboldshöhle** ist bereits seit 1875 Schauhöhle. Die Tropfsteine und der Wandsinter geben der Höhle ein märchenhaftes Inneres.

Bei Ebingen liegt die **Heidensteinhöhle**, genau 1,5 km nordwestlich der Stadt. Sie ist 25 m lang und kann, auf eigene Gefahr, bestiegen werden. — Kurz hinter Großengstingen, an der Straße (B 313) nach Haidkapelle, öffnet sich an einem Wiesenhang der **Großengstinger Hungerbrunnen.** Er hat vor 10 Jahren das letzte Mal Wasser gegeben, seitdem liegt er trocken. — In Kleinengstingen fließt ein **Sauerbrunnen**, der bereits seit 1580 bekannt ist. Sein bekömmliches Wasser darf kostenlos abgezapft werden.

Gebiet: Balingen

Eine typische Überdeckungshöhle gibt es am Schafsberg. In seiner Nordflanke steht der **Gespaltene Felsen.** In der Schlucht sind durch Felsabbrüche mehrere Blöcke aufeinandergetürmt. Darunter haben sich kleine Höhlen gebildet.

Die **Schalksburghöhle** am Fuß der Schalksburg (Westseite) zu betreten ist nicht ratsam, da der Gang nach 4 m nur noch 50 cm hoch ist. Der scharfe Wind, der durch den Schacht weht, läßt aber darauf schließen, daß sich hinter diesem Engpaß eine Halle öffnet.

Gebiet: Reutlingen

Seit 1486 war die **Alte Nebelhöhle,** 3 km östlich von Genkingen, bekannt. 1920 wurde eine Fortsetzung der Höhle entdeckt, die **Neue Nebelhöhle.** Beide Trakte sind heute beleuchtet und so ausgebaut, daß jährlich vom 1. 4. bis 31. 10. viele Tausende von Besuchern durch die phantastischen Gänge und Hallen mit den imposanten Tropfsteinformationen wandern können. 380 m ist die Nebelhöhle lang. Der prominenteste Besucher: König Friedrich von Württemberg (1803). Prominentester Flüchtling, der sich in der Höhle versteckt haben soll: Herzog Ulrich von Württemberg. Die Nebelhöhle zählt zu den schönsten begehbaren Höhlen der Alb. Sie ist nach der Charlottenhöhle die zweitlängste Tropfsteinhöhle Süddeutschlands.

Die **Brunnensteinhöhle** liegt an der Schlößlessteige, einen halben Kilometer westlich von Honau. Die Höhle wurde von zwei Höhlenkundlern auf eine Länge von 1114 m befahren. Ohne große Gefahren für Leib und Leben kann die Höhle ca. 80 m begangen werden. Die Erlaubnis zum Einstieg für Höhlenkundige erteilt das Bürgermeisteramt Unterhausen. — Das **Aufberger Loch** nahe dem Schloß Lichtenstein ist eine 10 m tiefe Doline, die mit einem 10 m breiten, 5 m langen Raum abschließt. — Die **Olgahöhle** befindet sich direkt in Honau. Die Höhle liegt unter dem Flußbett der Echaz. Die Höhle war bereits im 19. Jahrhundert als Schauhöhle hergerichtet. Neuerdings ist sie bedauerlicherweise verschlossen und dient dem Besitzer als Abstellplatz.

Das **Glemser Höllenloch** ist wieder was für Erfahrene. Es öffnet sich 1 km südöstlich von Glems (zwischen Reutlingen und Metzingen). Der Schacht befindet sich am Fuß des Höllenlochfelsens. Sie klettern unter Seilsicherung an einer 10 m langen und brüchigen Leiter hinunter in eine Halle. Hier zweigen drei Gänge ab. Einer führt in ein 2. Stockwerk, in dem Stalagmiten und Stalaktiten gut erhalten sind. In früheren Zeiten stiegen Glemser Burschen am Pfingstmontag jeden Jahres in das Höllenloch ein, um sich gegenseitig ihren Mut zu beweisen.

Die **Falkensteiner Höhle**, 4,5 km nordöstlich von Urach, ist die faszinierendste Höhle der Alb. Sie ist aber nur für erfahrene Taucher und Höhlenforscher zugänglich. Mitte des 18. Jahrhunderts wurde in der Höhle nach Gold geschürft. Damals forderte die Höhle ein Todesopfer, als einer der Männer ausglitt und ertrank. Auf den ersten 460 m befinden sich acht Seen. Jürgen Hasenmayer, einem gebürtigen Pforzheimer, war es zu verdanken, daß die Höhle bis auf 3000 m Länge bekannt wurde. Als erster hat der damals 18jährige unter fast unüberwindlichen Schwierigkeiten eiskalte Seen durchtaucht, sich durch dunkle, bis zur Decke mit Wasser gefüllte Siphons gezwängt und, allein auf sich gestellt, haushohe Verstürze überklettert, bis er an eine Felsbarriere stieß, die noch heute nicht überwunden werden kann. Der junge Höhlenforscher, der mit dieser Leistung in der internationalen Fachwelt viel Aufsehen erregte, verunglückte nur wenige Jahre später tödlich. — Auch der vordere Teil der Höhle ist durch seine tiefen Seen und den obligatorischen Höhlenlehm sehr gefährlich. 1964 mußten vier Studenten sieben Tage in der Höhle ausharren, bis sie total erschöpft in letzter Minute gerettet werden konnten.

Der **Elsachbröller** liegt gegenüber der Falkensteiner Höhle. Er ist einsturzgefährdet, außerdem erschweren Siphons das Vordringen. Die 200 m, die zunächst bekannt waren, hat Jürgen Hasenmayer unter erschwerten Bedingungen erforscht und ist noch weitere 300 m vorgestoßen.

Das Gruseln lernen können Sie in den Höllenlöchern oberhalb Dettingen (Erms). Die tiefste Stelle erreichen Sie nur über eine Eisenleiter.

Ein beliebter Spaziergang führt von Urach hinauf zu den **Höllenlöchern,** die bis zu 10 m tief sind. Noch eindrucksvoller präsentieren sich die **Dettinger Höllenlöcher,** zu denen ebenfalls ein bezeichneter Wanderweg führt. Sie sind bis zu 30 m tief und können ohne Gefahr auf ca. 100 m durchgangen werden. Die tiefste Stelle erreichen Sie über Eisenleitern. — Ganz in der Nähe erhebt sich der Gelbe Felsen, ein viel besuchter Aussichtspunkt. Weniger bekannt ist die **Gönningershöhle,** die an seinem Fuß 12 m in die Tiefe führt. Der Schacht kann nur mit Seilsicherung gemeistert werden. Unten erwarten Sie mehrere Gänge und Hallen.

Die **Gütersteiner Wasserfälle,** ca. 3 km westlich von Urach, stürzen über Kalktuffterrassen ins Tal. Dasselbe Schauspiel spielt sich beim nahen **Uracher Wasserfall** ab. Die Hochwiese, über die der Bach bis zum 37 m tiefen freien Fall fließt, ist eine riesige Kalktuffbarriere, die im Verlauf von 100 000 Jahren entstanden ist. — Schwer zu finden ist der verwachsene Pfad zur **Felsenhöhle** unterhalb der Ruine Hohenurach. Ursprünglich soll vom Burghof ein Zugang zur Höhle bestanden haben, durch die bei Belagerungen unbemerkt Nahrungsmittel in die Burg geschafft werden konnten. Die Höhle ist heute noch 20 m lang. — Bei der Kunstmühle im Ermstal, oberhalb Urach, hat man gegen Ende des vorigen Jahrhunderts die **Uracher Tropfsteinhöhle** entdeckt. Die 25 m lange Höhle mit bizarren Tropfsteinen und phantasieanregenden Verschmelzungen kann mit einem Führer (Münsinger Straße 49) gefahrlos besichtigt werden. In der Höhle fließt ein glasklarer Bach. Diese Höhle zählt zu den ältesten Primärhöhlen der Alb.

Sehr romantisch ist die versteckt liegende **Schillerhöhle,** auch **Rulamanshöhle** genannt, im Felsmassiv, auf dem die Ruine Hohenwittlingen thront. Sie finden die Höhle, wenn Sie von Urach im Seeburger Tal ca. 3 km bis zur Abzweigung nach Wittlingen fahren. Sie durchfahren das Dorf und erreichen auf der anderen Talseite kurz vor dem Waldrand einen Parkplatz. Nun geht's zu Fuß weiter, vorbei an einem Gutshof, den David Friedrich Weinland gekauft hatte. Hier hatte der Schriftsteller seinen klassisch-historischen Roman „Rulaman“ niedergeschrieben. Der Roman ist das begeisternde Zeugnis vom Leben der Steinzeitmenschen. Die „Tulkahöhle“ im Roman hat Weinland nach der Schillerhöhle beschrieben.

Die Höhle ist 91 m lang. Vom Hauptgang zweigen mehrere kurze Nebengänge ab. Die Höhle schließt ein ca. 4×4 m breiter und 2 m tiefer, stark verlehmter Trichter ab.

An der Westseite des Hohenwittlinger Felsens befindet sich das **Steffesloch.** Weinland hat ihm in seinem Roman mit der „Staffahöhle" ein Denkmal gesetzt. Er beschreibt sie so: „Von dem schmalen Eingang aus, durch den ein Mann eben aufrecht hineinschlüpfen kann, führt nur ein enger, unbequemer Gang auf glattem Fels steil abwärts, wie in einen düsteren Schacht hinunter. Ist man einmal unten angekommen, so tritt man in eine schöne, trockene Felsenhalle, hochgewölbt wie die Spitzkuppel eines gotischen Domes."

Erwähnenswert ist in diesem Gelände auch die **Wassersteinhöhle,** nur etwa 1 km vom Hohenwittlingen entfernt an der Nordseite des Hochberges. Es ist überliefert, daß die Höhle ihren Namen von einem klaren See bekommen hat, der heute verschwunden ist.

Am Albaufstieg zwischen Neuffen und Hülben öffnet sich ca. 2,5 km von Neuffen entfernt, bei der 3. Haarnadelkurve links, die **Barnberghöhle.** Sie ist 46 m lang und wurde nachweislich vom Magdalénien bewohnt. Ca. 500 m unterhalb der genannten Abzweigung führt von der Straße weg ein Wanderweg zum **Bauerloch,** das mit 135 m eine beachtliche Länge hat. Vor dem Einstieg muß gewarnt werden. In nassen Jahreszeiten steht die Höhle unter Wasser. Der Höhleneingang ist stellenweise sehr eng und verzweigt sich ständig. Die Decke ist einsturzgefährdet.

Unter dem vorgelagerten Albberg, auf dem der Bergfried der Teck wie ein erhobener Finger weithin sichtbar in den Himmel ragt, befinden sich drei Höhlen. Die bekannteste ist die **Sibyllenhöhle.** Von ihr erzählt die Sage, daß hier einstmals die alte Sibylle gehaust hat. Ihre drei Söhne auf dem Rauber, der Diepoldsburg und dem Wielandstein tyrannisierten das Land. Sibylle schämte sich für die Grausamkeiten ihrer Söhne. Sie beschloß, das Land zu verlassen. Und eines Abends sahen sie die Owener auf einem goldenen Wagen davonbrausen, der von zwei tigerähnlichen Ungeheuern gezogen wurde. Die Spur ihres Wagens kann man heute noch am Teckberg, Kahlenberg und Götzenbrühl verfolgen. Dort wächst das Korn üppiger als anderswo. Damit wollte Sibylle einen Teil der Untaten ihrer Söhne wieder gut machen. — Die Höhle hat ein ca. 6 m hohes Eingangsportal und ist 23 m lang. Den hinteren Teil zu begehen, wird durch den dicken Höhlenlehm erschwert. Ursprünglich hat vom Burghof ein Zugang zur Höhle als letzter Fluchtweg bestanden. In der Sibyllenhöhle hausten in praehistorischer Zeit Höhlenbären, -löwen und -hyänen. Das beweisen ca. 2000 Knochenfunde. — Auf der anderen Seite des Berges befindet sich die **Sibyllen-Gegenhöhle,** so benannt, weil sie haargenau in gleicher Höhe und in Fortsetzung einer gedachten Verlängerungslinie zur Sibyllenhöhle liegt. Ihre Länge: 22 m. Im Gegensatz zur Haupthöhle ist der Zugang zur Gegenhöhle abgesperrt. Die beiden Höhlen waren sicherlich früher zusammenhängend, denn nur 4 m Fels- und Erdreich trennen die beiden Enden. — Auf der Westseite, unter den Ringmauern, beginnt die **Kleine Teckhöhle,** die ca. 20 m weit unter dem Burghof verläuft.

31 m lang ist die **Veronikahöhle,** die Sie unterhalb des Gelben Felsens finden. Ein Albvereinsweg führt von der Teck in 15 Minuten dorthin. Nach ca. 15 m wird dann der Höhlenraum plötzlich ca. 45 m hoch. Zwischen der Veronikahöhle und dem **Verena-Beutlins-Loch** auf dem Gelben Felsen bestehen Zusammenhänge. Vermutlich gehen die Spalten der Veronikahöhle in das Verena-Beutlins-Loch über. In diese Schachthöhle können Sie nur 6 m weit hinunter steigen. Die Felsbeschaffenheit um das Loch herum läßt darauf schließen, daß sich hier einmal eine weit größere Höhle befunden haben muß. Das Felsentor ist noch ein eindrucksvolles Überbleibsel. Übrigens hat die Höhle ihren Namen nach einer armen Frau, die vor langer Zeit mit ihren beiden Kindern hier gehaust haben soll. Die Owener hielten sie für eine Hexe und verbrannten die unschuldige Frau auf einem Scheiterhaufen.

Zwei schwierig zu befahrende Höhlen liegen im Rauberfelsen oberhalb des Lenninger Tales. Unterhalb der Ruine ist der Einstieg zur **Rauberhöhle.** Ein 3 m tiefer Spalt fällt senkrecht ab. Auch dann führt der Spalt noch weitere 10 m steil abwärts und endet dort an einer nicht mehr passierbaren Kluft. — Die **Kleine Rauberhöhle** ist nicht weit weg davon. Sie ist so eng, daß sie nicht aufrecht betreten werden kann.

Die erste Höhlenfahrt des 1889 gegründeten Schwäbischen Höhlenvereins führte in die **Gutenberger Höhle** (1 km nördlich von Gutenberg, ebenfalls im Lenninger Tal, etwa 150 m oberhalb des Talschlusses). Während der erwähnten Expedition fand man hier Skelettreste von Bären, Löwen, Wildpferden, Nashörnern und als besonders aufsehenerregende Funde — Knochen von Affen und Alpenwölfen. Die Schauhöhle ist vom 1. 4. bis 31. 10. täglich geöffnet. Für den Besuch der 160 m langen Höhle benötigen Sie 30 Minuten. — Nur 200 m entfernt öffnet sich die **Gußmannshöhle**, die nach dem Gutenberger Pfarrer und Begründer des Höhlenvereins benannt ist. Sie ist ebenfalls elektrisch beleuchtet. Öffnungszeiten dieser Tropfsteinhöhle wie bei der Gutenberger Höhle. Besichtigungsdauer 15 Minuten. — Dicht dabei (südlich) die **Krebssteinhöhle** mit einer Länge von 20 m und nördlich von der Gußmannshöhle das **Wolfsloch**, 13 m lang.

Ca. 2 km südlich von Gutenberg, am Fuß des Sperberecks, verläuft die **Montmilchhöhle** 90 m in den Berg. Die Höhle wurde von Steinzeitmenschen bewohnt. Sie ist stark verlehmt.

Südlich von Schlattstall sprudelt die Schwarze Lauter aus dem **Goldloch** (34 m lang). Ein Schwarm schwarzer Vögel soll hier einen riesigen Schatz bewachen. Das hat Goldgräber im 18. Jahrhundert freilich nicht davon abgehalten, hier nach dem begehrten Metall zu schürfen. — Südöstlich von Schlattstall finden Sie mit etwas Glück die **Hofenhöhle** unterhalb der Ruine Hofen. Man weiß von dieser Höhle seit 1936. Sie verfügt über zwei Eingänge. Ihre beiden Hallen sind mit Tropfsteinen übersät. Die dunklen Gänge sind teilweise sehr lang und schwierig zu begehen. Länge 210 m. — Nordöstlich der Burgruine, auf der anderen Talseite, die **Roßgallhöhle** mit einer Tiefe von 38 m als typische Schachthöhle. Vorsicht!

2 km südöstlich von Bissingen erhebt sich das zerklüftete Felsmassiv des Breitensteins. In ihm ist die **Breitensteinhöhle** mit 25 m Länge die größte. — Der Heimenstein ist ein sagenumwobener Felsen. In der **Heimensteinhöhle** soll vor Urzeiten der Riese Heim gehaust haben. Die Höhle mißt 24 m in der Länge. Am Ostausgang befinden sich noch zwei 8 m breite Vertiefungen, an die sich weitere Höhlenteile anschließen. Wenn Sie auf dem Albvereinsweg bleiben, kommen Sie nach 1 km, südöstlich vom Heimenstein, an die **Neidlinger Tropfsteinhöhle.** Die Höhle können nur sehr erfahrene Höh-

lenkundler begehen. Sie beginnt mit einem 7 m senkrechten Schacht, führt über eine gefährliche Geröllhalde und endet in 17 m Tiefe in einer Tropfsteinhalle.

Das unheimliche **Mordloch,** 3 km östlich von Neidlingen (auf dem Bläsiberg), gilt in der Fachwelt als Halbdoline. Auf der Sohle beginnt eine Höhle, deren Öffnung nur ein halber Meter hoch ist. Sie erweitert sich dann bis zu einer Höhe von 1,70 m. Länge: 16 m. Sehenswert die Montmilch-Formation und die Sinter-Fälle.

In den Papierfelsen, knapp 2 km westlich von Wiesensteig, hat sich die **Veeserhöhle** 23 m tief eingegraben. Hier hat man 1930 wertvolle Lanzen- und Pfeilspitzen gefunden. — Die **Schertelshöhle,** 3,5 km nordwestlich von Westerheim, ist eine der am frühesten bekannten Höhlen auf der Alb. Sie ist in Urkunden schon 1470 erwähnt. Auch um sie gibt es mehrere Sagen, in denen es nur so spukt von Waldteufeln und Räubern, die die Höhle als Unterschlupf benutzt haben sollen. Die Schertelshöhle ist heute ein beliebtes Ausflugsziel. Sie birgt in sich eine märchenhafte Pracht von Tropfsteinsäulen und Sinterfällen. Der älteste bekannte Teil, das Kuhloch, ist 24 m tief. Die Höhle ist insgesamt 210 m lang. Man durchgeht sie in 30 Minuten. Sie ist für Besucher von Ostern bis 31. 10. geöffnet.

Die Nonnen vom Wiesensteiger Kloster versteckten sich vor plündernden Kriegsscharen im **Steinernen Haus,** 200 m westlich der Schertelshöhle. Diese Wohnhöhle der Jungsteinzeit mißt 55 m in der Länge. Sie ist kühler als die Schertelshöhle. — Knapp 2 km östlich von Wiesensteig erreichen Sie über einen Wanderweg die **Todsburger Höhle.** Sie befindet sich unterhalb eines Felsens. Die Höhle, die schon 1895 zur allgemeinen Besichtigung freigegeben worden war, ist bis ca. 100 m ihrer Gesamtlänge (125 m) gefahrlos zu begehen. Beachten Sie die herrlichen Sinterbecken. — Einen halben Kilometer nordöstlich dieser Höhle mündet im Wald eine der interessantesten Schachthöhlen der Alb: der **Todsburger Schacht.** Er ist 72 m tief. Eine Erforschung ist mit großen Gefahren verbunden. Ein Labyrinth von Spalten machen zudem die Orientierung schwer. — Dem Wanderer wird östlich von Gruibingen ein kreisrundes Loch auffallen, das 3 m tief ist. Hier ist der Einstieg zum 20 m langen **Schlagstüble** oder

Kindlesbrunnen. — Vom **Hohlen Stein,** 2 km östlich von Feldstetten, erzählt man sich, daß in ihm der riesenhafte Waldgraf von Laichingen gehaust hat. Er zeigte zwei Holzfällern in der Höhle unermeßliche Schätze. Als die bescheidenen Männer für sich nur 2 Beile wählten und das Gold unberührt ließen, hatte sie der Waldgraf liebgewonnen. Er half ihnen fortan bei der Arbeit, bis einer der beiden Männer Freunden am Stammtisch von dem Erlebnis erzählte. Seit jenem Tag hat niemand mehr den Waldgrafen gesehen.

Gebiet: Blaubeuren

Die Große Lauter entspringt in einem gefaßten Quelltopf beim ehemaligen Kloster Offenhausen, heute Zweigstelle des Gestüts Marbach. Weiter talabwärts die **Plattenhöhle,** einen halben Kilometer westlich von Hundersingen. Sie diente als Wohnhöhle (10 m lang) den Urbewohnern des Lautertales. — Von der Jugendburg Derneck sind es 300 m nach Südosten bis zur **Bettelmannshöhle** (30 m lang). Die Höhle hat die wärmsten Temperaturen in der ganzen Umgebung. — Südlich von Anhausen liegt an einem Felsen das **Gerberloch.** Es ist 30 m lang, von denen man ca. 25 m einigermaßen bequem begehen kann. Im Felsen befinden sich noch mehrere kleine Höhlen.

Der 4 m hohe Wasserfall, über den die Lauter knapp 2 km südöstlich von Anhausen im **Hohen Gießel** stürzt, geht auf eine Kalktuffbarre zurück. — Im Wolfstal, 1,2 km westlich von Lauterach, finden Sie die **Bärenhöhle,** so benannt, weil man Bärenknochen in ihr ausgegraben hat. Sie ist 20 m lang. — Eine andere Bärenhöhle liegt am Wanderweg durch das Glastal bei Hayingen (Länge 20 m). Nicht zu verwechseln übrigens mit der **Bärenhöhle** bei Hütten. In dem 28 m langen Gang hat man 1931 Kulturschichten freigelegt (Magdalénien).

Zur **Zwiefaltendorfer Höhle** im Keller des Gasthauses „Rößle“ muß man 10 m tief hinabsteigen. Sie ist zur Besichtigung freigegeben. Die Sinterformationen sind sehenswert. Die Höhle mißt 20 m in der Länge und 6 m in der Höhe. — Die **Geisterhöhle** bei der Donaubrücke in Rechtenstein ist eine Wohnstätte der Altsteinzeit. Der Schlüssel zur 90 m langen Höhle ist im Gasthaus „Zur Brücke“ abzuholen.

Die schönste Höhle im Zwiefaltener Raum ist die **Friedrichshöhle** oder auch **Wimsener Höhle,** 3 km nordöstlich von Zwiefalten. In ihr entspringt die Zwiefaltener Aach. Sie ist die einzige Höhle der Alb, die mit einem Nachen befahren wird. Das Wasser erreicht stellenweise eine Tiefe von 3 m. Die Höhle ist für Besucher auf eine Länge von ca. 90 m erschlossen. Die genauen Ausmaße der Höhle sind noch nicht bekannt. Man kennt bis heute ca. 350 m, davon hat Jürgen Hasenmayer 263 m unter schwierigsten Bedingungen (bis zu 20 m lange Siphons, mehrere circa 4 m tiefe Seen) erforscht und vermessen. Eine Nachenfahrt in die niedrige Friedrichshöhle zählt zu den prickelnden und doch ungefährlichen Abenteuern eines Alb-Urlaubs. Die Gedenktafel über dem Eingang erinnert an den Besuch des Fürsten Friedrich von Württemberg im Jahr 1803.

2 km südöstlich von Sontheim liegt direkt am Weg die **Sontheimer Höhle** mit der respektablen Länge von 192 m und 31 m Tiefe. Sie zählt zu den bekanntesten Schauhöhlen in der mittleren Alb. Parkplätze fangen die vielen PKW's und Omnibusse auf, die an Sommerwochenenden Tausende von Höhlenbesuchern heranbringen. Die bereits 1488 bekannte Höhle war eine der ersten, in die sich die Älbler hineintrauten. Uralt ist der Brauch der jungen Männer aus der Umgebung, sich am Pfingstmontag zu treffen und vor der Höhle wilde Feste zu feiern. (Das Höhlenfest findet jetzt am Pfingstsonntag statt.) Den tiefsten Punkt der Höhle erreichen Sie in der 20 m hohen, 30 m langen Schlußhalle. Die teils verrußten Tropfsteingebilde schaffen eine gespenstische, Unterwelts-Stimmung. Die Höhle ist vom 1. 4. bis 31. 10. an Sonn- und Feiertagen geöffnet.

Zu erwähnen sind in der Umgebung von Sontheim noch das **Wolfsloch** (4 km südöstlich; 23 m tief; Vorsicht!) und die **Striebelhöhle,** ebenfalls eine gefährliche Schachthöhle (28 m tief).

Folgt man dem Wanderer von Blaubeuren nach Seißen, so zweigt vor dem letzten Felsen, bevor Sie die Küssende Sau erreichen, ein Pfad ab zur **Brillenhöhle.** Sie hat eine Länge von 32 m. In der Höhle wurden bedeutende Funde gemacht aus der Zeit, in welcher der Magdalénien hier gelebt hat. — Die Große **Rusenschloßhöhle** in unmittelbarer Nähe von Blaubeuren ist 28 m lang. Es ist erwiesen, daß sie dem Moustérien als Wohnstätte gedient hat. — Durch die **Kleine Rusenschloßhöhle** können Sie sich ohne Taschenlampe vortasten. Sie besteht aus drei Hallen, Gesamtlänge 20 m. Herrlicher Blick ins Blautal.

Der **Blautopf** wird unter der Ortsbeschreibung von Blaubeuren ausführlich beschrieben. Hier zusammenfassend die wichtigsten Details: Quelltopf der Blau, größte Tiefe 20,5 m. Einzugsgebiet 175 km², maximale Schüttung pro sec. 26 200 l. Gleichbleibende Temperatur 9,2° C. Der Blautopf ist die eindrucksvollste Karstquelle der Alb. Er gehört zu den Hauptsehenswürdigkeiten dieser Landschaft.

Ungeübten dringend abzuraten ist der Einstieg in die **Silbersandhöhle,** 1,5 km südwestlich der Stadt Blaubeuren. Die größte Halle in dieser Höhlenkette ist 13 m lang. Ein 10 m hoher Kamin führt am Ende ans Tageslicht. Nicht weniger gefahrvoll ist die **Glasfelsenhöhle** an der B 28 (Stadtrand), unterhalb des gleichnamigen Felsens. Diese „Kriechhöhle" ist 35 m lang.

Auch die wasserführende **Brunnensteighöhle** bei Aufhausen ist bislang nur von Höhlenforschern (J. Hasenmayer, A. Wunsch) befahren worden. Sie ist auf eine Länge von 190 m bis zu einem Siphon von unbekannter Länge erkundet. — Ausgrabungen in der 35 m langen **Haldensteinhöhle,** westlich von Urspring, haben 1938 die Besiedlung dieses Raumes nachgewiesen.

Die Flächenalb nördlich von Blaubeuren ist übersät mit Dolinenfeldern. Der **Hochbuchschacht** bei Machtolsheim brach 1958 unvermittelt ein. Der 36 m tiefe Schacht ist eingeschrankt. Vorsicht! Nicht ohne Führer einsteigen!

Die **Tiefenhöhle,** 1 km südöstlich von Laichingen, ist eine der wenigen Schachthöhlen, die gefahrlos für jedermann zu besichtigen sind. Die Höhle ist vom 1. 5. bis 31. 10. täglich, vom 1. 11. bis 30. 4. an Sonn- und Feiertagen geöffnet. Der Zugang befindet sich im Rasthaus und Höhlenmuseum, das über der Einstiegsluke gebaut wurde. Die Tiefenhöhle, das „Röntgenbild der Schwäbischen Alb", ist 740 m lang und 103 m tief. Die ausgezirkelte waagrechte Decke in der Sandhalle ist eine perfekte Leistung der Natur. In die 25 m lange, 20 m breite und 12 m hohe Große Halle gelangen Sie über

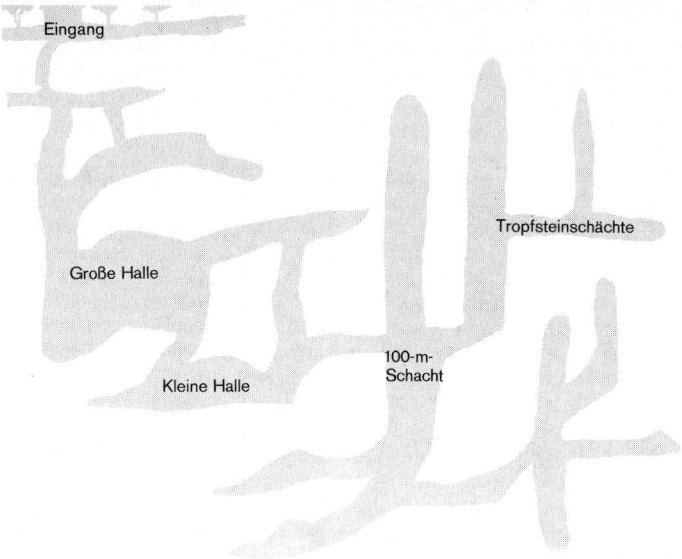

gesicherte Leitern oder Treppen. Von der Halle zweigen noch nicht erforschte Gänge ab. Tiefer unten noch die Kleine Halle mit geologisch interessanter Schwammkolonie. Der Gletschermühlenschacht und der 100-m-Schacht, über den eine Brücke führt, geben Blicke frei in schwindelnde Höhen und Tiefen. Tropfsteine aller Größen wachsen im Schacht II, im Blumenkohlgang (hier auch Perlsinter), in der Schatzkammer und am Maiskolben.

Gebiet: Ulm

Etwas mehr als 1 km östlich von Schelklingen erkennen Sie rechter Hand eine majestätische Felspartie, den **Hohlen Felsen.** Die Höhle an seinem Fuß wird ebenso genannt. Nach einem 15 m langen Gang erweitert sie sich zu einer riesigen Halle von schätzungsweise 500 m. Insgesamt mißt die Höhle 68 m in der Länge. Sie ist nur am Höhlenfest-Wochenende im Spätsommer geöffnet. Heute wissen wir an Hand von Funden, daß der Hohle Fels von Menschen der Aurignac-Epoche bewohnt war. Noch bedeutender ist freilich die **Sirgensteinhöhle,** 2 km nordöstlich von Schelklingen. Sie ist zwar nur

42 m lang, dafür aber ist uns von ihr eine der ältesten Höhlenbeschreibungen, die es überhaupt gibt, aus dem Jahr 1488 bekannt. Außerdem haben Ausgrabungen bedeutende Funde erbracht und für die Altsteinzeitforschung wichtige Erkenntnisse vermittelt. Hier lebte der Moustérien, Aurignacien und Magdalénien. Auch Mammut-, Rentier- und Bärenknochen wurden freigelegt. Die Höhlendecke ist streckenweise nur 1,5 m vom Boden entfernt. In der letzten Halle fällt von außen Licht ein. — Erwähnenswert noch die **Mönchschmiede** (25 m lang) bei Gerhausen.

Gebiet: Geislingen

Um den Rosenstein bei Heubach ranken sich geheimnisvolle Geschichten von heidnischen Göttern, alten Rittern, Hexen und Riesen. Tatsächlich lebten an dem markanten Berg seit Urzeiten Menschen. In der **Großen Scheuer** an der Nordseite (44 m lang), die Sie ohne Lampe betreten können, und in der **Kleinen Scheuer** (23 m lang) wurden viele Steinzeit-Werkzeuge ausgegraben. Ebenso vom Magdalénien bewohnt war die **Dreieingangshöhle** am Sophienfelsen. Sie ist 35 m lang und hat ihren Namen nach ihren drei Eingängen.

Im **Haus**, links von der Großen Scheuer, hat man Werkzeuge aus der Bronze- und Hallstattzeit gefunden. Dem großen Eingangsportal (6×8 m) folgen mehrere schmale Spalten. Das Höhlenhaus hat eine Länge von rund 30 m. Die Große Scheuer und das Haus sind Teile einer einzigen großen Höhle, die eingestürzt ist. Die Gesteinsbrocken unterhalb der Nordflanke stammen von ihr. — Das **Dampfloch** liegt ebenfalls am Wanderweg zum Rosenstein. Es hat eine Tiefe von 10 m und eine Länge von 30 m. Die Höhle ist stark verlehmt, außerdem ist die Decke streckenweise so niedrig, daß Sie sich auf dem Bauch kriechend fortbewegen müssen.

Zerklüftet ist das parallel zur Felswand verlaufende **Finsterloch**, das in der Tat so finster ist, daß Sie ohne Lampe nicht auskommen. Bei einer Gesamtlänge von 133 m sind entsprechende Vorsichtsmaßnahmen zu treffen. Die Höhle war in spätrömischer Zeit bewohnt oder diente als Versteck.

Der Scheuelberg ist — wie der Rosenstein — eine alte Kultstätte aus heidnischer Zeit. Seine Höhlen haben rätselvolle

Opferriten gesehen. Als erste ist die **Jakobshöhle** zu nennen. Sie können die 20 m lange Höhle ohne Gefahr betreten. Schwieriger ist schon das **Enge Loch.** Wie der Name sagt, ist der Zugang sehr schmal. Es bleiben Ihnen nach 20 m nur noch 35 cm zwischen Boden und Decke, um sich hindurchzuzwängen. Wenn Sie dann im 2 m hohen Höhlenschluß stehen, schweift die Phantasie zurück in jene Zeiten, als Hirsauer Mönche und fanatische Ritter mit Blut und Schwert den Älblern den neuen Christenglauben lehrten. Hier dürften sich die „Ungläubigen" nachts heimlich eingefunden haben, um die Rache der alten Götter herbeizurufen. — Die dritte Scheuelberghöhle ist die **Fastnachtshöhle.** Sie mißt 23 m und kann von jedermann begangen werden.

1,5 km südlich von Heubach befindet sich am Hochberg die **Clemenshöhle.** Ihre Länge: 30 m. Der Zugang ist 3 m weit nur auf allen Vieren möglich. Später erweitert sich die Höhle so, daß Sie stehen können. Die Montmilch-Vorkommen sind beachtlich. — Nicht weit weg davon die **Teufelsklinge,** die sich in Regenperioden zu einem Hungerbrunnen verwandelt. Gewaltige Wassermengen stürzen dann plötzlich über die 30 m hohe Felswand in die Tiefe. Um diese seltsame Erscheinung ranken sich ein halbes Dutzend Geschichten. So sei einst der Sohn des gefürchteten Ritters vom Rosenstein hier ertrunken. Das habe den alten Haudegen so erbost, daß er Quecksilber in die Quelle geschüttet und sie verflucht habe. Seitdem sei der Bach versiegt, und die Teufelsklinge liege trocken. Das Problem des zeitweisen Fließens ist damit nicht angesprochen. Dazu folgende Version: Jesus hat den Teufel in die Schlucht hineinverbannt, nachdem er mit ihm hier gekämpft und ihn besiegt hatte. Von Zeit zu Zeit tobt der Teufel in seinem Gefängnis, dann läuft der See über, der sich unterhalb der Teufelsklinge befinden soll. Es wird auch erzählt, daß der germanische Lichtgott Baldur die Finsternis in diese Schlucht verbannt habe.

Sie verlassen den geisterumschwebten düsteren Ort und besuchen die **Falkenhöhle,** 5 km westlich von Bartholomä. Sie ist 80 m lang. In ihr ließ 1530 der Stadtschreiber Hahn (Aalen) einen Freund des verhaßten Herzog Ulrich, den Pfarrer Degen, gefangen setzen und verhungern. Für diese Schandtat wurde Hahn 1531 in Villingen gehängt.

Die **Kahlensteinhöhle,** 1 km östlich von Bad Überkingen, war im 19. Jahrhundert auf ca. 40 m zum Besuch freigegeben. Heute kennt man die Höhle auf eine Länge von 66 m. Die letzten 25 m sind sehr beschwerlich. — Das **Mordloch** bei Eybach ist eine der längsten Höhlen auf der Alb. Sie ist auf 2500 m erforscht. Der Höhleneingang steht zeitweise unter Wasser. Durch viele Abzweigungen ist die Gefahr, sich zu verirren, sehr groß. Deshalb nur mit Führer einsteigen! — In der **Stöckelberghöhle** (21 m), östlich von Söhnstetten, hat man schon 1897 Knochenreste ausgestorbener Lebewesen gefunden.

Gebiet: Heidenheim

Sehenswert ist der **Brenztopf** bei Königsbronn, der **Stockbrunnen** und der **Gänsebrunnen** bei Bolheim, alles typische Karstquellen. Hungerbrunnen in diesem Gelände sind der **Egauursprung** und der **Finkenbrunnen,** südlich von Neresheim.

Nahe bei Königsbronn öffnet sich die **Herwarthöhle.** Die Tropfsteinhöhle ist noch nicht erforscht. Wir kennen bis heute erst 140 m in der Horizontalen und 44 m in der Senkrechten. — Das **Wollenloch,** 3 km nördlich von Königsbronn, wurde einem Schäfer zum Verhängnis, der seine Frau in den 54 m tiefen Schacht hinabgestoßen hatte. Man fand bei der Ziegelhütte ihre Schuhe in einer Quelle, rekonstruierte den Mord und überantwortete den Schäfer seinen Richtern. Farbversuche haben die Verbindung des unterirdischen Flußlaufs bestätigt. Vorsicht, nur für erfahrene Höhlenforscher!

Die **Heidenschmiede** liegt auf halber Höhe am Hellenstein in Heidenheim. Der leicht geneigte Felsüberhang ist heute kaum als Wohnhöhle zu erkennen. Tatsächlich hat man aber hier 5000 Funde aus der Mittelsteinzeit gemacht. — Die **Spitzbubenhöhle** im Eselsburger Tal ist mit 30 m Länge die ausgedehnteste von mehreren Höhlen in diesem Naturschutzgelände. — Ebenfalls 30 m lang ist die **Irpfelhöhle,** knapp 2 km westlich von Giengen. In ihr hat man vorwiegend Hyänenknochen gefunden. Um 1500 soll eine Gans, die sich vor einem Fuchs in diese Höhle geflüchtet hatte, in Nattheim (8 km entfernt) in der Kirche wieder aufgetaucht sein. — 2 km westlich von diesem Ort befindet sich eine 25 m tiefe Schachthöhle, die **Wolfskehle.** Der Einstieg ist gefährlich.

Im Mittelalter wurde die Höhle den herumstreunenden Wölfen zum Verhängnis. Daher der Name. — Am Ramenstein, 1,5 km nordwestlich von Nattheim, öffnet sich die **Ramensteinhöhle** dicht bei der Straße. Sie ist 50 m lang. — Zwischen Nattheim und Heidenheim befindet sich der Zugang zur **Birkelhöhle** (36 m lang). Der Gang ist stark gewunden, was die Orientierung erschwert. Die 16 m tiefe und 100 m lange **Schreiberhöhle** ist eine typische Schichtfugenhöhle. Die erste Etappe führt ca. 10 m hinunter. Von einer Halle stürzen Schächte in die Tiefe. Die Höhle hat mehrere Nebengänge. Vorsicht ist geboten! Übrigens liegt die Höhle, nach einem Heidenheimer Höhlenforscher benannt, 2,5 km nordwestlich von Steinheim, im Doschental. Der Eingang befindet sich in einem Steinbruch. — Zur **Heuchstetter Höhle** sagen die Einheimischen „Mordloch". Vielleicht ist tatsächlich einmal ein Mensch in die 19 m tiefe Höhle gestoßen worden. Sie ist 3 km von Gerstetten entfernt und 48 m lang. Der Gang bricht nach wenigen Metern in die Tiefe ab. Nach 8 m mündet der Schacht in eine Halle, von der weitere Gänge abzweigen. Da der Durchstieg sehr gefährlich ist, mußte die Höhle verschlossen werden. Der Schlüssel wird Höhlenkundigen auf dem Bürgermeisteramt Gerstetten ausgehändigt.

Aus der Gegend um Langenau, östlich von Ulm, sind uns viele Karstquellen bekannt. Die größten sind der **Öchslesmühlen-Kessel**, der **Ochsenwirtsweiher**, der **Kalmenbrunnen**, der **Weiherbrunnen** und auch die **Nauquelle.** Der **Hungerbrunnen,** 3 km westlich von Heuchlingen, steht einmal im Jahr im Mittelpunkt des Interesses, wenn sich am Palmsonntag viele tausend Besucher zum Krämermarkt einfinden. Das Fest geht ins Mittelalter zurück, an dem sog. Hungerbrunnentänze, wahrscheinlich altüberlieferte Fruchtbarkeitsriten, stattgefunden haben. 1724 wurde vom Landesherzog der alte Brauch verboten. Die Heldenfinger umgingen das Verbot, indem sie den „Brezgamarkt" ins Leben riefen und ihn eine Woche früher als den Hungerbrunnentanz durchführten. So ist es bis zum heutigen Tag geblieben.

Im Lonetal, einem erdgeschichtlich interessanten Trockental, gibt es mehrere Wohnhöhlen aus der Steinzeit. Erwähnt sei die **Bocksteinhöhle,** 3 km nördlich von Öllingen. Sie ist 16 m lang. Rechts davon die **Bocksteinschmiede.** In beiden

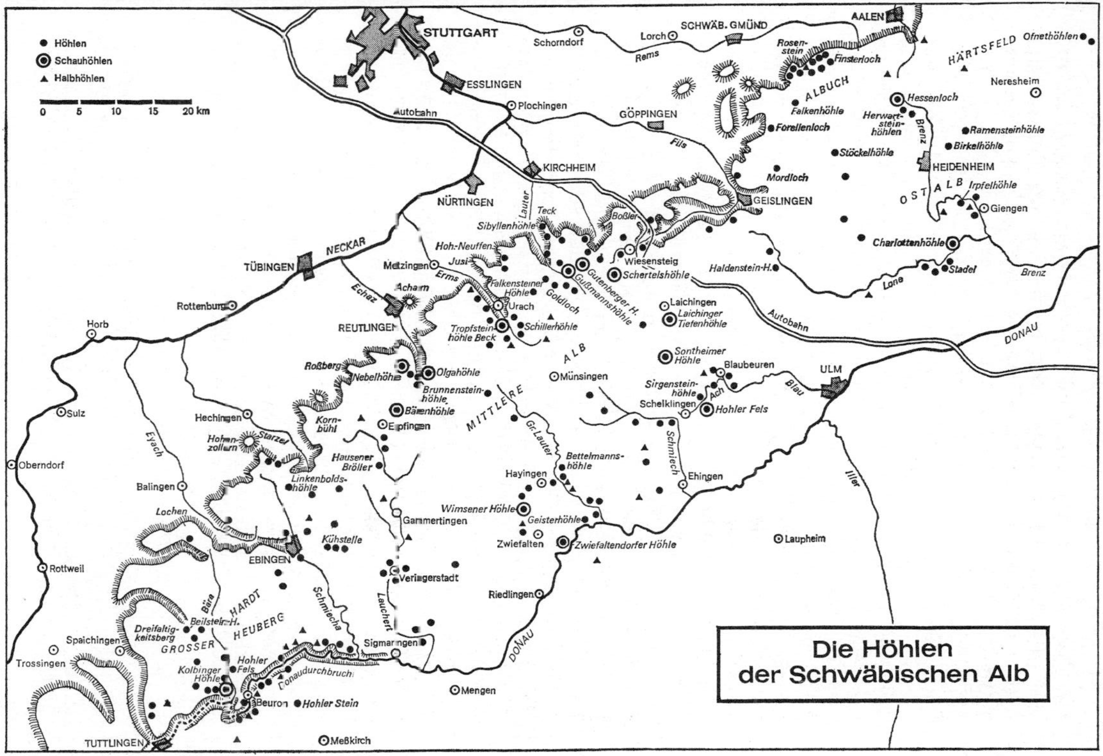
Die Höhlen der Schwäbischen Alb
Höhlen
Schauhöhlen
Halbhöhlen
0 5 10 15 20 km
STUTTGART
ESSLINGEN
Plochingen
Schorndorf
Lorch
SCHWÄB. GMÜND
AALEN
GÖPPINGEN
KIRCHHEIM
NÜRTINGEN
TÜBINGEN
NECKAR
REUTLINGEN
Metzingen
Rottenburg
Horb
Sulz
Oberndorf
Rottweil
Hechingen
Balingen
EBINGEN
Trossingen
Spaichingen
TUTTLINGEN
Sigmaringen
Mengen
Meßkirch
Riedlingen
Zwiefalten
Hayingen
Münsingen
Ehingen
Laupheim
ULM
Blaubeuren
Schelklingen
Laichingen
Wiesensteig
GEISLINGEN
HEIDENHEIM
Giengen
Neresheim
Urach
Gammertingen
Veringerstadt
Epfingen
Autobahn
DONAU
Rems
Fils
Lauter
Teck
Erms
Echaz
Eyach
Starzel
Lochen
Bära
Schmiecha
Lauchert
Gr. Lauter
Schmiech
Ach
Blau
Iller
Brenz
Lone
Boßler
ALBUCH
HÄRTSFELD
OSTALB
MITTLERE ALB
GROSSER HEUBERG
HARDT
Rosenstein
Finsterloch
Falkenhöhle
Forellenloch
Mordloch
Hessenloch
Herwartsteinhöhlen
Stöckelhöhle
Ramensteinhöhle
Birkelhöhle
Irpfelhöhle
Charlottenhöhle
Stadel
Ofnethöhlen
Haldenstein-H.
Sibyllenhöhle
Hoh.-Neuffen
Jusi
Falkensteiner Höhle
Goldloch
Gußmannshöhle
Gutenberger H.
Schertelshöhle
Laichinger Tiefenhöhle
Sontheimer Höhle
Sirgensteinhöhle
Hohler Fels
Tropfsteinhöhle Beck
Schillerhöhle
Acharm
Roßberg
Nebelhöhle
Olgahöhle
Brunnensteinhöhle
Bärenhöhle
Kornbühl
Hohenzollern
Hausener Bröller
Linkenboldshöhle
Kühstelle
Bettelmannshöhle
Wimsener Höhle
Geisterhöhle
Zwiefaltendorfer Höhle
Dreifaltigkeitsberg
Beilstein-H.
Kolbinger Höhle
Hohler Fels
Donaudurchbruch
Beuron
Hohler Stein

hat man viele Werkzeug- und Geräte-Funde gemacht. — Etwas östlich davon die **Bärenhöhle** im Hohlen Stein. Hier fand die erste Grabung auf der Alb (1862) statt. Dabei wurden 10 000 paläolithisch bedeutsame Einzelteile freigelegt. Die Höhle mißt 80 m in der Länge. Die Höhle, die ihren Namen nach den vielen Bärenschädeln bekommen hat, die hier gefunden wurden, erbrachte auch Beweise für eine Besiedlung der Alb durch Menschen in der älteren Steinzeit. — Neben der Bärenhöhle der **Stadel** (60 m Länge). Er diente im 16. Jahrhundert Räubern als Unterschlupf. Bedeutendster Fund: Familiengrab aus der Altsteinzeit. — Nordwestlich von Stetten die **Vogelherdhöhle,** 25 m lang, ebenfalls in der Steinzeit bewohnt.

Nach dem Besuch der Königin Charlotte von Württemberg 1892 hatte man für die soeben neuentdeckte Höhle bei Hürben einen Namen gefunden: **Charlottenhöhle.** Sie ist mit 532 m die längste, zur allgemeinen Besichtigung freigegebene, Tropfsteinhöhle der Alb. Die Tropfsteingebilde sind phantastisch! Die Höhle besteht aus einem verhältnismäßig schmalen Hauptgang und ca. 10 größeren Hallen, die mit langen Tropfstein-Zapfen, Säulen, Sinter-Vorhängen und -Wasserfällen übersät sind. Besonders charakteristisch für die Charlottenhöhle sind die kugelförmigen Tropfsteine und die Farnkräuter bzw. Gräser, die ohne jedes Tageslicht wachsen. Die elektrisch ausgestattete Höhle ist vom 1. 4. bis 31. 10. täglich geöffnet. — Von den wichtigeren Albhöhlen liegen die **Kleine** und die **Große Ofnethöhle** am weitesten östlich: 5 km südwestlich von Nördlingen, an der Südseite des sogenannten Himmelreiches. In der 30 m langen Doppelhöhle hat man eine Begräbnisstätte mit 33 Menschenschädeln (Schädelbestattungen) und Grabbeilagen wie z. B. Knochenketten ausgegraben.

Bevor Sie darangehen, in Ihrem Urlaub die eine oder andere Höhle selbst zu erkunden, beachten Sie bitte auch unter „Praktische Reisehinweise“ die Rubrik „Kleidung“!

8. Im Zeichen der Silberdistel

Das kleine Blechquadrat mit der stilisierten weißen Blume auf hellgrünem Grund ist für viele ein Rätsel. Auf einem Pfahl aufgenagelt oder an die gelben Wegweiser aufgeschraubt, so entdecken Sie es häufig an Ortsausgängen und unmittelbar hinter Kreuzungen. Ein Manöverzeichen? Wegweiser zu einem Pfadfindercamp? Keins von beiden, sondern das Kennzeichen der „Schwäbischen Albstraße“. Es ist Orientierungshilfe und Gütesiegel zugleich für die schönste Mehrtagesroute auf der Alb. Wer im Zeichen der Silberdistel fährt, erreicht die schönsten Punkte der Alb. Der Schwäbische Albverein hat es übernommen, die Straße und ihre Zuleitungen zu kennzeichnen. Außerdem hat der Verein in Zusammenarbeit mit dem Württembergischen Fremdenverkehrsamt und den Gemeindeverwaltungen eine Vielzahl von Sehenswürdigkeiten durch Rundwege miteinander verbunden. Auf Parkplätzen stehen große Gebietstafeln, die den Verlauf dieser Wege aufzeigen. „Steig aus und wandere!“ Das sollte Ihr Leitwort sein, wenn Sie die Schwäbische Albstraße befahren. Je mehr Sie davon Gebrauch machen, desto länger dauert die Tour. Es sind nicht wenige, die 8 oder 14 Tage auf dieser Route bleiben und an den schönsten Stellen zwei, drei Tage verweilen.

Die Schwäbische Albstraße ist 200 km lang. Sie beginnt in Nördlingen und endet in Tuttlingen (bzw. Trossingen). Es ist unwesentlich, in welcher Richtung Sie sie befahren. Die Ost-West-Richtung hat den Vorzug, daß sie von den sanften Kuppen der Nordost-Alb hinaufführt zu den 1000 m hohen Tafelbergen auf der Südwest-Alb mit ihren imposanten Kletterfelsen, alten Ruinen und wunderbaren Tropfsteinhöhlen. Von Tuttlingen können Sie evtl. die Route durch das zerklüftete obere Donautal dazu kombinieren. Es ist ebenso reizvoll, sich ein bestimmtes Stück der Albstraße auszuwählen und nur diesen Teil zu erkunden.

Die Schwäbische Albstraße, die der geologischen Längsachse der Alb folgt, beginnt im historischen **Nördlingen ***, neben Rothenburg und Dinkelsbühl Glanzpunkt mittelalterlicher Stadtanlagen in Deutschland. Von einem der 18 Stadttürme haben Sie einen schönen Blick auf das bewaldete Härtsfeld und über das fruchtbare Ries.

Die Straße führt westwärts aufs Härtsfeld hinauf. 1634 war dieses Wegstück der einzige noch offene Fluchtweg für die Schweden, die zwischen Horkheim und Hürnheim von den Kaiserlichen entscheidend geschlagen wurden. Diese „Schlacht von Nördlingen“ hat den Ausgang des Dreißigjährigen Krieges vorentschieden. Kurz vor **Ohmenheim** fällt Ihnen ein Feldweg auf, der die Straße kreuzt. Er ist wie mit der Schnur gezogen, was Sie links kilometerweit verfolgen können. Es war einst eine strategisch wichtige Nord-Süd-Verbindung, die die Römer gebaut und durch Wachttürme und Kastells gesichert hatten. In **Neresheim** * beeindruckt die Abtei auf dem Ulrichsberg, insbesondere die Klosterkirche, ein einzigartiges Kunstwerk des Barock. — Das Härtsfeld ist verhältnismäßig dünn besiedelt. Es ist ein ideales Erholungsgebiet für Ruhebedürftige! Einen Vorgeschmack davon bekommt der Autofahrer während der Fahrt durch die menschenleeren Wälder und Heidewiesen. Über Nattheim erreichen Sie den wirtschaftlichen Mittelpunkt der Ostalb, **Heidenheim** *. Hier mündet eine zur Albstraße gehörende Zuleitung von **Aalen** * (über **Königsbronn** *). Wenn Sie Schloß Hellenstein und all die anderen interessanten Sehenswürdigkeiten besichtigt haben, fahren Sie weiter über den Albuch nach **Sontheim** *. Das Steinheimer Becken, das Wental und das Steinerne Meer sind nahegelegene Naturphänomene, die sich zu erwandern lohnen.

In **Böhmenkirch** * erreichen Sie vorübergehend eine Höhe von 700 m. Von **Steinenkirch** fällt die Straße hinunter ins enge Eybacher Tal. An der Roggenmühle vorbei, links und rechts flankiert von weißgrauen Felstürmen, die hell aus dem dunklen Grün der Buchenwälder leuchten, gelangen Sie nach **Eybach** *, Residenz der Grafen von Degenfeld. Über dem Schloß der mächtige Himmelsfelsen mit Burgruine. In **Geislingen** * queren Sie das Filstal. Burg Helfenstein mit dem Ödenturm und das Ostlandkreuz auf der Schildwacht sind die weithin sichtbaren Wahrzeichen der aufstrebenden Fünftälerstadt. Die Albstraße führt jetzt ins Geißentäle (oberes Filstal), vorbei an den bekannten Heilbädern **Bad Überkingen** * und **Bad Ditzenbach** *. Am Ende des Tales liegt das reizend gelegene Residenzstädtchen **Wiesensteig** *. Hier beginnt der mittlere Abschnitt der Schwäbischen Albstraße. Ihr Wagen schwingt sich in Serpentinen hinauf auf die Hochalb. An jeder Haarnadelkurve haben Sie einen bezaubernden Blick auf den tief unter Ihnen liegenden malerischen Ort. **Westerheim** * ist ein langes Albdorf mit breiten, sauberen Straßen, modernen Unterkünften und einem idyllischen Kirchenwinkel.

Hinter **Donnstetten** der Römerstein, an seinem Aussichtsturm zu erkennen. Links und rechts Heidewiesen und stillgelegte Steinbrüche. Wanderwege führen in alle vier Himmelsrichtungen zu sehenswerten Naturbesonderheiten, als da sind das Randecker Maar, die Pfulb oder die Gutenberger Höhlen.

Urach *, die „Perle der Alb", besitzt den schönsten mittelalterlichen Marktplatz unter den Albstädten. Die altwürttembergische Residenzstadt bettet sich anmutig in das Tal der Erms. Ringsum Berge, Felsen, Höhlen, Burgen, Wasserfälle, verschwiegene Täler, herrliche Buchenwälder sowie die Gestüte St. Johann, Güterstein und der Fohlenhof. — Viel besuchte Höhepunkte!

Die Schwäbische Albstraße schraubt sich wieder hinauf auf die Hochalb nach **Bleichstetten** und **Würtingen.** Hier fahren Sie dicht an der Außenstelle des Gestüts Marbach, St. Johann, vorbei. Der Abstecher wird für Pferdeliebhaber zu einem besonderen Erlebnis. Kurz hinter **Ohnastetten** zweigt rechts ein Sträßlein ab zum Stahleckerhof und zur verfallenen Burg Stahleck. Sie können sich eine Weile die Füße vertreten und durch den schattigen „Zellerbuch" zum Greifenstein mit herrlichem Ausblick auf das Echaztal, Honau und Schloß Lichtenstein wandern. Über **Holzelfingen** erreichen Sie die Bundesstraße 312 beim **Bahnhof Lichtenstein.** Von hier aus sind es 15 Autominuten zum Parkplatz beim Schloß Lichtenstein oder vom Bahnhof 45 Minuten zu Fuß. Seit Hauffs historischem Roman „Lichtenstein" ein weltberühmter Anziehungspunkt! Über die Straßenkreuzung bei **Kleinengstingen** geht es weiter in Richtung **Großengstingen *, Erpfingen *.** Nahebei die **Bärenhöhle,** eine märchenhafte Tropfsteinhöhle. Im Tal der Lauchert liegt Stetten (unter Holstein). Den Zusatznamen trägt der Ort nach der Burg Holstein. Die Albhochfläche wird jetzt hügeliger, je mehr Sie in die Balinger Alb hineinfahren. **Burladingen *** ist heute eine aufstrebende Gemeinde, deren Ortsbild durch mehrere größere Industriebetriebe der Feinmechanik, des Maschinenbaus und durch Trikotfabriken geprägt wird. — **Hausen** im Killertal ist ein Ausgangspunkt für einen Abstecher zum Hohenzollern. Die Hauptstraße führt vom Killertal hinüber ins Schmiechatal.

In **Tailfingen*** haben sich, ähnlich wie in Burladingen, Industriebetriebe der Textilfabrikation niedergelassen. Sie sind für die Landbevölkerung heute Erwerbsquelle Nr. 1. Vom nahen **Onstmettingen** * aus bieten sich Wanderwege rund um den Raichberg an. — Die Straße verläuft jetzt der Schmiecha entlang nach **Ebingen** *, wirtschaftlicher Mittelpunkt der Südwestalb. Mancher fährt hier gern schneller, nicht weil die Stadt nichts zu bieten hätte, vielmehr hat er schon etwas gelesen vom gefürchteten Zollerngraben, einem geologisch unruhigen Gebiet, das durch teilweise heftige Erdbeben seinen Bewohnern schon manche schlaflose Nacht beschert hat. Meist bleibt's aber bei geringen Erschütterungen. Das letzte größere Beben wurde 1911 registriert.

Das ist die „blaue Blume" der Schwäbischen Alb. Aus dem trockenen Felsenboden zieht die Silberdistel genügend Nahrungsstoffe, um ihre silbernen Sterne zu öffnen.

Die Route verläuft auf verkehrsarmen Nebenstraßen. Sie umfahren ein großes militärisches Sperrgebiet. Die Albgemeinde **Meßstetten** ist die nächste Station. Sie ist einheimischen Skisportlern ein Begriff. Skipisten, Lifte und Sprungschanzen garantieren einen abwechslungsreichen Skiurlaub. **Hossingen** ist dagegen ein Stützpunkt für den Wanderer. Der 987 m hohe Weichenwang bietet eine umfassende Rundsicht, und dicht beim Dorf lockt die Mutigen unter Ihnen eine steil abfallende Felswand zu einem nicht ganz ungefährlichen Abstieg über Stufen ins Lauterbachtal. Über den Heuberg, so heißt die Kuppenalb zwischen Balingen, Spaichingen und Tuttlingen, erreichen Sie **Nusplingen.** Danach folgen **Egesheim, Königsbronn** und **Böttingen.** Dieser Ort liegt in 911 m Höhe und ist das zweithöchstgelegene Dorf auf der Alb (Burgfelden, 912 m). Dem Fremdenverkehr widmet **Dürbheim** (720 m) seine ganze Aufmerksamkeit. Hier gabelt sich die Schwäbische Albstraße. Ein Zweig verläuft über **Spaichingen *** und **Aldingen** nach **Trossingen *.** Spaichingen liegt am Fuß des Dreifaltigkeitsberges, einem langgestreckten Tafelberg. Ein Ausflug auf den Berg lohnt sich der schönen Aussicht wegen. Oben steht eine barocke Wallfahrtskirche. Ihren Turm können Sie besteigen. Sie befinden sich dann genau 1004 m über dem Meeresspiegel. Von Spaichingen aus fahren Sie 5 km auf der B 14, die Sie bei Aldingen verlassen. Trossingen liegt genau am Übergang der Alb zur Baar. In der Stadt hat sich schon früh das Musikinstrumenten-Handwerk entwickelt. Mit den hier ansässigen Hohner-Werken hat dieser Handwerkszweig dann auch Weltgeltung bekommen.

Der zweite Zweig der Schwäbischen Albstraße führt von Dürbheim zunächst nach **Rietheim** mit seinem ansehnlichen Schloß und von dort über **Weilheim** nach **Wurmlingen.** Drei Sehenswürdigkeiten lohnen eine kurze Unterbrechung: Die Ruine Konzenberg, oberhalb des Ortes, das ehemalige Wasserschloß und die klassizistische Pfarrkirche mit beachtenswerten Malereien und Stuckmarmoraltären. Von Wurmlingen fahren Sie noch 3 km auf der B 14 bis zum endgültigen Etappenziel, **Tuttlingen *.** Und wenn Sie aus der modernen, sauberen Stadt hinaufsteigen zur Burg Honberg oder noch besser zum Witthoh, dann grüßen von Nordosten die schwarzdunklen Albberge, die Sie bis hierher treu begleitet haben.

Die Schwäbische Alb-Straße

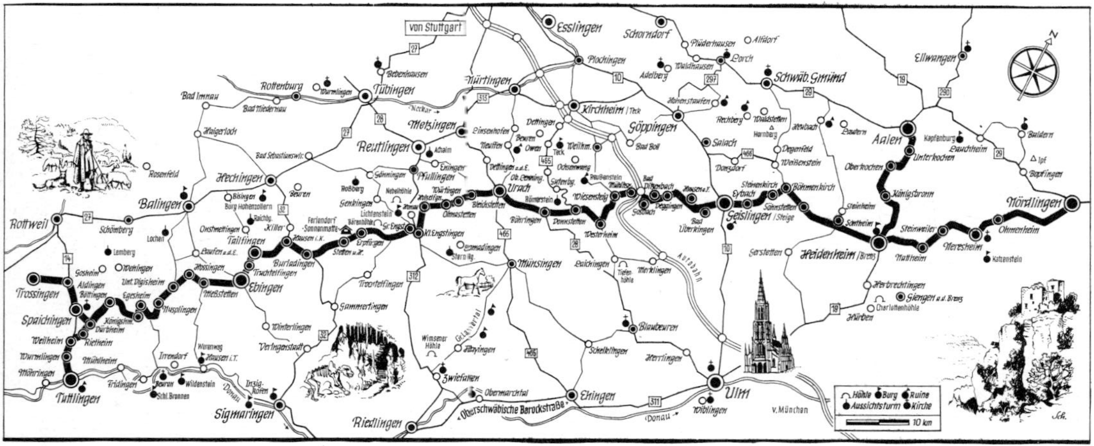

B. STRECKENBESCHREIBUNGEN

Die vorliegende Streckeneinteilung führt in die für Touristen reizvollen Gebiete der Schwäbischen Alb und in das obere Donautal. Durch die Abgrenzung der nachstehend beschriebenen Streckenabschnitte soll dem Touristen keine unabänderliche Reiseroute aufgedrängt werden, vielmehr bleibt ihm die Möglichkeit, seine Routen selbst festzulegen oder die beschriebenen miteinander zu kombinieren. Deshalb sind die Routen so aneinandergereiht, daß jede mit der anderen mindestens einen gemeinsamen Berührungspunkt hat.

Um das Orientieren nach der Route zu erleichtern, sind die Ortsbeschreibungen ausgeworfen und im anschließenden Abschnitt C in alphabetischer Reihenfolge getrennt aufgeführt. Diese Orte und Sehenswürdigkeiten tragen in der Streckenbeschreibung einen Stern (*). Badeorte sind im Ortsalphabet unter dem Anfangsbuchstaben ihres Hauptnamens aufgeführt (z. B. Bad **D**itzenbach). Wandervorschläge finden Sie bei den Ortsbeschreibungen. Im allgemeinen beginnen diese Touren jeweils am Bahnhof, wo eine Wander-Übersichtstafel aushängt. Alle Wege sind durch Farbe oder Symbole gut markiert.

a) Mehrtagestouren

Route 1

Schwäbisch Gmünd — Hohenstaufen — Göppingen — Süßen — Geislingen — Ulm — Jungingen — Beimerstetten — Holzkirch — Weidenstetten — Altheim — Gerstetten — Heidenheim — Eselsburger Tal — Hürben — Giengen — Dischingen — Neresheim — Nördlingen (ca. 150 km, Übernachtung) — Bopfingen — Aalen — Schwäbisch Gmünd (ca. 250 km).

Von der ältesten Stadt, die die Staufer begründet haben, starten Sie zu einer hochinteressanten Zwei-Tages-Tour in Richtung Süden. Ihr erstes Ziel ist einer der drei Kaiserberge, der **Hohenstaufen** *, Stammsitz der Stauferkaiser. Ein Abstecher zum 14 km entfernten Rechberg mit seiner gut erhaltenen Ruine Hohenrechberg lohnt sich. Wenn Sie von hier oder von dem bewaldeten Hohenstaufen die einzigartige Rundsicht genossen haben (20 Minuten Fußweg von der Kirche bis zum Gipfel), dann fahren Sie hinunter ins Filstal, nach **Göppingen** *. Auf der B 10 geht's flußaufwärts, vorbei an den von Burgen flankierten Orten **Süßen** * und **Geislingen** *. 35 km weit fahren Sie über die Alb hinweg und finden sich auf der Südseite in **Ulm** * wieder. Die ehemals freie Reichsstadt verdient einen längeren Aufenthalt.

Sie verlassen Ulm in nördlicher Richtung. Die Strecke ist verkehrsarm und wird Ihnen bei schönem Wetter viel Genuß bringen. **Jungingen** und **Beimerstetten** sind die nächsten Stationen. Sie fahren nach Norden, erreichen **Breitingen** und **Weidenstetten,** bevor Sie bei **Altheim** beginnen, die Stubersheimer Alb zu überqueren. Die Route führt durch **Gerstetten *,** der größten Gemeinde auf der Heidenheimer Alb. Gerstetten ist ein vielbesuchter Ausflugsort inmitten herrlicher Laubwälder und mit Silberdisteln übersäter Heideflächen. In **Sontheim** stoßen Sie auf die B 466 (Schwäbische Albstraße), auf der Sie nach weiteren sechs Kilometern **Heidenheim *** erreichen. Die Stadt ist der kulturelle und wirtschaftliche Mittelpunkt der Ostalb. Planen Sie für Heidenheim eine mindestens dreistündige Pause ein.

Sie verlassen die Stadt auf der B 19 in Richtung Herbrechtingen. Kurz vor dem Ort biegen Sie rechts ab und durchfahren das geologisch interessante **Eselsburger Tal** mit den „Steinernen Jungfrauen" (direkt am Sträßchen).

Von ihnen erzählt die Sage, daß einst oberhalb der seltsamen Steingebilde eine Burg gestanden hat. Auf ihr wohnte eine Hexe, der zwei Mädchen dienten. Die mußten jeden Tag mit Holzkübeln Wasser aus der Brenz schöpfen. Es war ihnen strengstens verboten, mit jemandem zu sprechen. Nun begegneten die Mädchen regelmäßig zwei jungen Fischern, die sich bald mit ihnen anfreundeten. Das beobachtete die Hexe. In ihrem Zorn schrie sie: „Seid verflucht und werdet zu Stein!" Und so geschah es. Seither stehen dort die beiden Felsen und sehen so aus wie zwei Mädchen, die Wasserkübel tragen. In derselben Nacht soll ein Blitz die Eselsburg zerstört haben, wobei die Hexe ums Leben gekommen sein soll.

Sie überqueren kurz hinter **Eselsburg** die B 19, um gleich danach rechts nach **Hürben *** abzubiegen. Südlich vom Ort die **Charlottenhöhle,** mit 532 m die längste Tropfsteinhöhle der Schwäbischen Alb. Die Besichtigung ist sehr lohnend. Von hier aus bieten sich auch Wanderungen zur Kaltenburg und zu den vorgeschichtlichen Wohnhöhlen des Lonetales an. Von Hürben fahren Sie ins untere Brenztal zur ehemals freien Reichsstadt **Giengen *.** Hier begegnen Sie den stolzen Zeugen einer reichen geschichtlichen Vergangenheit. — Herrlich ist die Fahrt über die stillen, sanft geschwungenen Albhöhen. Hinter **Ballmertshofen** zweigt nach 1,5 km rechts ein Weg ab, der direkt zum **Schloß Taxis** führt.

An den Felspartien im Eselsburger Tal bereitet sich ein Bergsteiger auf die nächste Hochgebirgstour vor.

Bei **Dischingen**, dem Hauptort des „Härtsfeldes“, wie diese abgeschiedene Alblandschaft genannt wird, erreichen Sie wieder die direkte Verbindungsstraße nach **Neresheim** * mit der einzigartigen Klosterkirche, die der berühmte Barockbaumeister Balthasar Neumann gebaut hat. Unterwegs sehen Sie schon von weitem die **Burg Katzenstein**, die zu den ältesten Ritterburgen des Landes zählt. Sie befindet sich in Privatbesitz.

In Neresheim empfiehlt es sich zu übernachten. Eine Abendvesper in der Klosterkirche und ein sich anschließender Spaziergang auf dem Ulrichsberg, um den Sonnenuntergang und das weithin tönende Abendgeläut mitzuerleben, wird Ihnen unvergeßlich bleiben. Am nächsten Morgen setzen Sie die Fahrt auf der Schwäbischen Albstraße fort. Bis **Nördlingen** * sind 19 km zurückzulegen. Die Stadt selbst liegt drunten im sogenannten Nördlinger Ries, einer fast ebenen kreisrunden Senke, die durch den Einschlag eines riesigen Meteoriten entstanden ist. Nördlingen gehört bereits zu Bayern. Sie fühlen sich in der Stadt ins 16. Jahrhundert zurückversetzt. Mittelalterliche Häuser, Plätze und Brunnen, die alten Wehranlagen, die mächtige Georgskirche und die Stadttürme ringsum sind Zeugen einer ungewöhnlichen Blütezeit, in der Nördlingen zu dem kleinen Kreis der herausragenden Städte über viele Jahrhunderte gehörte. Wenn Sie sich für Architektur, Kunst- und Kulturgeschichte interessieren oder Freude an verträumten Gassen und romantischen Winkeln haben, dann wird Ihnen in Nördlingen die Zeit wie im Flug vergehen.

Auf der B 29 fahren Sie in Richtung Westen weiter, zunächst nach **Trochtelfingen** * und dann nach **Bopfingen** *. Der kahle Bergkoloß zur Rechten ist der schon in der Jungsteinzeit besiedelte **Ipf.**

Schon von weitem sichtbar ist die **Kapfenburg** oberhalb **Lauchheims** *. Sie war bis ins 18. Jahrhundert Sitz des Deutschordenskomturs. Eng mit der Geschichte des Deutschritterordens ist auch das Schicksal der Stadt Lauchheim verknüpft, die vom 14. Jahrhundert bis 1806 Deutschordensstadt war. Den Weg zur Kapfenburg finden Sie, wenn Sie die Straße nach Hülen benutzen.

Bei **Wasseralfingen** erreichen Sie das Kochertal. Sie bleiben auf der B 29 und sind schon nach 4 km in **Aalen** *. Die nördlich des Steilabfalls der Schwäbischen Alb gelegene Kreisstadt wird oft als „Schubartstadt" bezeichnet, weil hier der Dichter Fr. D. Schubart, Weggefährte Friedrich Schillers, geboren wurde. Aalen ist heute eine moderne Industriestadt, die sich freilich ihrer 2000jährigen Geschichte bewußt ist.

Von Aalen bis zum Ausgangspunkt der Tour sind es noch 28 km, die Sie am besten auf der B 29 zurücklegen. Die Fahrt führt dicht vorbei an einem der eindrucksvollsten Albberge, dem 721 m hohen Rosenstein bei Heubach. Wenn Sie noch Lust zu einer kurzen Wanderung haben, dann lohnt sich der Abstecher.

Route 2

Urach — Großengstingen — Gammertingen — Dürrenwaldstetten — Upflamör — Zwiefalten (Kloster) — Daugendorf — Riedlingen — Unlingen — Ober- und Untermarchtal — Lauterach — Schlechtenfeld — Ehingen — Schelklingen — Blaubeuren (ca. 130 km, Übernachtung) — Ulm — Jungingen — Westerstetten — Stubersheim — Waldhausen — Eybach — Geislingen — Wiesensteig — Weilheim — Kirchheim (Teck) — Nürtingen — Neuffen — Urach (ca. 270 km).

Sie nehmen sich für dieses Mal den mittleren Albabschnitt vor. Diese Gegend wird gern als die typische Alblandschaft bezeichnet. Sie werden auf dieser Route vieles sehen, was in den Fremdenverkehrsprospekten als besondere Sehenswürdigkeit herausgestellt wird. Sie werden auch die einsamen Heideflächen, menschenleeren Buchenwälder und abgelegenen Dörfer kennenlernen, in denen ein Fremder heute noch viel bestaunter Mittelpunkt ist. Genug der Vorrede! Sie starten in **Urach** *, zu Recht als „Perle der Alb" bezeichnet. Wenn Sie nicht ohnehin Ihr Quartier hier aufgeschlagen haben, so sehen Sie sich erstmal in Ruhe diese alte württembergische Residenzstadt an.

Sie verlassen die Stadt in Richtung Südwesten, nach **Großengstingen** *. Die schattige Straße windet sich hinauf zur Hochfläche. An einer der Haarnadelkurven ist ein kleiner Parkplatz angelegt. Es sind nur wenige Meter bis zu einer Felskanzel, von der aus Sie einen schwindelnden Blick auf Urach haben. Von Großengstingen fahren Sie auf der B 313 nach **Haid.** Nicht weit ist es bis **Trochtelfingen** * mit seiner mittelalterlichen Kulisse. Es folgt **Mägerkingen.** Kurz dahinter, auf einer Anhöhe, das ehemalige Kloster **Mariaberg,** heute eine Heil- und Erziehungsanstalt. In **Gammertingen *** stoßen Sie auf die B 32. Nach wenigen Metern in Richtung Sigmaringen zweigt links eine Straße nach **Ittenhausen** ab. Hier beginnt das abenteuerlichste Stück dieser Route, zumindest was die Straßenbeschaffenheit anbetrifft. In Ittenhausen biegen Sie ab nach **Dürrenwaldstetten.** Sie halten sich an den Wegweiser „Upflamör". Die Straße verengt sich auf ca. 3 m. Sie ist auf den nächsten 4 km nur geschottert. Dennoch ist die Strecke harmlos und ungefährlich. Herrliche Wiesen breiten sich rechts und links aus.

Sie fahren in eine Senke und durch den Wald auf der anderen Seite wieder hinauf. Bei der ersten Scheune von Upflamör können Sie rechts auf einen Feldweg abbiegen und den Wagen abstellen. Sie müssen von Ihrem Standort aus genau nach Süden noch etwa 700 m zu einem Bergvorsprung gehen (roter Route folgen). Zu besichtigen sind die Erdwälle der Heuneburg, einer Fliehburg aus der Spätbronzezeit. Wall und Graben sind vom Wald überwuchert. — In dem abgelegenen Albdorf werden die Bewohner sehr über Ihren Besuch staunen, denn Fremde verirren sich nur selten hierher. Bemerkenswert die weißgetünchte Kirche mit dem für diese Gegend typischen treppenähnlichen Giebelaufsatz am Kirchturm. Unmittelbar hinter dem Ort (an der Route) haben Sie nach links einen sehr schönen Blick auf das in der Ferne liegende Zwiefalten. Sie fahren auf nicht asphaltierter Straße ins Tal hinunter, wo Sie wieder geteerte Straßen befahren können. Sie müssen noch durch eine interessante Felsenschlucht kurven, bevor Sie **Zwiefalten *** erreichen. Die barocke Klosterkirche ist eine der schönsten im ganzen Land. Eine Besichtigung lohnt. — Auf der B 312 fahren Sie nach **Riedlingen *** (12 km).

Auf der rechten Donauseite (B 311) geht's wieder zurück, also donauabwärts bis **Obermarchtal,** das mit seinen alten Klostergebäuden (heute Schloß der Fürsten von Thurn und Taxis) an der Donauschleife sehr hübsch anzusehen ist. Bei **Untermarchtal** überqueren Sie die Donau und fahren bis **Lauterach.** Sie lassen den Ort links liegen und wenden sich in Richtung **Schlechtenfeld.** Am Weg liegt **Schloß Mochental.** Der Höhenzug zur Linken wird „Landgericht" genannt.

Die 12 000 Einwohner zählende Stadt **Ehingen** ist ein beliebter Erholungsort. Aus früherer Zeit sind noch erhalten das Ritterhaus (1692), das Rathaus, das Ständehaus, die Franziskaner-, Stadt- und Konviktskirche. — Von Ehingen bis Blaubeuren haben Sie nur 18 km zurückzulegen. Auf der B 492 fahren Sie das Schmiechtal aufwärts. Bei **Schmiechen** verlassen Sie das Tal. Sie fahren hinüber nach **Schelklingen** * im Tal der Aach. Oberhalb der Stadt die Ruine Hohenschelklingen. Vor den Toren finden Sie das ehemalige Benediktinerkloster Urspring, in dem heute das Landeserziehungsheim untergebracht ist.

Blaubeuren * ist ein Kleinod der Alb. Die Stadt liegt eingebettet in einen halbrunden Talkessel, umgeben von majestätischen Felsgebilden und wuchtigen Burgruinen; dazu die vielen historischen Gebäude und der sagenumwobene Blautopf. Alles zusammen rechtfertigt einen längeren Aufenthalt. Wenn Sie den Vorschlag übernehmen, hier zu übernachten, haben Sie ausreichend Zeit, um die Stadt und ihre reizvolle Umgebung kennenzulernen.

Durch das Tal der Blau verläuft die Route nach **Ulm** *. Vor dem Münster können Sie den Wagen parken und von dort einen Rundgang starten, in den der Besuch des Münsters eingeschlossen sein sollte. Den Turm können Sie übrigens besteigen. Von hier oben haben Sie eine phantastische Sicht auf die Alb, nach Oberschwaben und ins Donautal.

Wie bei Route 1 verlassen Sie die ehemalige freie Reichsstadt in Richtung **Jungingen, Beimerstetten.** Noch vor Breitingen zweigen Sie links ab nach **Westerstetten.** Über **Ettlenschieß, Stubersheim** und **Schalkstetten** erreichen Sie **Waldhausen.** Jetzt geht's hinunter nach **Eybach** *, dessen Häuser sich in dem engen Tal dicht zusammendrängen. Bei der Durchfahrt geben die Gassen den Blick frei auf das Schloß der Grafen von Degenfeld-Schonburg. Nach 4 km kommen Sie in die lebendige Industriestadt **Geislingen an der Steige** *. Fünf Täler münden hier. Sie durchfahren die Stadt und benutzen bis **Wiesensteig** * die Schwäbische Albstraße, die durch das obere Filstal verläuft. **Bad Überkingen** * und **Bad Ditzenbach** *, die beiden renommierten Mineralbäder, liegen am Weg. Hinter Bad Ditzenbach unterfahren Sie die Bundesautobahn, die hier gerade den architektonisch interessanten

Albaufstieg am Aichelberg beginnt. Auch das idyllisch gelegene Wiesensteig, einst Sitz der berüchtigten Grafen von Helfenstein, wird beherrscht durch das imposante Betonband der Autobahn, das in schwindelnder Höhe am Fels klebt. — Zählt Wiesensteig zu den alten Residenzstädten auf der Alb, so ist **Weilheim *** (an der Teck) eine beispielhafte schwäbische Landstadt, deren Bewohner vornehmlich vom Obstbau leben. Das Städtchen liegt unterhalb der Limburg, einem gewaltigen Bergkegel mit Resten einer Burg.

Die nächst größere Ortschaft heißt **Kirchheim unter Teck ***

Die Gemeinde ist der industrielle Mittelpunkt der mittleren Voralb und bevorzugter Ausgangspunkt zu Wanderungen ins Neidlinger und Lenninger Tal. Die Geschichte Kirchheims ist eng verknüpft mit der Burg Teck. Ein Abstecher zur Burg führt über **Owen *.** Sie können fast bis zum Gipfel fahren (noch 20 Minuten Fußweg). Die eindrucksvollen Burganlagen, die nahe Sibyllenhöhle, die einzigartige Aussicht bis weit über Stuttgart hinaus gehören zu dieser genußreichen Albtour dazu.

Von Kirchheim fahren Sie auf der B 297 nach **Nürtingen ***, einer aufstrebenden Kreisstadt mit 20 000 Einwohnern. Wahrzeichen der Stadt ist die St. Laurentiuskirche, die die Häuser weithin sichtbar überragt. Über **Frickenhausen** und **Linsenhofen** gelangen Sie nach dem Winzerdorf **Neuffen *** am Fuß des markantesten Orientierungspunktes am nördlichen Albtrauf, dem **Hohenneuffen.** Wenn Sie diesen Ausflug hier noch nicht mit einem Viertele bodenständigen „Täleswein“ begießen möchten, so fahren Sie wenigstens hinauf zur Festung. Auf der Hochfläche, kurz vor **Erkenbrechtsweiler**, zweigt links eine Straße zur Ruine ab. Am Waldrand finden Sie Parkmöglichkeiten. Nach einem zehnminütigen ebenen Fußweg beginnt der spiralförmige Aufstieg innerhalb der gewaltigen Bollwerke zur größten Burg der Alb.

Ob Sie nun direkt von Neuffen oder vom Hohenneuffen nach Urach fahren, durch **Hülben** kommen Sie auf jeden Fall. Von dort führt die Straße (Haarnadelkurven!) steil hinunter zum Ausgangspunkt dieser erlebnisreichen Tour.

Route 3

Balingen — Schömberg — Rottweil — Spaichingen — Tuttlingen — Fridingen — Beuron — Hausen (ca. 80 km, Übernachtung) — Sigmaringen — Veringenstadt — Gammertingen

— Burladingen — Ringingen — Salmendingen — Undingen — Erpfingen — Großengstingen — Reutlingen — Tübingen — Wurmlingen — Rottenburg — Bodelshausen — Hechingen — Hohenzollern — Balingen. (ca. 260 km)

Die Zollernstadt **Balingen *** ist als Ausgangspunkt für einen Ausflug in die Ostalb gewählt worden, weil ein großer Teil dieser Landschaft die „Balinger Alb" genannt wird. Außerdem liegt der Ort sehr verkehrsgünstig und ist durchaus eines Besuches wert.

Auf der B 27, der alten „Schweizer Straße", kommen Sie gut voran. Sie sausen dicht unterhalb der rund 1000 m hohen Alb-Tafelberge vorbei. Ab **Schömberg** entfernen Sie sich von der Alb, um das nahe **Rottweil** zu besuchen.

In der ehemaligen freien Reichsstadt sind als Zeugen einer bewegten Geschichte wertvolle Baudenkmäler erhalten geblieben. In der Römerzeit z. B. war Rottweil der wichtigste militärische Stützpunkt im damaligen Decumatenland (Südwestdeutschland). Zu besichtigen sind noch die **Thermen** eines Badehauses unterhalb der **Pelagiuskirche.** Nahe der Stadt finden sich noch die Wallreste einer **Königspfalz** (8. Jahrhundert), in der sich nachweislich die Kaiser Karl der Dicke, Heinrich III. und König Ludwig das Kind aufgehalten haben. Aus mittelalterlicher Zeit stammen die **Dominikanerkirche** (1268) und die **Kapellenkirche** mit kunstvollen Reliefs, ferner die teilweise erhaltenen Stadtbefestigungsanlagen, insbesondere der **Schwarze Turm** in der Oberstadt, aus dem zur Fastnachtszeit am „schmutzigen Donnerstag" die berühmten „Federmännchen" und der „Schellenhansel" herausbrechen und die Innenstadt unsicher machen.

Sie verlassen die malerische Stadt in Richtung **Spaichingen *.** Das Städtchen erreichen Sie auf der B 14. Hier sollten Sie einen kurzen Abstecher zum **Dreifaltigkeitsberg** unternehmen. Von seinem Aussichtsturm haben Sie bei klarem Wetter Fernsicht bis zu den Alpen. — Auf den folgenden 10 km bis **Tuttlingen *** ist die B 14 identisch mit der Schwäbischen Albstraße, die in der Donaustadt endet. Der Fremdenverkehrsort dient vielen Ferienreisenden als Standquartier, von wo aus sie Tagesausflüge auf die Alb, ins romantische Donautal, in den Hegau oder zum Bodensee unternehmen. Das Donautal ist Ihr nächstes Ziel. Bei **Mühlheim *** beginnt das Tal enger zu werden.

Nach Mühlheim verlassen Sie für kurze Zeit den Flußlauf. Sie wenden sich nach Süden. Kurz bevor Sie in einem spitzen

Winkel nach Fridingen abzweigen, sind Sie ganz nahe an der Stelle, an der die Donau plötzlich im Boden versickert. Sie können die kleine Strecke bis dorthin zu Fuß zurücklegen. Farbversuche haben nachgewiesen, daß das Donauwasser durch die Aachquelle bei Engen im Hegau wieder ans Tageslicht findet. **Fridingen** * ist um 1300 gegründet worden. Es träumt heute still vor sich hin. Von hier führt die Straße steil hinauf auf die Hochfläche links der Donau. Nach kurzer Zeit sehen Sie rechts einen großen Parkplatz. Nach wenigen Metern Fußweg durch den Wald stehen Sie auf einer Felszinne, von der Sie einen phantastischen Ausblick haben. Tief unten die junge Donau, die sich in vielen Schleifen durch das enge Tal windet. Zur Linken erkennen Sie in der Ferne die Türme der Klosterkirche von Beuron. Zur Rechten, auf einem der gegenüberliegenden Felsen, das kühn gebaute Schloß Bronnen. — Ebenso kurvenreich wie hinauf geht es jetzt hinunter. Über eine überdachte Holzbrücke erreichen Sie **Beuron** *. Das Kloster wurde nach einer Marienerscheinung im 11. Jahrhundert angelegt und zählte bald zu den bedeutendsten Klöstern des Abendlandes. Das Kloster Beuron ist d a s Ausflugsziel im oberen Donautal.

Die Straße verläuft weiter dem linken Donauufer entlang in Richtung **Hausen i. T.** *. Auf der anderen Donauseite Burg Wildenstein, kühn erbaut auf einem spitzen Weißjurafelsen. Kurz vor Hausen dann hoch oben das mittelalterliche Werenwag * mit seiner hart am Abgrund stehenden Burg, in der der Minnesänger Hugo von Werenwag gelebt hat. Von ihm stammt die früheste Huldigung des Donautals, wenn er in einem seiner Lieder sagt: „Zu schöner Grüne grünt das Tal."

Hausen ist ein beliebter Ausflugsort und dient hauptsächlich Bergsteigern als Stützpunkt für Kletterpartien an den ringsumliegenden Felsen. Wenn Sie den Ausflug auf zwei Tage ausdehnen, empfiehlt sich, hier zu übernachten. Ganz in der Nähe, nämlich in Kreenheinstetten, ist übrigens der Wiener Hofprediger Abraham a Santa Clara geboren.

Hinter dem Ort wird die Straße schmal. Sie zwängt sich zwischen die Felswände und die Donau und durchstößt mehrere Male mit dunklen Tunnels den wilden Fels. Zudem ist die Straße sehr kurvenreich. Parkmöglichkeiten sind knapp. Burgen und Ruinen säumen den Weg, allerdings oft durch

Wald und Felsen verdeckt. Bei **Laiz** stößt die Route auf die B 313, auf der Sie nach 4 km **Sigmaringen** * erreichen. Ein Besuch der ehemaligen Residenzstadt und des Hohenzollern-Schlosses lohnt.

Sie verlassen die Stadt auf der B 32. **Veringenstadt** * ist eine uralte Ansiedlung, in der noch heute vier Wohnhöhlen der Altsteinzeitjäger erhalten sind. Sie fahren das Lauchert-Tal weiter aufwärts bis **Gammertingen** *, wo Sie sich links halten, die B 32 aber nicht verlassen. In **Burladingen** *, einer aufstrebenden Albgemeinde im Fehlatal, verlassen Sie die Bundesstraße.

Die erste größere Abzweigung nach rechts (Schwäbische Albstraße) passieren Sie. Die zweite, nach **Ringingen**, ist die richtige. Verkehrsarm, idyllisch, das sind die Vorzüge dieser Straße, die Sie nach Ringingen und weiter zum **Kornbühl** bringt. Auf ihm steht die **Salmendinger Kapelle**, ein Kleinod inmitten einsamer Felder, Wiesen und Wälder. Wenige Kilometer weiter **Salmendingen.** In **Melchingen** schwenken Sie ein auf eine Überlandstraße. **Willmandingen** liegt auf halbem Weg nach **Undingen.** Von dort durch Heideflächen nach **Erpfingen** * und weiter in Richtung Haid. Nach der halben Strecke Abzweigung links zur **Bärenhöhle.** Sie zählt zu den geheimnisnisvollsten Tropfsteinhöhlen der Alb und kann gefahrlos besucht werden.

Über **Haid** erreichen Sie **Großengstingen** *. Beim **Bahnhof Lichtenstein** verlassen Sie die Hochalb und fahren hinunter ins breite Echaztal. **Honau** * liegt auf der Talsohle und direkt unterhalb von **Schloß Lichtenstein** *, das wie das Nest eines Vogels“ (Wilhelm Hauff) auf einer schmalen Felsnadel sitzt. Ein Abstecher zum Schloß führt über die Hochfläche auf gut ausgeschilderter Route. Wer Schloß Lichtenstein besucht, sollte auch die für Autofahrer nahegelegene (sonst Fußweg ca. 1½ Stunden) Nebelhöhle, die seit Hauffs Roman „Lichtenstein“ eng mit der Geschichte des Schlosses verbunden ist, besuchen.

Über **Pfullingen** * gelangen Sie nach **Reutlingen** * am Fuß der Achalm.

Für einen Spaziergang zur Achalm und einen Stadtrundgang sollten Sie eine Aufenthaltsdauer von mindestens 3 Stunden einplanen.

Von hier sind es 13 km bis zur Universitätsstadt **Tübingen.** Sie liegt im Neckartal und zählt geographisch nicht mehr zur Alb. Dennoch gehört zu richtigen Albferien auch ein Besuch dieser heimeligen Stadt, deren mittelalterlicher Stadtkern noch gut erhalten ist.

In Tübingen residierten die Herzöge von Württemberg, u. a. der berüchtigte Herzog Ulrich von Württemberg, dem Hauff im „Lichtenstein" ein Denkmal gesetzt hat. Das **Schloß Hohentübingen,** das der alte Haudegen zu einer uneinnehmbaren Festung ausgebaut hat, ist von April bis September zu besichtigen. Zwar sind in den ehemaligen Prunkräumen Universitätsinstitute untergebracht, aber die Führung durch die Verliese, ins Femegericht und zum Weinkeller ist schaurig schön und wird Sie beeindrucken. Das herrlich bemalte **Rathaus,** eines der prächtigsten Renaissance-Gebäude in Deutschland, die Stiftskirche und die malerische Neckarpartie mit dem **Hölderlin-Turm** sind weitere Höhepunkte.

Falls Sie von Tübingen direkt an Ihren Urlaubsort zurückfahren möchten, wählen Sie eine der schnellen Bundesstraßen, die hier zusammentreffen. Nach Balingen z. B. ist es die B 27. Sind Sie aber noch unternehmungslustig, so fahren Sie in Richtung Rottenburg. Nach 3 km zweigen Sie rechts ab nach Wurmlingen. Ihr Ziel liegt noch vor dem Dorf auf einem spitzen Bergkegel: Die **Wurmlinger Kapelle.**

Ludwig Uhland hat sie in einem berühmt gewordenen Gedicht besungen:

Droben stehet die Kapelle,
schauet still ins Tal hinab.
Drunten singt bei Wies' und Quelle
froh und hell der Hirtenknab'.

Traurig tönt das Glöcklein nieder,
schauerlich der Leichenchor,
stille sind die frohen Lieder,
und der Knabe lauscht empor.

Droben bringt man sie zu Grabe,
die sich freuten in dem Tal.
Hirtenknabe, Hirtenknabe!
Dir auch singt man dort einmal.

Die heutige Wallfahrtskirche stammt aus dem Jahre 1682. Die Krypta ist romanisch und geht auf eine frühere Kirche aus dem 11. Jahrhundert zurück.

Im weiteren Verlauf der Strecke durchfahren Sie die Bischofsstadt **Rottenburg** und erreichen über **Bodelshausen** die alte Residenzstadt der Hohenzollern, **Hechingen *.** Sie stoßen hier auf die B 27 und fahren auf ihr ca. 3 km bis zum **Brielhof.** Hier zweigt eine schmale Straße links ab. Sie führt 3 km bergan zur stolzesten aller Albburgen, dem **Hohenzollern ***. Eine Besichtigung der Gemächer und Kapellen lohnt sich in jedem Fall. Sie enthalten einmalige Kunstgegenstände aus vielen Jahrhunderten; außerdem sind hier der Soldatenkönig Friedrich Wilhelm I. (1713—1740) und „Der alte Fritz" (Friedrich II. 1740—1786) aufgebahrt.

Der Rückweg führt wieder am Brielhof (Hotel und Tankstelle) vorbei, wo Sie links auf die B 27 einbiegen und nach ca. 10 km den Ausgangspunkt dieser Tour, **Balingen**, erreichen.

b. Tages- und Halbtagestouren

Route 4

Nördlingen — Ellwangen — Aalen — Heidenheim — Herbrechtingen — Giengen — Nattheim — Neresheim — Nördlingen (ca. 140 km).

Das alte **Nördlingen** * verlassen Sie nach Norden auf der B 25. Hinter **Wallerstein** biegen Sie links ab und gelangen über **Zöbingen** und **Röhlingen** nach **Ellwangen** mit Schloß und Klosteranlagen. Ein Teil der Umgebung, die Ellwanger Berge, lernen Sie auf der Fahrt nach **Wasseralfingen, Aalen *** kennen. Die B 19 führt jetzt direkt nach Süden. Unterhalb des Volkmarsberges (743 m) liegt **Oberkochen.** Es folgt der Fremdenverkehrsort **Königsbronn ***. Kurz dahinter der Itzelberger See und dann schließlich **Heidenheim ***, wirtschaftlicher Mittelpunkt der Ostalb und auch Ausgangspunkt zu Ausflügen in die reizvolle Alblandschaft. 8 km weiter südlich: **Herbrechtingen ***. Sie fahren jetzt auf einer Nebenstraße durchs Eselsburger Tal nach **Giengen ***. 11 km sind es von hier nach **Nattheim,** wo Sie die Schwäbische Albstraße erreichen, die Sie nach **Neresheim *** bringt. Nach dem „Dehio" gibt es in Europa nur wenige Barockkirchen, die sich in ihrer architektonischen Entfaltungskraft mit der Klosterkirche von Neresheim messen können. Die Abtei wurde nach der Säkularisation von Benediktinern aus Beuron übernommen. Die Strecke bis **Nördlingen** verläuft durch tiefe Wälder. Kurz vor Nördlingen tritt der Wald zurück und macht Feldern Platz. Oberhalb der Stadt haben Sie einen weiten Blick über das fruchtbare „Nördlinger Ries".

Route 5

Schwäbisch Gmünd — Rechberg — Donzdorf — Oberweckerstell — Geislingen — Steinenkirch — Böhmenkirch — Bartholomä — Essingen — Lautern — Heubach — Schwäbisch Gmünd (ca. 90 km).

Aus der tief ins Tal der Rems eingebetteten Stauferstadt fahren Sie südwärts hinauf nach **Straßdorf** und weiter nach **Rechberg** *. Ruine Hohenrechberg war einst eine wichtige Stauferburg. Ihre weitläufige Anlage und die prächtige Albsicht sollten Sie kennenlernen. Über **Wißgoldingen** geht's hinunter nach **Donzdorf** *. Auf einer Straße dritter Ordnung suchen Sie sich Ihren Weg über **Oberweckerstell** nach **Geislingen** *. Sie umgehen so die stark befahrene B 10. Von Geislingen im Eybachtal aufwärts nach **Steinenkirch** und **Böhmenkirch.** Einsam und verlassen liegen die **Heidhöfe** auf dem Albuch. Auch **Rötenbach** liegt inmitten stiller Waldungen und duftender Heidewiesen. Am Fuß des Bärenberges (755 m) bettet sich **Bartholomä.** Nach **Lauterburg** mit seinen beiden Burgen folgt **Essingen.** Im spitzen Winkel zweigen Sie hier ab nach **Lautern,** einem Bauerndorf am Fuß des Rosensteins. **Heubach** * liegt auf der anderen Seite dieses geheimnisvollen Bergriesen. Von hier empfiehlt sich eine Fußwanderung hinauf zur Ruine. Nach **Schwäbisch Gmünd** * sind es jetzt nur noch 12 km.

Route 6

Wiesensteig — Deggingen — Schlat — Göppingen — G.-Jebenhausen — Heiningen — Bad Boll — Kirchheim/T. — Oberlenningen — Gutenberg — Römerstein — Donnstetten — Westerheim — Wiesensteig (ca. 90 km).

Ausgangspunkt ist die Albstadt **Wiesensteig** * im oberen Filstal. Talabwärts folgt das Mineralbad **Ditzenbach** *. Bevor Sie zu dem bekannten **Bad Überkingen** * gelangen, biegt die Route links ab nach **Schlat.** Nach gemütlicher Berg- und Talfahrt geht's wieder hinunter in eine der wichtigsten Lebensadern der Alb und ihres Vorlandes: das Filstal. **Göppingen** * lädt ein zu einem kurzen Bummel. **Heiningen** heißt der

---

Pferdeliebhaber kommen auf der Alb auf ihre Kosten. Am bekanntesten ist das Gestüt in Marbach mit Außenstellen in St. Johann, Offenhausen und Güterstein bei Urach, wo dieses Foto geschossen wurde.

nächste größere Ort. Dann erreichen Sie **Dürnau** und **Boll** * mit seinem berühmten Heilbad. Schon im 16. Jahrhundert war das „Wunderbad von Boll" im gesamten Abendland ein Begriff. — Parallel zur Autobahn führt die Landstraße westwärts nach **Kirchheim/T.***. Sicherlich wollen Sie einen Abstecher zur **Ruine Teck** machen. Sie erreichen sie über **Owen** *. Bei den ersten Häusern zieht eine schmale Straße linkerhand steil aufwärts. Nach ca. 2 km stellen Sie an einem der Parkplätze den Wagen ab und wandern in 20 Minuten vollends hinauf. Einkehrmöglichkeit in der Burg. Von der Teck, bzw. von Owen fahren Sie das Lenninger Tal aufwärts, durch Unter- und Oberlenningen, bis **Gutenberg** *. Die Gutenberger Höhlen, ca. 2 km außerhalb des Ortes, sind sehr lohnend.

Hinter Gutenberg beginnt der steile Albanstieg. In vielen Windungen kurvt die Straße hinauf. Oben angekommen, halten Sie sich zunächst in Richtung **Böhringen** bis Sie dicht beim **Römerstein** auf die Schwäbische Albstraße stoßen. Den Schlüssel zum Aussichtsturm erhalten Sie im nahen Naturfreundehaus Donnstetten. Kurz vor **Donnstetten** überqueren Sie die B 465. Sie durchfahren den Ort, erreichen dann den Wintersportplatz **Westerheim** *. Nach 7 km Talfahrt treffen Sie wieder in **Wiesensteig** ein.

Route 7

Urach — Upfingen — Eningen — Reutlingen — Honau — Traifelberg — Schloß Lichtenstein — Nebelhöhle — Bärenhöhle — Gestüt Marbach — Münsingen — Urach (ca. 120 km).

Dieser Ausflug verzeichnet besonders viele „Top-Attraktionen". Es beginnt schon in **Urach** *, das nicht zu Unrecht als die „Perle der Schwäbischen Alb" bezeichnet wird. Auf der Schwäbischen Albstraße verlassen Sie die Stadt in Richtung **Upfingen.** Dort zweigen Sie rechts ab nach **St. Johann** (Gestüt) und weiter nach **Eningen** * am Fuß der Achalm. Auf der anderen Seite des Bergkegels die Kreisstadt **Reutlingen** *. Nach einem ausgedehnten Rundgang geht's auf der B 312 aus der Stadt hinaus. **Pfullingen** * und **Honau** * sind weitere Stationen. Hier klettern Sie hinauf zur Hochalb, die Sie beim **Bahnhof Lichtenstein** erreichen. Kurz dahinter rechts ab und auf der gut ausgeschilderten Strecke durch Wälder und Heidewiesen zum romantischen **Schloß Lichtenstein** *. — Die

Nebelhöhle ist nicht weniger sehenswert. Ihre Tropfsteingebilde lassen eine wundersame Märchenlandschaft entstehen. Über **Genkingen, Undingen** und **Erpfingen** * (kurz vor dem Ort zweigen Sie links ab) erreichen Sie die **Bärenhöhle,** die ebenso wie die Nebelhöhle im Wald liegt. Diese Tropfsteinhöhle hat ihren Namen nach den Schädeln von Höhlenbären, die noch unverändert an den Fundstellen liegen.

Haid ist ein kleines Dorf auf dem Weg zum **Gestüt Marbach.** Sie fahren bei Haid zum **Bahnhof Haidkapelle** und in der Verlängerung der Zufahrt weiter nach **Meidelstetten.** Sie bleiben in östlicher Richtung und stoßen nach 3 km auf die B 312. Links einschwenken und nach 3 km (noch vor Bernloch) rechts ab bis **Ödenwaldstetten** und **Eglingen.** Von hier fällt die Straße ab ins viel besuchte Lautertal. Rings um **Marbach** weiden auf den saftigen Wiesen die Zuchtpferde des Gestüts. Ein herrlicher Anblick, der immer wieder Pferdefreunde, Kunstmaler und Fotografen anlockt. Sie verlassen kurz hinter Marbach das liebliche Tal und fahren durch schattige Wälder hinauf nach **Münsingen** *. Auf der B 465 geht es nach Urach. Einige Kilometer oberhalb Münsingen überfahren Sie die europäische Wasserscheidelinie Donau/Rhein. — Von **Seeburg** an folgen Sie dem Seeburger Tal, einem idyllischen Albtal.

Route 8

Nürtingen — Metzingen — Neuffen — Grabenstetten — Gutenberg — Schopfloch — Weilheim — Holzmaden — Kirchheim/T. — Nürtingen (ca. 70 km).

Auf der B 313 erreichen Sie **Metzingen** * in wenigen Minuten. Am Rathaus vorbei führt die Ausfallstraße nach **Neuffen** *, einem schönen Fachwerkdorf. Es ist Ehrensache, daß Sie sich die größte Burganlage auf der Alb, den **Hohenneuffen,** anschauen. Wenn Sie dicht heranfahren möchten, dann kurven Sie hinauf auf die Hochalb. Vor Erkenbrechtsweiler zweigt die Zufahrt links ab. Ein Burgrestaurant lädt zu längerem Verweilen in der restaurierten Ruine ein.

An Ihrer Route liegt **Grabenstetten.** Von hier geht es hinunter nach **Gutenberg** * mit seinen Höhlen und wieder hinauf nach **Schopfloch** *, dem bekanntesten Wintersportplatz auf der Alb. Über das geologisch interessante und in seiner Entstehung noch nicht völlig geklärte **Randecker Maar** hinweg erreichen Sie **Hepsisau. Weilheim *** ist die nächste Station. Der Obstbau ist für die Weilheimer Haupterwerbsquelle. Der Ort schmiegt sich an den Fuß der Limburg. — Sie überqueren die Autobahn und machen in **Holzmaden** halt, wo Sie das Albmuseum „Hauff“ besuchen, das einzigartige vorgeschichtliche Versteinerungen zu bieten hat. Ab **Kirchheim/T. *** geht es auf der B 297 zurück nach **Nürtingen ***.

Route 9

Laichingen — Sontheim — Magolsheim — Schelklingen — Blaubeuren — Asch — Bermaringen — Treffensbuch — Machtolsheim — Laichingen (ca. 75 km).

Diese Tour wird Sie in die friedliche Stille, die Unberührtheit der Natur und auch in die abgelegenen Notstandsgebiete der Alb führen. Von der ausgedehnten Hochalbgemeinde **Laichingen *** ist es ein Katzensprung zur **Tiefenhöhle,** deren Eingang sich in einem kleinen Gasthaus befindet. An **Sontheim** vorbei und durch **Ennabeuren** hindurch führt die Route quer über die einsamen Flächen, auf denen heute wie schon vor 400 Jahren Schafherden weiden. In **Magolsheim** halten Sie sich links und setzen die idyllische Landstraßentour bis **Schelklingen *** fort, wo Sie auf die verkehrsreiche B 492 stoßen. Nach 6 km erreichen Sie den Zielpunkt dieses Ausflugs: **Blaubeuren *.** Der Blautopf, die Altstadt, die Klostergebäude, die Klosterkirche, das Hammerwerk und nicht zuletzt die Höhlen, Burgen sowie Aussichtsfelsen lassen die Stunden im Nu verfliegen. Wetten, daß Sie viel länger hier bleiben, als Sie sich ursprünglich vorgenommen haben?!

Direkt oberhalb des Blautopfes schraubt sich die Straße aus dem Talschluß hinauf zur Hochfläche. **Sonderbuch, Asch** und **Bermaringen** sind weitere Dorfgemeinden, die Sie passieren. Zum Teil geteert, zum Teil auch nicht, verläuft das Band des schmalen Weges durch die leicht gewellte Landschaft. Der weiße Schotter leuchtet Ihnen schon vom nächsten Hügel entgegen und weist Ihnen den Weg durch die Albeinsamkeit. Auf halbem Weg liegt **Treffensbuch.** Bei **Berghülen** erreichen Sie wieder eine bessere Straße. Über **Machtolsheim** kehren Sie von Osten her nach **Laichingen** zurück.

So sieht es in der historischen Hammerschmiede am Blautopf in Blaubeuren aus. Die Schmiedehämmer werden durch Wasserkraft angetrieben.
(Foto: Gunsilius, Blaubeuren)

Route 10

Blaubeuren — Pappelau — Ehingen — Munderkingen — Obermarchtal — Zwiefalten — Friedrichshöhle — Hayingen — Gundelfingen — Apfelstetten — Mehrstetten — Hütten — Schelklingen — Blaubeuren (ca. 120 km).

Wenn Sie in **Blaubeuren** * Ihr Ferienquartier aufgeschlagen haben, fehlt Ihnen nichts mehr zu einem abwechslungsreichen Alburlaub. Sie sitzen gewissermaßen an der Quelle zu allem Schönen, das die Alb zu bieten hat. Sie verlassen Blaubeuren auf der B 28 in Richtung Ulm. Noch im Ortsteil **Gerhausen** zweigen Sie rechts ab nach **Pappelau, Ringingen.** 2 km dahinter gabelt sich die Straße. Sie halten sich an die Wegweiser **Pfraunstetten** und **Ehingen.** Sie fahren jetzt dicht am linken Donauufer aufwärts nach **Munderkingen,** von wo Sie nach **Unter-** und **Obermarchtal** * gelangen. Nun ist es am besten, die 7 km bis **Zwiefalten** * auf der B 311 und B 312 zurückzulegen. In Zwiefalten lohnt der Besuch der barocken Klosterkirche. Scharf rechts am Kloster vorbei geht es bald bergan in Richtung Hayingen. Nach ca. 6 km entdecken Sie im Wald rechts und links verbreiterte Parkstreifen. Hier stellen Sie den Wagen ab und gehen in 10 Minuten zur **Friedrichs-** oder auch **Wimsener Höhle**, der einzigen mit einem Nachen befahrbaren (90 m langen) Höhle auf der Alb. Nächste Station ist **Hayingen** *, ein altes Städtchen mit mittelalterlichen Wehranlagen.

Die Fahrt durch das Lautertal, das Sie bei **Indelhausen** erreichen, ist ein Erlebnis. Hier verlief einst die Hauptdurchgangsstraße in Richtung Süden.

Übrigens fahren Sie zwischen Indelhausen und **Buttenhausen,** wo Sie das Lautertal wieder verlassen, an mindestens sieben Burgen oder Ruinen vorbei. Über **Apfelstetten** erreichen Sie die B 465, in die Sie rechts einbiegen. Nach 3 km links ab nach **Mehrstetten.** Bei **Gundershofen** gelangen Sie in das reizende Schmiechtal, in dem Sie bis **Schmiechen** bleiben. Für die restlichen Kilometer bis Blaubeuren benutzen Sie die B 492 über **Schelklingen** *.

Route 11

Riedlingen — Bad Buchau — Federsee — Bad Schussenried — Aulendorf — Saulgau — Mengen — Sigmaringen —

Veringenstadt — Gammertingen — Pfronstetten — Zwiefalten — Riedlingen (ca. 180 km).

Diese Tour führt von der Alb nach Oberschwaben und weiter in Richtung Bodensee. **Bad Buchau** liegt dicht am **Federsee.**

Am besten wird es sein, Sie stellen den Wagen beim **Federseemuseum** ab und verschaffen sich in dem auf Pfählen ruhenden Museum einen Überblick über Fundstätten und Fundstücke, denn das Federseemoor ist eines der fundreichsten Gelände in Europa, das über die Besiedlung dieses Raumes in vorgeschichtlicher Zeit phantastische Erkenntnisse gebracht hat. — Beim Museum beginnt der Knüppeldamm. Er zieht schnurgerade durch den breiten Schilfgürtel hinaus zum See. Im Schilf nisten seltene Vogelarten. Das Federseemoor ist heute das größte Vogelparadies in Deutschland.

Empfehlenswert ist eine Rundfahrt um den See auf der Landstraße nach **Oggelshausen, Tiefenbach, Seekirch.** Von hier haben Sie einen schönen Blick über das Moor. **Alleshausen** und **Moosburg** liegen an der Nordseite des verlandenden Sees.

Von Bad Buchau geht es weiter nach Süden. Auf der „Schwäbischen Barockstraße" erreichen Sie **Bad Schussenried.** Der südlichste Punkt dieses Ausflugs ist **Aulendorf.** Wenn Sie weiter zum Bodensee fahren möchten, dann folgen Sie von nun an den Routenvorschlägen, die der Goldstadt-Reiseführer „Bodensee" gibt. Unsere Route führt wieder heraus aus dem Oberland. Über **Musbach** kommen Sie nach **Saulgau.** Die B 32 meiden Sie. Schließlich haben Sie Urlaub und wollen's gemütlich haben. Da empfiehlt sich, nach **Mengen** die Strecke über **Fulgenstadt, Hohentengen** zu wählen. Dann doch ein kurzes Stück auf der B 32 nach **Sigmaringen** *. Sie folgen dem Laucherttal bis **Veringenstadt** * mit seinen von Mammutjägern bewohnten Höhlen. Noch bevor Sie in **Gammertingen** * einfahren, zweigt rechts die Straße nach Riedlingen ab. Von ihr gleich wieder links ab. Orientierungshilfe ist **Feldhausen.** Die Straße wird zum Feldweg, aber die Landschaft ringsum ist herrlich, friedlich und unberührt.

Wer die Alb richtig erleben will, muß sich auf solche stillen Nebenstraßen begeben. **Harthausen** liegt etwa in der Mitte des Weges. Es folgt noch **Wilsingen** und bei **Pfronstetten** ist alles vorbei. Auf der Überlandstraße B 312 fahren Sie nach **Zwiefalten** *, wo Sie die Klosterkirche besichtigen und den Ausflug vielleicht mit einer Tasse Kaffee ausklingen lassen, denn von **Riedlingen** * trennen Sie nur noch 12 km.

Route 12

Sigmaringen — Winterlingen — Ebingen — Meßstetten — Beuron — Hausen — Sigmaringen (ca. 90 km).

Die Hohenzollern-Residenz verlassen Sie auf der B 32 in Richtung Gammertingen. Bei **Veringendorf** zweigt die B 463 links ab. **Winterlingen** * am Fuß des 832 m hohen Fachberges liegt auf Ihrem Weg nach **Ebingen** *, einer aufwärtsstrebenden Stadtgemeinde. In Ebingen treffen Sie auf die Schwäbische Albstraße, der Sie bis nach **Meßstetten** folgen. Über **Unterdigisheim** und **Nusplingen** führt Sie die Route durch die hügelige, aussichtsreiche Westalb. Drei Kilometer nach Nusplingen schwenkt die Schwäbische Albstraße nach Westen, Sie dagegen fahren auf einer Nebenstraße nach Süden weiter. Sie überfahren den Großen Heuberg. Bei **Bärenthal** gabelt sich die Straße. Sie halten direkt auf Beuron zu, dessen Benediktinerkloster, umgeben von steil aufragenden Felsen, der kultur-, kunstgeschichtliche und landschaftliche Höhepunkt des oberen Donautals ist.

Sie bleiben nun bis **Sigmaringen** * im Donautal. Still zieht der Fluß seine Bahn und scheint sich von den Strapazen, sein Bett in den harten Fels gegraben zu haben, auszuruhen. Hinter **Hausen** * wird es dann noch einmal wild, düster und romantisch. Die Felswände rücken eng zusammen, der Fluß kämpft sich hindurch — für die Straße ist kaum noch Platz. Bei **Laiz** öffnet sich das Tal zu einer weiten Senke, in deren Mittelpunkt das weithin sichtbare Hohenzollernschloß Sigmaringen auf einem wuchtigen Felsen thront.

Route 13

Tuttlingen — Spaichingen — Rottweil — Schömberg — Balingen — Tieringen — Unterdigisheim — Nusplingen — Egesheim — Königsheim — Kolbingen — Mühlheim — Tuttlingen (ca. 100 km).

Von **Tuttlingen** * nordwärts, dann am westlichen Albrand entlang. Die imposante Silhouette des Dreifaltigkeitsberges oberhalb von **Spaichingen** * lockt zu einem kurzen Abstecher, der unter der Ortsbeschreibung geschildert wird. Nach Spaichingen folgt als nächst größerer Ort **Rottweil**, das sich hoch über dem Neckartal ausdehnt. Die Stadt gehört geographisch gesehen nicht mehr zur Alb, eher schon zum Schwarzwald,

Wer die Schwäbische Alb richtig kennenlernen möchte, muß sie sich erwandern. Die Pfade führen manchmal hart am Abgrund vorbei und es ist gut, wenn man wie dieser Wandersmann ohne Schwindelgefühl in die Tiefe schauen kann.

exakter: Rottweil liegt genau zwischen diesen beiden Mittelgebirgen. Die mittelalterlichen Befestigungsanlagen, seine Türme, Kirchen und vornehmen Handelshäuser sind heute der Stolz der Stadt. Auf der E 70 fahren Sie über **Schömberg *** nach **Balingen ***. In der Stadt das malerische Zollernschlößchen, einst Stadtresidenz der Hohenzollern. Von Balingen 2 km auf der B 463, dann rechts ab in Richtung **Tieringen.**

Auf halbem Weg der **Lochenstein,** mit 993 m einer der höchsten Albberge. In 15 Minuten wandern Sie von der Paßhöhe hinauf zum Gipfelkreuz. Eine traumhafte Rundsicht entschädigt Sie für die Mühen des Aufstiegs.

Hinter Tieringen folgt **Unterdigisheim.** Die Schwäbische Albstraße bringt Sie weiter nach **Nusplingen** und **Egesheim.** Hier zweigen Sie nach **Königsheim** ab. Über den Großen Heuberg hinweg, durch Kolbingen hindurch und dann hinunter ins Donautal, das Sie bei **Mühlheim *** erreichen. Schloß und Fachwerk-Rathaus (mit Pranger) sind sehenswert. Bis **Tuttlingen *** haben Sie noch 8 km an der Donau entlang zurückzulegen.

Route 14

Hechingen — Bisingen — Onstmettingen — Tailfingen — Burladingen — Stetten u. Holstein — Melchingen — Salmendingen — Talheim — Mössingen — Hechingen (ca. 80 km).

Von **Hechingen *** am Fuß des stolzen Hohenzollern, den Sie unbedingt besichtigen sollten (Auffahrt beim Brielhof), fahren Sie auf der B 27 bis zur Abzweigung nach **Bisingen ***. Auf der Hochalb erreichen Sie **Onstmettingen ***, Luftkurort und Wintersportplatz am Fuß des Raichbergs, den Sie an seinem Aussichtsturm erkennen. **Tailfingen *** ist ein sich schnell vergrößernder Industrieort, in dem sich Trikot- und Strickwarenfabrikationsbetriebe angesiedelt haben. Hier fahren Sie der Schwäbischen Albstraße nach in Richtung **Hausen im Killertal.** Dort auf der B 32 weiter nach **Burladingen ***. Die Albstraße führt nordöstlich weiter nach **Stetten u. Holstein.** Beachten Sie hier die Abzweigung nach **Melchingen.** Im Ort halten Sie sich an den Wegweiser nach **Salmendingen.** Sie durchfahren den Ort und entdecken kurz dahinter (Straße nach Ringingen) in einer Senke den Kornbühl mit der bekannten **Salmendinger Kapelle.** Rückfahrt bis **Salmendingen.** Kurz unterhalb des Dorfes links ab nach **Talheim** am Fuß des Albtraufs. In **Mössingen *** erreichen Sie die B 27.

C. ORTE UND SEHENSWÜRDIGKEITEN

(alphabetisch)

AALEN

Kreisstadt, 429 — 750 m

Am besten, Sie wandern erstmal hinauf zur **Schillerhöhe,** um sich einen Überblick über die Lage der Stadt zu verschaffen. Sie dehnt sich vom Welland bis zum Pelzwasen aus. Im Nordosten und Süden erhebt sich dunkel die Mauer der Schwäbischen Alb. Die Stadt liegt besonders verkehrsgünstig. Sie ist nicht nur wichtiger Eisenbahnknotenpunkt, sondern auch Schnittpunkt der Bundesstraßen 19 und 29. Früher hatten die Römer hier (vom 2. zum 3. Jahrhundert n. Chr.) das größte Reiterkastell nördlich der Alpen angelegt. Daran erinnert heute das **Limesmuseum,** das auf dem Kastellgelände in unmittelbarer Nachbarschaft zur **Stadthalle** erbaut wurde. Attraktionen des Museums sind die freigelegten Toranlagen des Römerkastells (Nordtor) und die ständige Münz-Ausstellung.

Aalen hatte schon im 13. Jahrhundert Stadtrecht. 1360 wurde es freie Reichsstadt und bewahrte diesen Status bis 1802. Anschließend wurde die Stadt württembergisch, was sie bis heute geblieben ist. Nach der Schlacht von 1634 bei Nördlingen zogen die Schweden durch Aalen. Sie führten Pulverwagen mit sich, von denen plötzlich einige explodierten und sofort eine verheerende Kettenreaktion auslösten. Die Flammen fanden in den dicht stehenden Fachwerkhäusern reiche Nahrung. Ein Großteil des Ortes wurde damals eingeäschert. Glücklicherweise blieben einige wichtige Fachwerkbauten verschont, so daß Sie im Stadtkern hier und dort an die mittelalterliche Blütezeit Aalens erinnert werden.

Sehenswert ist das **Rathaus** mit dem **Napoleonfenster,** das der Franzosenkaiser aus Neugier mit dem Kopf durchstoßen haben soll, als sich unten auf der Straße etwas ereignet und man ihm nicht schnell genug das Fenster geöffnet hatte. Durch das Fenster sehen Sie direkt auf die evangelische Stadtkirche **St. Nikolaus,** eine der wenigen Predigerkirchen im Barockstil. Und jeden Tag, wenn das Geläute verklungen ist, werden vom Turm Choräle geblasen. Wie alt mag wohl der Brauch des Turmblasens sein? In alten Aufzeichnungen findet sich ein Hinweis: 1767 wurde der beschädigte Turm neu aufgebaut und nach Fertigstellung wurden von ihm zum ersten Mal Choräle geblasen. Bis heute hat man an diesem Brauch festgehalten. Täglich steigen die Musikanten die 84 Stufen hinauf, um bei Wind und Wetter ihre vierstimmigen Choräle zu intonieren.

Am Turm des alten Rathauses können Sie das Wahrzeichen der Stadt entdecken, den **„Aalener Spion"**. — Das **Bürgerspital,** ein prachtvoller Fachwerkbau, stammt aus dem Jahre 1700. Schlendern Sie auch durch die **Hirschstraße** mit ihren reizvollen Giebelhäusern.

Im Johannis-Friedhof steht die **St. Johannis-Kapelle,** die aus dem 13. Jahrhundert stammt. Eine Stätte besinnlicher Betrachtung findet der Kunstverständige in der **Salvatorkirche.**

Aalen wird auch als die „Schubartstadt" bezeichnet. Sie ist nämlich zur Heimat des Dichters, Komponisten und ersten deutschen Journalisten, Christian Friedrich Daniel Schubart (1739—1791) geworden, der einen großen Einfluß auf den jungen Schiller hatte. So verdankt Schiller dem Freund z. B. den Stoff zu den „Räubern". Schubart (1778): „Aalen bietet durch seine schöne Gegend reichen Stoff zum Genuß der Natur. In dieser Stadt wurde ich erzogen". Das **Heimat- und Schubartmuseum** im alten Rathaus beherbergt zahlreiche Erinnerungsgegenstände an den Dichter. In die Ausstellung sind auch frühgeschichtliche und heimatkundliche Sammlungen mit einbezogen.

Nicht weit von der Stadthalle steht auf der schon erwähnten Schillerhöhe ein 28 m hohes **Mahnmal,** das an die Weltkriege erinnern soll. Der Turm trägt eine Aussichtsplatte und eine Glocke, die täglich als eherner Mahner über die Stadt ruft.

Nahe bei dieser Gedächtnisstätte wartet auf Sie eine Attraktion, die in der Bundesrepublik einzigartig ist: Ein **Koniferengarten** mit mehr als 500 Solitärbäumen in 250 verschiedenen Arten. Auf einer Fläche von 20 000 qm wird hier eine fast lückenlose Nadelbaumsammlung gezeigt. Eine bunte **Blumenuhr** schmückt die Anlage.

Erst vor kurzem wurde westlich der Stadthalle eine **Volkssternwarte** eingerichtet, die mit einem 130 mm Refraktor in astronomisch interessierten Kreisen Beachtung findet.

Und noch ein Wort zur Industrie, die Aalen von einem stillen Provinzstädtchen zu einer modernen, wohlhabenden Kreisstadt gemacht hat. Sie umfaßt Betriebe der Baustahl- und Kettenfabrikation, des Maschinenbaus, der Herstellung von Kurbelwellen, Geldschränken und Fleischereimaschinen, außerdem Fabrikstätten für Textilien und Optik sowie chemische und graphische Betriebe. Die Industrieanlagen beeinträchtigen das Stadtbild nicht. Im Gegenteil, die Stadt ist stolz auf ihre vielen Grünanlagen, die das Stadtbild auflockern und freundlich gestalten. Die schönste davon ist der **Stadtgarten** in der Eberhardstraße. Man erreicht ihn in wenigen Minuten vom Bahnhof aus oder über den Bohlschulplatz, auf dem das Schubart-Denkmal steht. Im Stadtgarten finden regelmäßig Platzkonzerte statt. Minigolf und Freiluftschach sorgen ebenfalls für Abwechslung.

Seinen besonderen Reiz verdankt Aalen nicht allein seinen hübschen Mädchen, obwohl Goethe 1797 anscheinend nur von ihnen beeindruckt war: „Heute in Aalen gewesen, wo wir schöne Mädchen sahen." Vielmehr verdankt die Stadt den zunehmenden Fremdenverkehrsboom vorwiegend der landschaftlichen Lage am nördlichen Steilabfall der Ostalb. Aalen ist umgeben von stillen Wäldern auf den Höhen des Albuchs und des Braunenbergs. Durch den Ort fließt der Kocher. Die Stadt besitzt ein gesundes, fast nebelfreies Klima. Die Mittelgebirgslage bietet viele Möglichkeiten zu Spaziergängen und größeren Wanderungen.

Auskunft: 708, Verkehrsamt der Stadt Aalen, Postfach 1740, Telefon (07361) 50 01.

Verkehrsverbindungen: Eisenbahnstation an den Strecken Schwäbisch Hall — Ulm und Stuttgart — Nördlingen. Liegt an der B 19 und B 29.

Sport: Sportplätze, Hallenbad mit Sauna, Freibäder im Hirschbach und im Stadtteil Unterrombach. Ein Reitplatz befindet sich im Greut. Tennisplätze im Tännich, Motor- und Segelfliegen auf dem Fluggelände Aalen—Elchingen. Im Stadtwald Langert eine 1000 m lange Skipiste mit einem Höhenunterschied von 180 m und einer Flutlichtanlage. Skiübungsgelände mit Lift im Hirtenteich zwischen Essingen und Lauterburg (Abfahrtsstrecke zwischen 450 und 700 m bei einem Höhenunterschied von 75 m).

Unterhaltung: Kinos, Tanzcafés, Minigolf und Freiluftschach im Stadtgarten, Volkssternwarte, Theateraufführungen und Konzerte, Tanzabende, Vorträge und bunte Abende in der 1400 Sitzplätze fassenden Stadthalle.

Museen: Limesmuseum, Heimat- und Schubartmuseum.

Wanderparkplätze:

1. Wanderparkplatz bei der **Eugen-Geiger-Bank** (an der Langertstraße, Nähe Triumphstadt, ca. 1 km südöstlich des Stadtzentrums).

2. Wanderparkplatz an der **Weißen Steige** (ca. 200 m nördlich der Landesstraße Aalen—Waldhausen).

3. Wanderparkplatz an der **Osterbucher Steige** (ca. 600 m südlich der Abzweigung der Röntgenstraße von der B 29).

4. Wanderparkplatz am Stadionweg beim **MTV-Stadion** (ca. 200 m südlich der Einmündung des Stadionwegs in die Rombacher Straße, im Stadtwald Rohrwang).

Ausflüge:

1. Vom Bahnhof Aalen marschieren Sie über Burgstall mit dem Barbarossabrünnele zum **Geologischen Pfad.** Nach dem Aalbäumle (Aussichtsturm und Unterkunftshütte) folgt die Fridahütte. Der untere Langertrundweg bringt Sie zum Ausgangspunkt zurück. Wegzeit 4 Stunden.

Der **Geologische Pfad** stellt eine Besonderheit dar, die in der Bundesrepublik ihresgleichen sucht. Auf 30 Tafeln wird der Wanderer in die Natur- und Landschaftsgeschichte der Schwäbischen Alb eingeführt. Die in Pyramiden eingemauerten Fossilien dienen als praktisches Anschauungsmaterial. Am Ende des Geologischen Pfads befindet sich in 698 m Höhe der in der Art des Goetheturms in Frankfurt erstellte Aussichtsturm auf dem Aalbäumle. Die Unterkunftshütte beim Aalbäumlesturm ist bewirtschaftet.

2. Vom Bahnhof Aalen geht's hinauf zum Naturfreundehaus **Braunenberg.** Gehen Sie auch hinüber zum Kalksteinbruch und zur Aussichtsplatte auf dem **Fernsehsendeturm,** von wo Sie eine noch prächtigere Fernsicht haben. Vom Norden grüßt der Schönenberg und im Süden schweift der Blick über das „Härtsfeld" zum Volkmarsberg. Im Westen sehen Sie den Rosenstein und die drei Kaiserberge Stuifen, Rechberg, Hohenstaufen. Rückweg über Winkenhalde zum Bahnhof. Wegzeit 4½ Stunden.

3. **Stadtringweg.** Sie beginnen am besten beim Mahnmal auf der Schillerhöhe und halten dann nach Westen. Der Stadtringweg ist 9,5 km lang und als Rundweg angelegt. Er führt über die sieben Hügel, auf denen Aalen erbaut ist: Schillerhöhe, Rohrwang, Heide, Galgenberg, Blümert, Pelzwasen, Burgstall. Wegzeit 2½ Stunden.

4. Von dem in 700 m Höhe gelegenen **Baierstein** aus hat man einen prächtigen Ausblick auf die gesamte Aalener Bucht. Eine alte Befestigungsanlage mit zweifach in den Fels gehauenem Burggraben ist deutlich zu erkennen. Über den Vierwegzeiger gelangt man nach

Glashütte zu den vielen Quellen des Weißen Kocher. Die zum Teil spätgotische und zum Teil barocke Wallfahrtskirche St. Maria in **Unterkochen** ist einen Besuch wert. Wegzeit 4½ Stunden.

5. Vom Bahnhof Aalen über den Baierstein nach Simmisweiler und Waldhausen. Dann weiter nach Hohenberg und zum **Kocherursprung.** Wegzeit 5½ Stunden.

6. Über den Braunenberg führt Sie diese Tageswanderung zur **Kapfenburg** und nach Hülen. Weitere Stationen sind Arlesberg und Bernlohe. Über die Weiße Steige und den Grauleshof zurück nach Aalen. Wegzeit 6 Stunden.

7. Zur Zeppelinhütte, Erzgrube Osterbuch und **Teussenberg.** Von Essingen über den Sofienhof nach Hofherrnweiler. Zum Abschluß dieser Wanderung Besuch des Limesmuseums. Wegzeit 4½ Stunden.

8. Ausgangspunkt ist wieder der Bahnhof. Auf dem Unteren Langertrundweg nach **Essingen.** Der schattige Waldgrenzweg führt unter alten Buchen hin. Eine reizvolle Wanderung mit schönen Ausblicken nach Aalen und in das Welland. Wegzeit 4 Stunden.

9. Nach **Unterrombach** und über Sandberg, Vogelsang und Schwalbenhof weiter nach Neßlau und **Rohrwang.** Im Stadtwald Rohrwang ist ein **Naturpfad** angelegt, der gleichzeitig durch einen therapeutischen Vogelschutzpfad ergänzt ist. Auf mehr als 100 Tafeln werden die Bewohner und die Pflanzen des Waldes sowie die Tätigkeit der Forstleute beschrieben. Beginn des Weges beim Schubartgymnasium. Wegzeit 5 Stunden.

10. Bei dieser Wanderung verlassen Sie die Stadt Aalen über den schon erwähnten Stadtpark Rohrwang. Die Wanderung führt zum **Limes** über Mäderhof, Spitzhof, Dewangen und Tannenhof. Es folgen Degenhof, Hüttenhöfe, Schwalbenhof und Vogelsang. Rauental, Sandberg und Unterrombach sind Stationen auf dem Rückweg, der wieder am Bahnhof endet. Wegzeit 6 Stunden.

11. Ein moderner Stadtteil stellt sich mit der **Triumphstadt** vor, wenn Sie die Stadt mit dem Ziel Volkmarsberg—Teussenberg verlassen. Auf dem Weg dorthin bietet sich vom Aussichtsturm auf dem Aalbäumle ein herrlicher Rundblick. Vorbei am Kuckuckstein und durch das Wolfertstal erreichen Sie den mit dem Albvereinsturm gekrönten **Volkmarsberg,** den höchsten Berg der Ostalb (743 m). Wegzeit 6½ Stunden.

12. Ein interessanter **Rundgang,** bei dem Sie mehrere Sehenswürdigkeiten miteinander verbinden, beginnt am Bahnhof Aalen: Limesmuseum — Mahnmal — Koniferengarten — Sternwarte — Naturpfad im Rohrwang — Therapeutischer Vogelschutzpfad — Waldsee — zurück zum Bahnhof. Wegzeit 3½ Stunden.

BAD DITZENBACH

Kreis Göppingen, 510 m

Im oberen Filstal liegt dieser stille Erholungsort mit seinen seit Jahrhunderten bekannten kohlesauren **Mineralquellen,** die besondere Heilwirkung für Herz- und Kreislaufkranke sowie Nieren- und Blasenleidende haben. Das **Sanatorium** wird von den „Barmherzigen Schwestern“ betreut.

Das Mineralbad wird ganzjährig zur Kur besucht. Die Bewohner haben sich auf die Fremden eingestellt und halten immer genügend Gästebetten frei, so daß auch Sie jederzeit hier Quartier finden können. Bad Ditzenbach liegt an der „Schwäbischen Albstraße“, die ja so etwas wie ein landschaftliches Gütezeichen darstellt.

Im **Kurpark** und in der nahen Umgebung können Sie auf gepflegten Wegen erholsame Spaziergänge machen. Droben auf der Albfläche erwarten Sie Wacholderheiden, ausgedehnte Wälder und auch ein Segel- bzw. Motorsportflugplatz.

Auskunft: 7341, Bürgermeisteramt, Tel. (07334) 343.

Verkehrsverbindungen: Bahnbus-Station zwischen Geislingen und Wiesensteig. Busverkehr auch nach Göppingen.

BALINGEN

Kreisstadt, 517 m

Die 700 Jahre alte Stadt liegt an der B 27 auf halbem Weg zwischen Stuttgart und dem Bodensee. Genauer: im Albvorland, zwischen Hechingen und Rottweil, an der Einmündung der Steinach in die Eyach. Bestimmend für die Lage der Stadt ist die längs des nördlichen Steilabfalls der Schwäbischen Alb verlaufende, jahrhundertealte Fernstraße zum Bodensee, den Schweizer Pässen und zum Süden, die sogenannte „Schweizer Straße“.

Die Besiedlung reicht weit zurück. Aus der Jungsteinzeit liegen zwei Einzelfunde vor. Auch aus der Hallstattzeit und der Römerzeit hat man Gegenstände im Stadtgebiet ausgegraben. Im 7. Jahrhundert siedelten auf Balinger Markung die Alemannen. Der Ort wurde 863 erstmals erwähnt (Balinga). Die zweite Nennung erfolgte 1140. Die Grafen von Zollern haben die Stadt 1255 gegründet. 1403 wurde sie zusammen mit der zollerschen Herrschaft Schalksburg an Württemberg verkauft. Balingen wurde im Verlauf seiner Geschichte von fünf großen Bränden heimgesucht. Dennoch blieben Reste der ursprünglichen Stadtbefestigung und mittelalterlichen Gebäude bis zum heutigen Tag erhalten. So das **Zollernschloß** (ca. 1430) mit seinem wuchtigen Wasserturm, in dem das Heimatmuseum untergebracht ist. Im Schloßbezirk steht die **Zehntscheuer** (1617). Interessant auch das **Reiterhaus** (heute Jugendherberge) und **„Klein Venedig“**, womit die mittelalterlichen Fachwerkhäuser am Mühlkanal gemeint sind. In der Ruhezone vor der Stadtkirche steht eine **Steinplastik**, die Herzog Ulrich zeigt (Brunnen). Der „Balinger Ulrich“ hat noch den letzten Nachtwächter mit Laterne und Spieß gesehen. Er hörte die dunklen Glockenschläge vom Turm der Stadtkirche, wenn Feuer oder Überfall der Stadt drohten. Flammen schlugen um ihn, und Kugeln pfiffen an seinem goldenen Helm vorbei. Um ihn versammelten sich die Balinger in Freud und Leid. Man weiß übrigens nicht genau, ob die Plastik auch wirklich Herzog Ulrich darstellt. Nur der Schild des Ritters mit dem herzoglichen Wappen aus der Zeit nach 1495 läßt darauf schließen. Und mit Herzog Ulrich, jener schillernden, berüchtigten und doch von der Bevölkerung verehrten Herrscherfigur ist die Geschichte Balingens eng verknüpft. Die Stadt war für ihn ein wichtiger Brückenkopf, als er nach seiner Verbannung 1525 versuchte, sein Land wieder in Besitz zu nehmen. 1546 wurde er erneut vertrieben und richtete von Balingen aus ein demutvolles Schreiben an den Kaiser. Wen auch immer die Plastik verkörpern soll, sie stellt jedenfalls die Verbundenheit Balingens mit dem württembergischen Herrschergeschlecht unter Beweis.

Mitten in der Stadt steht die evangelische **Stadtkirche „Zu unserer Lieben Frau“**, deren Grundstein 1443 gelegt wurde. Der mächtige Turm ist das Wahrzeichen Balingens. Er umschließt mit seinem unteren Teil den gotischen Chor. Im Inneren der Kirche sind besonders erwähnenswert Holz- und Steinepitaphien, Kanzeldeckel, Kruzifix. Die künstlerisch sehr wertvolle „Muttergottes aus Balingen“ (1,58 m), die um 1500 geschnitzt wurde und Jörg Syrlin dem Jüngeren zugeschrieben wird, befindet sich heute in Rottweil (Lorenzkapelle). Sie hatte ihren ursprünglichen Platz im Altarschrein der Balinger Stadtkirche. — Das älteste Gotteshaus in Balingen ist die **Friedhofskirche**, die mit dem gedrungenen Turm und den Rundbogenfenstern romanische Stilelemente zeigt. Die Kirche wurde um die Jahrtausendwende gebaut und diente der Bevölkerung oft als Zufluchtsstätte in höchster Not. Eindrucksvoll die Wandmalereien im Inneren und der achteckige Taufstein. — Aus neuerer Zeit stammt die katholische

Kirche „Zum Heiligen Geist". Sie wurde im frühgotischen Stil erbaut. Die Kreuzwegbilder stammen von Professor Carl Caspar.

Die schöne, breite **Friedrichstraße,** die heute die Einkaufsstraße der Stadt ist, wurde 1809 angelegt. Damals brannten durch Blitzschlag innerhalb von 24 Stunden 335 Häuser nieder. Der Altstadtkern wurde bis auf 55 Gebäude restlos eingeäschert. König Friedrich von Württemberg hat die Stadt nach den modernsten Erkenntnissen der Städteplanung wieder aufbauen lassen.

Balingen ist der wirtschaftliche Mittelpunkt dieses Albabschnitts. Gepflegte Hotels, gemütliche Gaststätten und Cafés sorgen für das Wohl der Gäste. Die Ladengeschäfte der Stadt zeigen ein vielseitiges Großstadtangebot und stellen auch verwöhnte Ansprüche zufrieden. — Die alten Gewerbe der Gerber, Tuchmacher, Färber, Weber, Schuhmacher und Messerschmiede bildeten die Grundlage für eine weithin bekannte Präzisions-Industrie. In Balingen hat die bekannte Feinwaagenfabrik „Bizerba" ihren Sitz. Fabriken, die Land- und Büromaschinen, Schuhe und Textilien fertigen, schließen sich an.

Balingen ist ein ideales Standquartier für Ausflüge auf die Schwäbische Alb. Vom Heuberg, einem kleinen Hügel westlich der Stadt, haben Sie eine besonders schöne Stirnansicht der Schwäbischen Alb. Von den Balinger Hausbergen, die alle etwa 1000 Meter hoch sind, (Lochen, Schafberg, Plettenberg, Hörnle, Gräbelesberg) öffnet sich bei klarem Wetter eine Fernsicht nach Süden bis zu den Schweizer Alpen, im Westen zu den Schwarzwald-Höhen und den Vogesenbergen und im Norden zu den Löwensteiner Bergen. Die Balinger Alb ist verkehrsarm. Fahren Sie kreuz und quer in sie hinein und entdecken Sie mit dem Wagen und zu Fuß diese verträumte, sonnige Alblandschaft.

Auskunft: 7460, Bürgermeisteramt, Postfach 52, Tel. (07433) 80 41.

Verkehrsverbindungen: Liegt an der B 27 zwischen Tübingen und Rottweil. Zugverbindungen nach Rottweil, Tuttlingen, Bodensee, Tübingen. Busverbindungen in den Schwarzwald, auf die Alb und nach Stuttgart.

Unterhaltung: Vorträge im Kulturwerk und Volksbildungswerk, Kinos, Konzerte, Volksbücherei, Gemäldeausstellungen.

Sport: Austadion, Reithalle, Tennisplätze, Freibad, Sporthalle.

Museen: Heimatmuseum im Zollernschloß. Ebenfalls im Schloß befindet sich ein Museum für Waagen und Gewichte.

Ausflüge:

1. Mit dem Omnibus zum 16 km entfernten **Hohenzollern.** Die Sonderbusse fahren bis zum Busparkplatz. Fußweg bis zur Burg noch 20 Minuten.

2. Mit dem PKW: Folgen Sie den Straßenschildern nach Fridingen. Über eine kurvenreiche Waldstraße geht es zum 920 m hohen **Lochenpaß.** Stellen Sie hier den Wagen ab und machen Sie eine Gipfelwanderung über das **Hörnle** (956 m) zum aussichtsreichen **Lochenstein** (963 m) und weiter zum **Schafberg** (996 m). Von dort hinüber zum **Plettenberg** (1005 m) und in einem weiten Bogen zurück zum Ausgangspunkt. Wegzeit 3 Stunden.

3. Lohnend ist auch eine Autowanderung zur **Schalksburg.** Sie fahren nach Zillhausen und **Burgfelden.** Hier parken Sie den Wagen und wandern auf den 821 m hohen **Böllat.** Von hier hinüber zu den Ruinen der Schalksburg (910 m). Drunten im Eyachtal liegt **Laufen.** Machen Sie dort Rast und kehren Sie dann zu Fuß oder evtl. mit dem Bus nach Burgfelden zurück. Sie können von hier auch direkt mit der Bahn nach Balingen zurückkehren. Wegzeit 1½ Stunden.

4. Zum geheimnisvollen **Gräbelesberg** (915 m). Sie fahren mit der Bahn oder dem Wagen nach Laufen. Von dort zu Fuß auf bezeichnetem Weg zum Gipfel. Wegzeit 30 Minuten.

5. Viele Gelegenheiten zum Aussteigen und Wandern bieten sich Ihnen auf der Fahrt über den **Lochenpaß** nach **Meßstetten, Ebingen** und durch das reizvolle Bäratal nach **Fridingen.** Ziel ist das **Kloster Beuron** im Donautal (70 km hin und zurück).

6. Fahren Sie mit Bahn, Bus oder PKW (B 27) während Ihres Aufenthaltes auch einmal in die ehrwürdige Universitätsstadt **Tübingen** (37 km), das heimelige Städtchen mit dem idyllischen Neckarpanorama. Sehenswert das Renaissance-Rathaus, die Stiftskirche, das majestätische Schloß Hohentübingen und das Maler-Idyll am Neckar mit dem Hölderlin-Turm und den alten Giebelhäusern.

BEURON

Kreis Sigmaringen, ca. 700 m

In Purron, wie es 861 in einer Urkunde genannt wird, gründete der Edelfreie Peregrin Ende des 11. Jahrhunderts ein Augustinerchorherrenstift. Nach einem religiösen und wirtschaftlichen Niedergang im 16./17. Jahrhundert erlebte das Kloster um 1700 einen neuen Aufschwung. In jener Zeit wurde mit dem Neubau begonnen, dessen Innenstukkaturen der berühmte Joh. Mich. Feichtmayr besorgt hat. 1732—1738 wurde die heutige Klosterkirche gebaut und von Joh. Ignaz Weegschaider ausgemalt. Nach der Säkularisation stand das

Kloster ab 1803 leer. Katharina von Hohenzollern schenkte Anlage und Grundbesitz 1863 dem Benediktinerorden. Die Benediktiner-Erzabtei St. Martin ist berühmt geworden durch die intensive Missionstätigkeit und durch die Beuroner Kunstschule, die der Architekt und Maler Pater Desiderius Lenz begründet hat. Zeugnisse dieses Kunststils sind die **Gnadenkapelle** (1898) und die **Mauruskapelle.** In den letzten 20 Jahren wurde die Palimpsest-Forschung durch Pater Alban Dold vorangetrieben. Er gilt als der bedeutendste Fachmann auf diesem Gebiet. Auch das Vetus-Latina-Institut hat sich einen weltweiten Ruf erworben.

Das Kloster Beuron zählt zu den bedeutendsten Klöstern in Europa. Es liegt überaus idyllisch am rechten Ufer der jungen Donau. An den Flanken des hier sehr engen Tales wachsen bizarre Felsgebilde aus den Buchenwäldern und ragen zum Himmel, so als wollten sie den Himmel stützen, daß er nicht hernieder fällt und die lebendigen Zellen menschlicher Geisteskraft in dem engen Tal erdrückt.

Im Verlauf der Jahrhunderte haben sich rund ums Kloster Handwerker und Kaufleute angesiedelt. Daraus ist heute ein kleiner Luftkurort geworden, in dem jährlich Tausende von Kloster-Besuchern haltmachen. An Wallfahrtstagen beispielsweise nimmt der Besucherstrom der Gläubigen kein Ende. Diese Tage sollten Sie meiden, wenn Sie als Urlauber Beuron besuchen möchten.

Auskunft: 7207, Bürgermeisteramt, Tel. (07466) 214.

Verkehrsverbindungen: Bahnstation auf der Strecke Ulm—Freiburg. Busverbindungen nach Fridingen, Sigmaringen und Tuttlingen.

Ausflüge:

1. In den Weißjurafelsen der Umgebung gibt es viele Höhlen, die teils bekannt, teils noch unbekannt sind. Hüten Sie sich jedoch, Expeditionen auf eigene Faust zu unternehmen. Sie könnten sich hoffnungslos verirren oder abstürzen. Im **Propstfelsen** hat man Werkzeuge aus der Alt- und Mittelsteinzeit gefunden. Die Funde der **Petershöhle,** südöstlich Beurons, datiert man in die Bronzezeit. Ganz in der Nähe die **Paulshöhle,** in der 1844 ein Bronzedepot aus der Spätbronzezeit (1000 v. Chr.) entdeckt wurde. Wegzeit jeweils 45 Minuten.

An der Straße von Fridingen nach Beuron befindet sich ein Aussichtspunkt, von dem Sie diesen Blick ins obere Donautal haben. Im Hintergrund das Kloster Beuron. (Foto: Gerhard Jost, Pforzheim)

2. Wandern Sie einmal donauabwärts nach **Langenbrunn.** Dort fand man Reste des Moschusochsen, der heute noch in Polargebieten lebt. Wegzeit 1 Stunde.

3. Zur **Burg Wildenstein.** Hinter dem Kloster steigt der Weg bis zur halben Höhe der Talflanke an und steigt dann nur langsam weiter an. Sie gehen donauabwärts, um mehrere Bergnasen herum, bis Sie unvermittelt zwischen den Bäumen die unbezwingbare Burg auf einem mächtigen Felsen mit glatten senkrechten Wänden vor sich sehen. Hin und zurück müssen Sie mit 3 Stunden Wegzeit rechnen.

4. Zum **Schloß Bronnen,** durchs Liebfrauental. Ist wie Burg Wildenstein auf einem Felsen erbaut. Das verträumte Schloß, das von Stuttgarter Kunstschülern wieder hergerichtet wurde, dient als Unterkunft für Studienaufenthalte und Seminare. Das Schloß kann nicht besichtigt werden. Wegzeit 1½ Stunden.

5. Über die überdachte Holzbrücke (um 1250), weiter auf der Straße nach Fridingen. Nach einer halben Stunde schwenken Sie links auf einen Waldweg ein. Sie können aber auch der Straße nach gehen. Sie erreichen nach kurzem einen **Aussichtspunkt** mit einem großen Parkplatz und Restaurant. Von der Felskanzel aus sehen Sie hinüber auf Schloß Bronnen, hinunter ins Tal der jungen Donau, auf Kloster Beuron und den Albhöhen. Ein großartiger Blick! Wegzeit 1 Stunde.

6. Beuron — **Aichfelsen,** über Irrendorf und zurück über Benediktushöhle — St. Maurus. Wegzeit 3 Stunden.

7. Zum wehrhaften **Schloß Werenwag** über St. Maurus, Donauhaus und Langenbrunn. Von hier aus geht es hinauf nach Werenwag und zurück nach Beuron oder nach Hausen im Tal. Wegzeit 3 Stunden.

8. Das **Jägerhaus** ist ein beliebtes Ausflugsziel. Sie erreichen es über den Soldatenfriedhof und den Knopfmacherfelsen. Zurück führt der Weg durch das Liebfrauental oder der Donau entlang. Wegzeit 2 Stunden. — Sie können auch auf einem bezeichneten Weg über das Schloß Bronnen zum Jägerhaus gelangen. Eine dritte Möglichkeit: Wandern Sie eine Stunde donauaufwärts, direkt am Fluß entlang.

9. Beuron — **Schloß Bronnen,** durch das **Liebfrauental** (Lourdesgrotte) und auf demselben Weg wieder zurück. Wegzeit 1½ Stunden.

BISINGEN

Zollernalbkreis, 560 m

Der Ort liegt 9 km von Hechingen entfernt, versteckt zwischen grünen Hügeln der Voralblandschaft. Bisingen ist ein dörflich-ruhiger Ferienort, von dem Sie zu nahen und weiteren Ausflügen auf die Zollernalb, zum Blasenberg und Hundsrücken starten können.

Auskunft: 7457, Bürgermeisteramt, Tel. (07476) 241.

Verkehrsverbindungen: Bahnstation an der Strecke Tübingen — Rottweil. Busverbindungen nach Hechingen, Tübingen und Stuttgart. Zubringerstraße zur B 27.

Ausflüge:

1. Südöstlich über Thanheim zum Ebersberg (691 m) und weiter hinauf zum aussichtsreichen **Blasenkopf** (886 m). Wegzeit 1 Stunde.

2. Auf den **Hohenzollern** über Zimmern. Wegzeit 1 Stunde.

3. Sehr beeindruckend ist eine Wanderung über den Zollersteighof, wo Sie in ländlicher Umgebung ein gutes Vesper zu sich nehmen können, zum **Raichberg.** Auf dem 956 m hohen Gipfelplateau steht ein Aussichtsturm. Nur wenige Meter weg das Nägele-Haus. Wegzeit 2 Stunden.

4. Sieben Stunden sind Sie unterwegs, wenn Sie über den **Hundsrücken,** Irrenberg und Hailenkopf zum Blasenberg wandern. Eine längere Rast empfiehlt sich auf dem **Zeller Horn,** von dessen Felsen aus Sie einen faszinierenden Blick auf den unter Ihnen liegenden Hohenzollern haben. Weiter geht's zum **Raichberg** und zum Hangenden Stein. Von Jungingen fahren Sie mit der Bahn zurück nach Hechingen.

BLAUBEUREN

Kreis Ulm, 517 m, 12000 Einwohner

Das mittelalterliche Städtchen schmiegt sich an den Blauberg, dessen mächtige Felsen, der Blaufelsen und der Breitfelsen, sich über dem Kloster erheben „wie Hände, die sich in Andacht falten wollen“ (Blaubeurer Heimatbuch). Blaubeuren ist von einer einzigartigen Felsbastion eingeschlossen, deren westlicher Eckpfeiler der Blaufelsen und der östliche der Knoblauch- und Rusenfelsen sind. Das tiefblau leuchtende Juwel des geheimnisvollen Blautopfes faßt der Rucken ein. Dieser Umlaufberg liegt mitten im Talkessel. Er trägt ein großes Kreuz, das an die Toten der Kriege mahnt. — Berühmt ist das „Klötzle Blei“, ein so genannter 56 m hoher Felsklotz am südlichen Stadtrand. Um diesen Felsen geistern viele Sagen.

Eine davon berichtet, daß der Doktor Veylland aus Stuttgart einmal mit einem Bleilot den Blautopf ausloten wollte. Als er aber das Lot wieder heraufzog, war das Blei weg, stattdessen hatte Aleida, die Kammerzofe der schönen Lau, eine kindskopfgroße Zwiebel daran gebunden. Da wurde der arme Doktor irr und er stotterte von nun an nur noch:

„s'leit a Klötzle Blei glei bei Blaubeura —
Glei bei Blaubeura leit a Klötzle Blei.“

Kein Mensch weiß, wer wirklich den Zungenbrecher erfunden hat. Niemand weiß auch genau, warum der Felsen so heißt. Auch sein zweiter Name „Metzgerfelsen“ ist unmotiviert. Man erzählt sich, ein Metzgergeselle habe sich einmal im Schneesturm verirrt und sei vom Felsen abgestürzt.

Zwei andere Sehenswürdigkeiten sind es aber, die Blaubeuren zu einem der meist besuchtesten Ausflugsorte auf der Alb machen. Da ist einmal das **Kloster**, das zwölf Mönche vom Benediktinerorden 1085 begründeten. Die Klosteranlage, wie sie sich Ihnen heute präsentiert, entspricht ihrem Zustand im 15. Jahrhundert. — Ein besonderes Kunstwerk ist der spätgotische **Hochaltar** in der von Peter von Koblenz 1466 neugebauten Klosterkirche. Kunstvoll sind auch die Schnitzereien der Ulmer Schule (Meister Gregor Erhart) und eindrucksvollen Gemälde der Leidensgeschichte Jesu. Das sehenswerte **Chorgestühl** stammt von Jörg Syrlin. Sie sollten auch den **Kapitelsaal**, den **Kreuzgang**, die **Margareten-** und die **Brunnenkapelle** besichtigen. Das ehemalige **Badhaus** der Benediktinermönche beherbergt heute das überaus interessante **Heimatmuseum.** Das zweite Museum der Stadt ist im **Spitalgebäude** (1420), nahe beim Kloster untergebracht. Es zeigt wichtige vor- und frühgeschichtliche Funde aus Blaubeuren und Umgebung.

Geradezu weltberühmt ist der **Blautopf.** In der warmen Jahreszeit besuchen Zehntausende den tiefblauen Quelltopf, der noch bis 1829 für grundlos gehalten wurde. Messungen neuerer Zeit haben aber nachgewiesen, daß das Wasser der Blau aus einer Tiefe von 22 m ans Tageslicht gestoßen wird. Die Wassertemperatur schwankt an der Oberfläche im Winter und Sommer zwischen 9,4 und 11,1 Grad Celsius. Die Tiefentemperatur liegt konstant bei 9,4 Grad Celsius das ganze Jahr über. Der fast kreisrunde Quelltopf hat einen Durchmesser von ca. 34 Metern. Sein Umfang beträgt 117 Meter. Sein Wasserinhalt wird mit ca. 6000 cbm angegeben. Im Längsschnitt hat der Blautopf die Form eines Trichters, dessen kegelförmige Wand oberflächlich aus Schutt besteht; das Ansatzrohr ist einem ca. 15 m senkrechten Felsschacht gleichzusetzen.

Das Wasser des Blautopfs ist glasklar. Sie können bei trockenem Wetter bis zu 18,5 m tief schauen. Das reine Blau des Wassers hat Wissenschaftlern schon manches Rätsel aufgegeben. Wodurch ist die blaue Farbe zu erklären? Um es

---

Der Blautopf in Blaubeuren. In dem Fachwerkgebäude befindet sich eine Hammerschmiede.
(Foto: Gunsilius, Blaubeuren)

gleich vorwegzunehmen: Bis heute ist diese Frage noch nicht befriedigend beantwortet. Seit 1776 liegen uns alle möglichen Hypothesen vor, die, das Wort sagt es schon, den schlüssigen Beweis bis heute nicht erbringen konnten. Vorerst können wir lediglich feststellen:
1. Sein Wasser ist verhältnismäßig rein, und reines Wasser scheint blau.
2. Das Wasser enthält Kalk in kollvidaler Form gelöst. Dies verstärkt die blaue Farbe.
3. Zum klaren Wasser kommt die große Tiefe, die ebenfalls das Blau des Wassers hervorruft.

Wenn Sie den Blautopf besuchen, dann können Sie gegen eine kleine Eintrittsgebühr auch die historische, noch arbeitende Hammerschmiede direkt am Quelltopf besichtigen, oder einen Film des Pforzheimer Höhlenforschers Jochen Hasenmayer sehen, der sich um die Erforschung des Blautopfs verdient gemacht hat. Eduard Mörike ist durch den Anblick der wundervollen Blauquelle zu seinem entzückenden Märchen von der „Schönen Lau" inspiriert worden. Der Zauber dieser Stimmung liegt auch heute noch über diesem geheimnisvollen Winkel des Tales.

Auskunft: 7902, Stadtverwaltung, Fremdenverkehrsamt, Rathaus, Tel. (07344) 351.

Verkehrsverbindungen: Bahnstation an der Strecke Ulm — Freiburg. Busverbindungen nach Ulm und Stuttgart. Liegt an der B 28.

Sport und Unterhaltung: Jugendherberge, Naturfreundehaus „Im Ried", Goethe-Institut zur Pflege der deutschen Sprache, Künstlerhaus mit regelmäßigen Theateraufführungen, Freibad, Segelflug, Kegelbahn, Spiel- und Sportplätze, Städtische Bücherei, 2 Kinos, Sauna, Campingplatz.

Ausflüge:

1. Weg auf den **Blaufelsen,** der sich hinter dem Blautopf im Zick-Zack steil hinaufwindet. Oben ein herrlicher Blick auf Blaubeuren und hinaus in das weite Urstromtal der Donau. Wegzeit 40 Minuten.
2. Auf dem **Tugendpfad** zu dem düster auf seinem Felsen thronenden **Rusenschloß.** Von der mächtigen Feste sind freilich nur noch Ruinen übriggeblieben. Unterhalb dieser Burg eine riesige Grotte, die einst steinzeitlichen Urbewohnern der Alb als Behausung diente. Wegzeit 1 Stunde.
3. Über die Hörnlessteige zum **Aussichtspunkt „Schillerstein".** Wegzeit 50 Minuten.
4. Ein kleiner Spaziergang auf den **Rucken,** einem felsigen Hügel inmitten des Talkessels, wo sich ein Kriegerdenkmal (Kreuz) befindet. Von dort ein schöner Blick über Blaubeuren und zum Albtrauf. Wegzeit 30 Minuten.

5. Durch die Karlstraße, Marktstraße, obere Steige, vorbei an „Hessenhöfe" nach **Bühlenhausen** und **Nellingen.** Wegzeit 4 Stunden.

6. Am Blautopf vorbei zur Sonderbucher Steige und weiter nach Asch-Lautern — **Hohenstein** — Weidacher Hütte. Wegzeit 3 Stunden.

7. Nach Ziegelhütte, Sonderbuch — **Nädelesfelsen** — Wippingen — Herrlingen. Wegzeit 3 Stunden.

8. Zum **Hörnle** und Schillerstein, vorbei an der **Gleißenburg** und weiter nach **Schelklingen.** Der Weg beginnt an der Bahnhofsbrücke und führt über die Hörnlesteige. Wegzeit 4 Stunden.

9. Eine sehr eindrucksvolle Halbtagestour führt Sie auf der Straße nach Weiler (bis 500 m vor dem Ort, dann rechts abzweigen) und über Tiefental, Erbsental nach **Justingen** und **Bärental.** Weiter bis **Hütten.** Wegzeit 5 Stunden.

10. Von der Karl- und Marktstraße über die „Hessenhöfe" nach Bühlenhausen, Berghülen, Machtolsheim und Hochbuch bis nach **Laichingen.** Wegzeit 3 Stunden.

11. Sehr empfehlenswert: Auf der Straße nach Weiler, 300 m nach dem Bahnhof Abzweigung rechts. Durch das **Felsenlabyrinth** und unter der „Küssenden Sau" hindurch zu der verfallenen Günzelburg und weiter nach **Seißen.** Von dort wandern Sie nach Steigelshau, Suppingen bis **Laichingen.** Wegzeit $3^1/_2$ Stunden.

BOLL

Kreis Göppingen, 430 m

Bad Boll liegt am Fuß des 794 m hohen Bossler, unmittelbar unterhalb des Albtraufs. Der Ort ist berühmt geworden durch seine **Schwefel-Heilquellen,** die seit 1477 bekannt sind. In den vergangenen Jahrhunderten hatte sich Boll einen legendären Ruf als „Wunderbad" erworben. 1852 übernahm Pfarrer Joh. Christoph Blumhardt die Badeanlage und richtete hier ein religiöses Erweckungs- und Heilungszentrum ein. In den Besitz der Herrnhuter Brüdergemeine ist es 1920 übergegangen. Die Anlage liegt ca. 2 km abseits und ist durch eine schattige Allee mit dem Ort verbunden. Neben dem Kurhaus etablierte sich 1945 die **Evangelische Akademie,** die durch ihre Vorträge, Exkursionen und Seminare als Tagungsstätte in ganz Deutschland bekannt geworden ist.

Als Kur- und Badeort hat Boll alljährlich großen Zulauf. Die waldreiche Umgebung ist durch viele schöne Spazier- und Wanderwege erschlossen. Glanzstück ist der 4 km lange **„Höhenweg".** Neben dem **Kurhaus,** dessen Fundamente aus dem Jahr 1595 stammen, ist die **Cyriakuskirche**, eine Pfeilerbasilika aus dem Jahr 1200, sehenswert.

Auskunft: 7325, Verkehrsamt, Tel.(07164) 457.

Verkehrsverbindungen: Endstation einer Nebenbahn nach Göppingen. Busverbindungen nach Göppingen, Kirchheim/Teck und Weilheim.

Kurmittel: Bade- und Trinkkuren, Thermal-Bewegungsbad, dazu Kneippkuren, Massagen, Elektrotherapie. Heilerfolge u. a. bei Rheuma, Kreislaufstörungen, Hautkrankheiten, Arteriosklerose.

Sport und Unterhaltung: Konzerte, Sportplätze, Freibad, Tennisanlagen, Kegelbahnen, Minigolf, Vortragsveranstaltungen und Exkursionen der Evangelischen Akademie.

Ausflüge:

1. Über Bad Boll zum Kaltenwanghof und von dort hinauf zum **Boßler** (724 m) mit herrlicher Rundsicht. Wegzeit 1½ Stunden.
2. Zur **Bertaburg** und weiter zum **Kornberg.** Wegzeit 45 Minuten.
3. Lohnend ist auch eine Wanderung über Dürnau und Gammelshausen auf das **Fuchseck** (762 m). Wegzeit 1½ Stunden.
4. Kornberg und Fuchseck können Sie miteinander verbinden, wenn Sie sich zu einer Tageswanderung aufmachen, die Sie vom Fuchseck weiter nach Wasserberg und Burren führt. Nächste Raststation ist die Burgruine Spitzenberg. **Kuchen** ist der Endpunkt dieser ca. siebenstündigen Tour.

BURLADINGEN

Zollernalbkreis, 730-930 m

Bereits 772 erwähnt. Die Burg der Herren von Burladingen stand vermutlich unmittelbar neben der Kirche. Unten am Ufer der Fehla ließ Graf Friedrich von Zollern (Bischof von Augsburg) 1492 ein Jagdschlößchen erbauen, das bei einem Brand 1925 leider völlig zerstört wurde. Das Gewann „Hohe Wacht" hat seinen Namen von einer Höhenburg, die Ende des 12. Jahrhunderts noch über dem Tal gestanden haben muß. Reste des Bergfrieds sind noch zu sehen. Ebenfalls im Dunkel der Geschichte liegen Entstehen und Zerfall der Doppelburg Falken, hoch über dem Annatal. Rechnet man noch das Römerkastell westlich von Burladingen (auf der Wasserscheide zwischen Fehla und Starzel) dazu, dann ist es offenkundig, daß einst viel Leben war im stillen Tal der Fehla.

Die industrielle Aufwärtsentwicklung der Textilfabrikation auf der Zollernalb hat sich auch in Burladingen niedergeschlagen. Im Ort haben sich mehrere bedeutende Strickereien und Webereien angesiedelt. Dennoch konnte sich Burladingen parallel zu seiner industriellen Entwicklung auch als Ausflugs- und Ferienort entfalten. Das verdankt Burladingen vorwiegend seiner zentralen Alb-Lage und der waldreichen Umgebung.

Auskunft: 7453, Bürgermeisteramt, Tel. (07475) 251.

Verkehrsverbindungen: Liegt an der Bahnstrecke Hechingen—Sigmaringen. Durch den Ort führt die B 32 und die Schwäbische Albstraße. Busse fahren nach Tailfingen, Ebingen, Hechingen und zu vielen Orten auf der Alb.

Sport und Unterhaltung: Kino, Fußballplätze, Tennis, Schießstand, Minigolf, Skipiste.

Ausflüge:

1. Zur Höhenburg **„Hohe Wacht"** (894 m). Die Ruine liegt nördlich von Burladingen. Wegzeit 15 Minuten.
2. Zunächst nördlich zum Aloisschlößle und weiter nach **Ringingen.** Eventuell Aufstieg zum Nähberg (878 m). Wegzeit 1½ Stunden.
3. Eine Gipfelwanderung: Nördlich von Ringingen erheben sich die Aussichtsgipfel **Böhlberg** (865 m), **Köbele** (901 m) und **Kornbühl** (886 m). Wegzeit 3 Stunden.
4. Sie verlassen Burladingen in südöstlicher Richtung und wandern — wie immer auf beschilderten Wegen — zu den Ruinen **Vorder- und Hinter-Lichtenstein.** Wegzeit 1½ Stunden.

DEGENFELD

Stadtteil von Schwäbisch Gmünd
Ostalbkreis, 533-781 m

Ein ruhiges Feriendorf, eingebettet zwischen Hornberg, Kaltes Feld und Bernhardus, gehörte ursprünglich zum altrechbergischen Gebiet. Die Herren von Degenfeld erscheinen Mitte des 14. Jahrhunderts als rechbergische Ministerialen. Im Ort ist neben den alten Bauernhäusern nur die **romanische Dorfkirche** sehenswert. Um so beeindruckender ist die nahe Umgebung: Auf dem Hornberg ist ein großes **Segelfluggelände** mit Segelfliegerschule. Wenn Sie sich in Degenfeld für Ihren Urlaub einquartieren (50 Gästebetten und Privat-Fremdenzimmer), dann können Sie an einem Segelfluglehrgang teilnehmen. Auch Rundflüge über die Alb werden Ihnen angeboten.

Eine besondere Attraktion während der Wintermonate ist die große **Sprungschanze,** auf der die schwäbischen Skimeisterschaften ausgetragen werden. Auf den Hängen rund um den Ort wird überall Ski gelaufen. Bekannt ist die Piste am Kalten Feld, die über einen Sessellift von 900 m Länge und 200 m Höhenunterschied verfügt. Der Sessellift ist samstags und sonntags auch außerhalb der Skisaison in Betrieb. Außerdem gibt es noch einen weiteren Skilift von 420 m Länge und 120 m Höhenunterschied.

Auskunft: 7321, Bürgermeisteramt, Tel. (07332) 343.
Verkehrsverbindungen: Busse fahren nach Schwäbisch Gmünd und Geislingen/St.
Sport: Fußballplatz, Skisport, Segelflug.

Ausflüge:

1. Herrliche Wandermöglichkeiten auf dem **Kalten Feld,** das als „Oase der Ruhe“ bezeichnet wird. Rundwege unterschiedlicher Länge.
2. Wanderparkplätze mit bezeichneten Rundwegen finden Sie am **Furtlepaß** und auf dem **Hornberg.**

DEGGINGEN

Kreis Göppingen, 490 m

Sommerfrische im oberen Filstal, das auch „Geißentäle“ genannt wird. Deggingen ist an der Schwäbischen Albstraße, südwestlich von Geislingen/St., gelegen.

Einmal in der Geschichte schaute die Welt nach Deggingen. Damals nämlich, als seine Bewohner im 18. und 19. Jahrhundert einen schwunghaften Handel mit zweifelhaften Schröpfköpfen, Spindeln und „Aderlaßeiselein“ trieben. Diese „Erzeugnisse“ wurden in alle Herren Länder verschickt und fanden reißenden Absatz.

Eine Sehenswürdigkeit ist die Barockpfarr- und Wallfahrtskirche **Ave Maria,** die mit Fresken von Joseph Wannenmacher ausgemalt ist. Wertvoll auch die Altarbilder und die holzgeschnitzte Mariafigur (1500). Sie wurde 1716—1718 erbaut und steht auf der sog. Südalb. Dort liegt übrigens auch der Weiler Berneck, dessen ehemals helfensteinische Burg den gleichen Namen trägt. Vor ca. 100 Jahren hat man in dem ehemaligen Burghof eine kath. Kapelle gebaut.

Versäumen Sie auch nicht die um 1700 erbaute **Kirche zum Heiligen Kreuz** mit kunstvollem Hochaltar zu besichtigen. Der frühgotische Turm stammt von einer älteren Kirche.

Blick von der Ruine Hohenurach nach Norden. Im Mittelgrund Dettingen (Erms). Im Hintergrund der Schönbuch und die „Fildern“ bei Stuttgart.
(Foto: Gerhard Jost, Pforzheim)

Auskunft: 7345, Bürgermeisteramt, Tel. (07334) 310.

Verkehrsverbindungen: Bahnstation an der Strecke Geislingen—Wiesensteig. Busverbindungen nach Geislingen, Göppingen und Wiesensteig.

Ausflüge:

1. Zur **Südalb.** Mit Besuch der Wallfahrtskirche **Ave Maria** und der Ruine Berneck. Wegzeit 35 Minuten.

2. Zur **Ruine Hiltenburg** über Bad Ditzenbach. Wegzeit 45 Minuten.

3. Von der Südalb zum Weiler **Berneck** und von dort weiter auf den **Duchstetten** (786 m). Wegzeit 1 Stunde.

4. Ebenfalls hinauf zur Südalb. An der Wallfahrtskirche Ave Maria führt der Weg vorbei zur berühmten Mineralquelle **Bad Überkingen.** Wegzeit 1¾ Stunden.

DETTINGEN (Erms)

Kreis Reutlingen, 400 m

Orte mit den Namen „Dettingen" gibt es ein halbes Dutzend in schwäbischen Landen. Einer davon liegt im breiten Tal der Erms zwischen Metzingen und Urach. Der Ort nähert sich in den Einwohnerzahlen einer Kleinstadt und so ist auch sein Charakter. Es ist viel Leben „im Flecken", nicht zuletzt durch die B 28, die sich durch Dettingen hindurchschlängelt. Die Bewohner arbeiten meist in einem der Industriewerke des Ermstales, selten noch in der häuslichen Landwirtschaft. Einzige Sehenswürdigkeit ist die 1864 umgebaute **Pfarrkirche,** deren Chor noch aus dem Jahr 1494 stammt. Was Dettingen so beliebt macht als Ferienort, ist seine bevorzugte Lage. Rechts und links des Tales türmen sich die Felsbastionen. Luftige Aussichtskanzeln, dunkle Schründe und einsame, sonnige Spazierwege hoch über dem Ermstal kennzeichnen die Umgebung Dettingens.

Auskunft: 7417, Bürgermeisteramt, Tel. (07123) 70 40.

Verkehrsverbindungen: Liegt an der Bahnlinie Metzingen—Urach und an der B 28. Von Urach 6 km entfernt. Busverbindungen nach Urach, Metzingen, Reutlingen, Tübingen, Stuttgart, Ulm.

Sport: Freibad, Sportplätze, Skipisten.

Ausflüge:

1. Zum **Naturfreundehaus,** südlich von Dettingen in Halbhöhenlage. Wegzeit 30 Minuten.

2. Aufstieg zum **Sonnenfels** (777 m). Sie wandern oberhalb des Naturfreundehauses auf Zick-Zack-Wegen oder weiter nördlich auf breitem Fahrweg hinauf zu den **Höllenlöchern,** einem finsteren Felsspalt. Zu seiner tiefsten Stelle führen Eisenleitern hinunter. Von hier

aus entweder innerhalb der Spalte oder außen entlang weiter bergan zum **Sonnenfels,** von dem Sie eine prächtige Sicht auf Dettingen und hinaus ins Albvorland bis nach Stuttgart haben. Wegzeit 1½ Stunden.

3. In Fortsetzung zu der oben geschilderten Tour können Sie weiter wandern zum **Grünen Fels** (803 m) und zur **Hohen Warte** (820 m) mit Aussichtsturm. Von hier aus sehen Sie schon die Wirtschaftsgebäude des **Gestüts St. Johann.** Rückweg über Urach, von dort mit Bahn oder Bus nach Dettingen. Wegzeit ca. 6 Stunden.

DETTINGEN (unter Teck)

Kreis Esslingen, 350 m

Reihengräber beweisen, daß hier schon im 6./7. Jahrhundert Menschen gewohnt haben. 1381 wurde der Ort von den Herzögen von Teck an Württemberg verkauft. Auf Dettinger Gemarkung standen ehemals nicht weniger als vier Burgen. Nach einer hieß der Ort lange Zeit „Dettingen am Schloßberg". Die **Burg Schloßberg** stand westlich von Dettingen. Während des Bauernkrieges wurde sie 1525 geschleift und nicht wieder aufgebaut. Von der **Burg Bol** (südwestlich Dettingen), die 1275 in einer Urkunde erwähnt wurde, weiß man seit dem 14. Jahrhundert nichts mehr. Die Trümmerberge sind überwuchert. Teile eines Gewölbes sind noch sichtbar. Ebenfalls nur spärliche Reste finden Sie von der **Burg Tiefenbach** (südwestlich Dettingen). Ca. 1450 verfiel die **Burg Mannsberg.** Gräben und eingestürzte Mauerreste sind die letzten Zeugen dieser Burg, zu der auch ein kleines Dorf gleichen Namens gehörte. Es wurde im Dreißigjährigen Krieg niedergebrannt und von den überlebenden Bewohnern verlassen.

Das mittelalterliche Ortsbild Dettingens wurde durch Bombenangriffe im Zweiten Weltkrieg zerstört. Besonders schade ist es um die spätgotische St. Georgskirche (1269) und das „Schlößle".

Auskunft: 7311, Bürgermeisteramt, Tel. (07021) 5 50 31.

Verkehrsverbindungen: Liegt an der Nebenbahn Wendlingen—Oberlenningen und an der B 465. Busverbindungen nach Kirchheim/Teck, Plochingen, Esslingen, Göppingen.

Sport: Sportplätze, Minigolf.

Ausflüge:

1. Zum **Hörnle** (602 m), einer Bergnase, die der Teck unmittelbar vorgelagert ist. Wegzeit 45 Minuten.

2. Über das Hörnle weiter zur **Teck** (775 m) und zur Sibyllenhöhle. Wegzeit 1½ Stunden.

3. Hörnle, **Teck.** Weiter zum Sattelbogen. Von dort zur restaurierten, romantisch gelegenen **Ruine Rauber.** Zurück über Gut Diepoldsburg und hinüber zum **Engelhof.** Den Rückweg nehmen Sie über die **Wielandsteine** hinunter nach Oberlenningen. Wegzeit 5 Stunden.

4. Wenn Sie den aussichtsreichen **Breitenstein** (811 m) erklimmen wollen, nehmen Sie den Weg am besten über Bissingen und die Ruine Hahnenkamm. Wegzeit 1½ Stunden.

DONZDORF

Kreis Göppingen, 406 m

Liegt in dem reizvollen Lautertal, am Nordostabfall der Alb. Donzdorf ist alljährlich die Fasnet-Hochburg des Kreises Göppingen. Berühmt geworden ist der große Fasnetumzug am Fastnachtssonntag, zu dem Donzdorf immer Tausende von Besuchern erwartet.

Architektonisch interessant ist die **St. Martins-Kirche** aus dem 15. Jahrhundert. 1777 wurde sie umgebaut. Im Zuge dieser Umbauten wurde in der Kirche ein Rokoko-Gestühl eingebaut. Hier ist auch seit 1348 die Grablege der Rechberger mit bedeutenden Grabreliefs. Die Rechberger hatten im 15. Jahrhundert in Donzdorf eine Burg besessen. Einziger Rest ist der mit dem **Neuen Schloß** verbundene Trakt. Das Schloß wurde 1568 im Renaissance-Stil erbaut. Besuchen Sie den Schloßgarten und die kunstgeschichtliche Sammlung im Innern des Gebäudes.

Auskunft: 7322, Bürgermeisteramt, Tel. (07162) 88 85.

Verkehrsverbindungen: Bahnstation an der Strecke Göppingen—Süßen—Weißenstein. Die B 466 führt durch den Ort. Omnibuslinien nach Schwäbisch Gmünd, Göppingen und Geislingen.

Sport und Unterhaltung: Fußballplätze, Reitstall, Segelflug, Skisport, Sprungschanze, Freibad, Kegelbahn, Fastnachtstreiben (mit großem Umzug).

Ausflüge:

1. Sie verlassen Donzdorf durch die Schloßstraße in südlicher Richtung. Am Friedhof rechts hoch. Nach 45 Minuten gelangen Sie zu einem Hofgut, das unterhalb des Scharfenschlosses liegt. Der Weiterweg, auf dem Sie herrliche Ausblicke ins Filstal haben, führt Sie zur **Kuchalb** (Einkehrmöglichkeit). Dem Albtrauf entlang bis zum Gut Oberweckerstell und über den Rötelstein zum Segelfluggelände bei der Messelsteige. Dem Messelberg entlang zum **Messelstein** (749 m) mit seinem imponierenden Gipfelkreuz. Hier machen Sie Rast und genießen die einzigartige Aussicht. Der Abstieg auf dem „Franz-Müller-Weg" nimmt 45 Minuten, insgesamt können Sie mit einer Wegzeit von 3½ Stunden rechnen.

2. Zur **Ruine Scharfenschloß.** Wie oben beschrieben bis zum **Scharfenhof.** Kurz danach links der Aufstieg zur Ruine, die Sie ihrer weitläufigen Anlage wegen überraschen wird. 1156—1194 war die Burg Sitz der Herren von Scharfenberg. Die eindrucksvolle Burganlage wurde dann den Rechbergern übereignet. Im 15. und 16. Jahrhundert wurde sie umgebaut und diente den Rechbergern bis 1568 als Residenz. Seit 1840 ist die Burg unbewohnt und zerfiel schnell. Wegzeit 1½ Stunden.

3. Nach **Süßen** und von dort hinauf zur **Ruine Staufeneck.** Wegzeit 1½ Stunden.

4. Nach Reichenbach und Rechberg. Von dort Aufstieg zum **Hohenrechberg** und weiter zur auf dem Gipfel stehenden **Wallfahrtskirche „Zur schönen Maria“.** Auf der anderen Seite des Berges wieder hinunter ins Dorf Rechberg. Wegzeit 3 Stunden.

EBINGEN

Albstadt, Zollernalbkreis, 730 m

Die Stadt liegt auf der Albhochfläche an einem seit Urzeiten benutzten Übergang. Auf städtischer Gemarkung wurden Spuren aus der Bronzezeit festgestellt. Im seltsamen „Degerfeld“ finden sich zahlreiche Grabhügel der Bronze- und Hallstattzeit. Gräber der Latènezeit hat man sogar ganz in der Nähe des Marktplatzes freigelegt. In der Römerzeit führte die von römischen Legionen angelegte Verbindungsstraße vom Neckar zur Donau westlich an Ebingen vorbei. Hier hatten die Römer genau an der europäischen Wasserscheide Rhein/Donau ein 248 x 273 m großes Kastell angelegt. Die Ostecke des Kastells lag am Westrand des Gasthauses „Petersburg“. Im Ebinger Stadtgebiet gab es auch zwei römische Gutshöfe, die man vor einigen Jahren ausgegraben hat. Ein Dorf an dieser Stelle ist urkundlich erstmals 793 erwähnt. Man weiß von den „Ebingern von der Burg“. Diesen Herren aus dem Niederen Adel sind das Wasserschloß **Nellenburg** und die **Hohenburg** zuzuschreiben.

Ebingen wird als Stadt seit 1285 bezeugt. Der hufeisenförmige Grundriß geht vermutlich auf eine großangelegte Stadterweiterung im Mittelalter zurück. Ebingen besaß die Hoch- und Blutgerichtsbarkeit. Die Henkerstätte mit dem Galgen stand noch bis 1829 auf einer Anhöhe, 30 Minuten östlich der Stadt.

Zu den ältesten Kirchen in Baden-Württemberg gehört die **St. Martinuskirche,** die über alemannischen Gräbern erbaut wurde. Beachten Sie bitte das Nordportal, in das der

Heilige Martin miteinbezogen ist, außerdem die reich mit Schnitzwerk verzierte Kanzel und das Grabmal Heinrichs von Ringelstain (1413).

Interessant noch die **Frauenkapelle,** die als zweite Kirche 1380 für die größer werdende Stadtgemeinde errichtet wurde. Mit der beginnenden Industrialisierung siedelten sich viele Katholiken in der evangelischen Stadt an, so daß für sie auch ein Gotteshaus erbaut werden mußte: Die **St. Josefskirche.**

Auf dem Marktplatz steht ein schöner **Renaissancebrunnen** mit dem Standbild von Herzog Ludwig. Er wurde Mitte des 16. Jahrhunderts aufgestellt. Zu einem Blickfang in dem mittelalterlichen Bild des Stadtkerns wird das **Rathaus.** Anheimelnd wirken die vielen fein herausgeputzten **Fachwerkhäuser.** Von der mittelalterlichen Stadtbefestigung ist der **Bürgerturm** am Scheinweiher das beeindruckendste Überbleibsel.

Die Ebinger waren immer schon fleißige Handwerker und stolz auf ihr Können. So bildeten sich um 1600 Zünfte, die das Gewerbe organisierten und gemeinsam Absatzmärkte im deutschen Reich und im Ausland erschlossen. Am wichtigsten waren die Zeugmachereien, Borten- und Strumpfwirkereien. 1859 gab es schon drei größere Fabriken. Samtfabrikation, Strumpf- und Trikotwirkerei sind noch heute die wichtigsten Einkommensquellen für die Ebinger. Dazu kommt ein Teilzweig der Metall-Präzisionsindustrie.

Ebingen hat es trotz der Industrieansiedlung, die an den äußeren Stadtrand verlegt ist, verstanden, sich als schmucker Fremdenverkehrsort zu empfehlen. Selbst im Winter hat Ebingen Saison. Abfahrtshänge und Schlepplifte schaffen gute Voraussetzungen für den Skisportler.

Auskunft: 747, Bürgermeisteramt, Tel. (07431) 43 41.

Verkehrsverbindungen: Liegt an der Bahnstrecke Tübingen—Sigmaringen. Außerdem Nebenbahn nach Onstmettingen. Fahrstraße nach Balingen und Sigmaringen. Busverbindungen zu vielen Orten in der Umgebung; auch nach Tübingen und Stuttgart.

Sport und Unterhaltung: Alb-Aquarium mit Mittelmeerfauna im Hallenbad, Reitstall, Tennisanlage, Freibad, Stadion, Skipisten.

Ausflüge:

1. Bei klarem Wetter haben Sie vom Aussichtspunkt auf dem **Schloßfels** (953 m) eine prächtige Fernsicht zu den Gipfeln der Schweizer Alpen. Wegzeit 20 Minuten.

2. Zum ehemaligen Römerkastell beim Gasthaus „Petersburg“ und weiter nach **Lautlingen.** Hier machen Sie einen kleinen Abstecher zur Ruine Altentierberg. Den Rückweg nehmen Sie über den **Ochsenberg.** Wegzeit 2½ Stunden.

3. Südöstlich nach **Winterlingen** und in einer Rundwanderung zurück über die **Ruine Straßberg** und die **Schalksburg.** Letzte Station vor Ebingen ist die Eselsmühle bei Neuhaus. Wegzeit 3½ Stunden.

4. Von Lautlingen können Sie auf den mit 954 m höchsten Berg der Umgebung, den **Heersberg,** klettern. Weiter nach Burgfelden und zur zweiten Tages-Gipfeleroberung, dem 921 m hohen **Böllat.** Herrliche Rundsichten lassen Sie die Strapazen vergessen. Vielleicht machen Sie noch einen Abstecher zur nahegelegenen **Schalksburg?** Wegzeit 3 Stunden.

ENINGEN (unter Achalm)

Kreis Reutlingen, 460 m

Der Ort wird 1090 in einer Urkunde genannt. Aus dem Jahr 1528 stammt die spätgotische **Pfarrkirche.** Die Einwohner handelten schon seit Jahrhunderten mit den begehrten Reutlinger Spitzen. Heute fahren die meisten der Berufstätigen in die nahe Kreisstadt Reutlingen zur Arbeit.

Eningen liegt am Fuß eines weithin sichtbaren Bergkegels, der dem Höhenzug der Schwäbischen Alb vorgelagert ist. Dieser Berg trägt die Reste der einst mächtigen Festung Achalm. Die Umgebung ist durchaus reizvoll und lädt zu ausgedehnten Spaziergängen ein. Die günstige Lage Eningens bietet dem Urlauber auch die Möglichkeit, durch größere Ausflüge nach Tübingen oder Stuttgart, zwei der sehenswertesten Städte Baden-Württembergs, kennenzulernen.

Auskunft: 7412, Bürgermeisteramt, Tel. (07121) 3 42 41.

Verkehrsverbindungen: Fahrstraße nach Reutlingen (5 km). Dorthin fahren auch Straßenbahn und Bus.

Sport: Fußballplatz, Freibad, Kegelbahn.

Ausflüge:

1. Zur **Achalm** (710 m). Schöne Sicht auf Reutlingen und das Albvorland. Aussichtsturm, parkähnliche Umgebung mit gepflegten Wegen. Wegzeit 35 Minuten.

2. Zum **Gestüt St. Johann** und weiter zum Aussichtsturm **Hohe Warte** (820 m). Wegzeit 2 Stunden.

3. Rundwege vom **Parkplatz „Lindenallee“** und vom **Wanderparkplatz** am Ende des Albtraufaufstiegs an der Straße Eningen—St. Johann.

4. Vom Gasthaus „Albaufstieg“ zum **Gutenberg** und über das Hännersteigle zur **Aussichtsplatte „Grasberg“.** Dem Wolfsfelsen folgt der **Grüne Fels,** Roßfels, Olgafels und **Sonnenfels,** oberhalb von Det-

tingen. Durch die faszinierenden **Höllenlöcher** wandern Sie zum **Gütersteiner Wasserfall.** Der noch eindrucksvollere **Uracher Wasserfall** schließt sich an. Der Rückweg ist nicht weniger reizvoll als der Hinweg. Über den **Rutschenfelsen** und Fohlenhof erreichen Sie das **Gestüt St. Johann.** Von dort zurück zum Ausgangspunkt. Wegzeit 6 Stunden (Tageswanderung).

ERPFINGEN

Ortsteil von Sonnenbühl, Kreis Reutlingen,
730 m

Eines der meistbesuchten Ausflugsziele auf der Alb befindet sich auf Erpfinger Gemarkung: Die **Bärenhöhle.** Die erste Hälfte, die sog. **Karlshöhle** wurde schon 1834 entdeckt.

Damals war ein Lehrer ganz in der Nähe des heutigen Eingangs auf der Suche nach seltenen Kräutern. Da plötzlich fiel ihm seine Büchse zu Boden und war verschwunden. Er schob Laub und Zweige zur Seite und fand einen Spalt. Aus dem Dunkel einer gähnenden Tiefe schlug ihm kalte Moderluft entgegen. Mit einer Handvoll beherzter Männer, die er in Erpfingen zusammengetrommelt hatte, stieg er in die Höhle ein. Von der letzten Sprosse der Leiter sprang er ab — auf einen Berg von Menschenknochen. Das helle Entsetzen packte ihn. Wie sich später herausstellte, hatten die Bewohner der umliegenden Gemeinden die Pest-Toten durch diesen Spalt in die Tiefe fallen lassen, um die Gefahr neuer Ansteckung zu bannen. 17 m hoch ist die Halle, in welche der Schulmeister eingestiegen ist.

Die **Karlshöhle** ist 170 m lang und blieb es bis 1949. In diesem Jahr entdeckte ein Höhlenforscher eine Fortsetzung. Und zwar fiel ihm bei Vermessungen auf, daß aus dem hintersten Winkel der Höhle Fledermäuse hinaus- und wieder hineinflogen. Schon bald entdeckte er einen schmalen Felsspalt, durch den er sich mühsam hindurchzwängte und sich in einer grandiosen Tropfsteinhöhle wiederfand. Hier beginnt nun der Teil, den man **Bärenhöhle** nennt. Sie ist 140 m lang. Ihren Namen erhielt sie, weil man in der Höhle uralte Bärenknochen gefunden hat. Sie liegen heute noch so wie vor vielen Zehntausenden von Jahren. Noch bedeutender sind die Funde von Steinwerkzeugen aus der Altsteinzeit, die in der Karlshöhle gemacht wurden. Von den Bären nimmt man an, daß sie die Höhle als Winterquartier benutzt haben. Einfach märchenhaft ist die Pracht der bizarren Tropfsteingebilde, steinernen Wasserfälle und haushohen Hallen. Alles ist elektrisch beleuchtet. Sie gehen gefahrlos durch die Höhle. Achten Sie darauf, daß sie warm und gegen Nässe geschützt angezogen sind und auch gutes Schuhwerk tragen. Die Höhle ist von April bis November geöffnet. Vor der Höhle finden Sie Rastplätze, Freiluftgaststätten und Kioske.

Erpfingen selbst wird durch die abseits liegende, im Wald versteckte Höhle vom Fremdenverkehr nicht direkt tangiert. Dennoch haben die Gasthäuser an Sonntagen Hochbetrieb. Zur Entfaltung des Fremdenverkehrs hat das nahe Erpfingen neu geschaffene **Feriendorf „Auf der Sonnenmatte“** beigetragen. Es umfaßt 30 moderne Häuser für kinderreiche Familien und kann 270 Personen beherbergen.

Auskunft: 7411, Bürgermeisteramt, Tel. (07128) 696

Für das Feriendorf „Auf der Sonnenmatte“: Malermeister Karl Bez, Erpfingen, (Tel. Undingen 311) oder Schwaben International, 7 Stuttgart 1, Postfach 1365, Tel. (0711) 22 50 18.

Verkehrsverbindungen: Busverbindungen nach Reutlingen und Burladingen. Ab Reutlingen fahren Postbusse 3 mal täglich direkt zur Bärenhöhle.

Dienstags und donnerstags verkehren (April bis November) auch Privatbusse zwischen Reutlingen und der Höhle.

Ausflüge:

1. Zur **Bärenhöhle.** Wegzeit 30 Minuten.
2. Zur Ruine Melchingen, von dort hinauf nach Salmendingen. Jetzt ist es nicht mehr weit zur **Salmendinger Kapelle,** dem Ziel Ihres Ausflugs. Zurück über den Köbele (901 m) und den Bühlberg (865 m). Wegzeit 3 Stunden.
3. Auf den **Roßberg** (869 m). Sie wandern zunächst hinüber ins nahe Genkingen und beginnen dort den Aufstieg auf den Roßberg. Auf seinem Gipfel steht ein Albvereinshaus mit angebautem **Aussichtsturm.** Es lohnt sich hinaufzusteigen und über den Baumgipfeln ein selten schönes Panorama zu erleben. Wegzeit 3 Stunden.

EYBACH

Stadtteil von Geislingen, Kreis Göppingen,
465 m

Etwa in der Mitte des tief eingeschnittenen Tales der Eyb liegt Eybach. Ringsum säumen turmhohe Felsbastionen, der bekannteste ist der **Himmelsfelsen,** die Talflanken. Die Fahrstraße zwängt sich durch den Ort. Der Bus, der mehrmals täglich hier durchfährt, ist so breit wie sie. Die alten Häuser stehen dicht beieinander. Im Rokokoschloß, das im klassizistischen Stil erbaut und im Innern mit wertvollem Mobiliar im Stile Louis XVI. ausgestattet ist, sind die Grafen von Degenfeld zu Hause. Sehenswert auch die gotische, seit 1608 simultane **Pfarrkirche.** Hier ist die Grablege derer von Degenfeld (-Schonburg). Beachten Sie die kunstvollen Epitaphe! — Eine Originalität Eybachs ist der „Hut-Tanz", der jedes Jahr am dritten Sonntag im Oktober von jungen Paaren in Volkstrachten vorgeführt wird. Sie tanzen um einen Stock herum, auf dem ein Hut hängt. Währenddessen wird ein Fähnlein von einem Paar zum anderen weitergereicht. Plötzlich fällt ein Schuß, und das Paar, das gerade das Fähnlein trägt, kommt unter den großen Hut auf der Stange.

Auskunft: 7341, Bürgermeisteramt, Tel. (07331) 44 71
Verkehrsverbindungen: Fahrstraße nach Geislingen und Heidenheim (Schwäbische Albstraße). Busverbindungen nach Geislingen und Böhmenkirch.
Sport: Klettern, Reiten, Fußball.

Ausflüge:

1. Auf den **Himmelsfelsen,** auf dem Sie Reste einer Burg finden. Wegzeit 20 Minuten.

2. Wenn Sie in südwestlicher Richtung wandern, erreichen Sie nach ca. 1 Stunde **Weiler ob Helfenstein.** Dicht dabei liegt die **Ruine Helfenstein,** einst Stammsitz der mächtigen Helfensteiner Herren, die in vielen Landsknechtsliedern besungen werden. Von hier geht es zum **Ödenturm,** dem aussichtsreichen Schlußpunkt dieser Tour. Wegzeit 2 Stunden.

3. Sehr idyllisch ist es, im Eybtal zu wandern. Gehen Sie bis zur **Unteren** und **Oberen Roggenmühle,** dann weiter zur Ruine Ravenstein nach **Treffelhausen.** Hier steht übrigens auch ein sehr schönes **Familien-Feriendorf** mit reizenden, mietbaren Chalets. Wenn Sie nach 2½ Stunden **Weißenstein** erreicht haben, können Sie sich in den Bus setzen oder über Böhmenkirch in weiteren zwei Stunden zurückwandern.

FRIDINGEN

Kreis Tuttlingen, 660 m

Das altertümliche Städtchen wurde um 1300 gegründet. Während des Dreißigjährigen Krieges hatte Fridingen mehrere Plünderungen über sich ergehen lassen müssen. Einmal eilte die Besatzung des Hohentwiel (bei Singen/Hegau) in Nacht und Nebel herbei und überfiel den Ort unversehends.

Er wurde damals restlos niedergebrannt. Seine Bewohner retteten sich über die Donau oder in die umliegenden Wälder. Auch die Franzosen spielten Fridingen in den Jahren 1703 bis 1799 übel mit. Durch die häufigen Zerstörungen hat sich der Ort ständig erneuert und erweitert. Von der mittelalterlichen Stadtbefestigung ist deshalb nichts mehr zu sehen.

In der **Pfarrkirche**, die im 19. Jahrhundert an der Stelle der uralten Martinskirche erbaut wurde, können Sie spätgotische Holzskulpturen bewundern. Die zweite, einst gotische Kapelle vor der Donaubrücke wurde 1730 zu einer Barockkapelle umgebaut und der Heiligen Anna geweiht.

In der näheren Umgebung von Fridingen befinden sich Reste von vier Burgen (Altfridingen, Neuhohenberg, Pfannenstiel und Kreidenstein). In den Wäldern ringsum können Sie stundenlang durch dichte Tannenschonungen und luftiges Buchengehölz gehen, ohne daß Sie eine Menschenseele treffen. Hier finden Ruhesuchende echte Erholung.

Auskunft: 7203, Bürgermeisteramt, Tel. (07463) 380
Verkehrsverbindungen: Bahnstation an der Strecke Ulm—Donaueschingen. Busverbindungen nach Irrendorf, Tuttlingen und Sigmaringen.
Sport und Unterhaltung: Kino, Fußball, Kegelbahn, Freibad.

Ausflüge:

1. Zum **Schloß Bronnen.** Es wurde schon im 13. Jahrhundert erwähnt und ist heute noch erhalten. Von seinem spitzen Felsen schaut es still hinunter in das grüne Donautal. Leider können Sie das Schlößchen nicht besichtigen. Es ist in Privatbesitz übergegangen. Wegzeit $1^1/_2$ Stunden.
2. Zur **Donauversickerung.** In der großen Donauschleife südöstlich der Stadt versickert die Donau in den Boden. In heißen Sommern trocknet das Flußbett hier völlig aus. Durch Farbversuche hat man festgestellt, daß das Wasser im Aachtopf (nahe bei Singen) wieder zum Vorschein kommt. Wegzeit 30 Minuten.

GAMMERTINGEN

Kreis Sigmaringen, 660 m

Ein lebendiger Ort mit Kleinstadtcharakter. Gammertingen ist wirtschaftlicher Mittelpunkt im Tal der Lauchert. Früher war der Ort hohenzollerische Oberamtsstadt. Als Fremdenverkehrsgemeinde hat sich Gammertingen besonders auch in der Wintersaison einen Namen erworben.

Zur Geschichte: Einzigartige Grabbeilagen hat man 1927 und 1954 in zwei fürstlich ausgestatteten Gräbern der Spätbronzezeit gefunden. Ein Schwert m. Scheide, Messer, Spieße Armringe, Brustschmuck, Glasperlen, Nadeln, 85 kleine Ringe und zahlreiche Tongefäße. Innerhalb eines alemannischen Reihengräberfeldes, das 240 Gräber umfaßte, wurde 1902 ein Fürstengrab aus dem 7. Jahrhundert freigelegt. Wurfäxte, Köcher, ein goldener Helm, Schilde und Pferdezaumzeug kamen zum Vorschein. Die Funde sind im Fürstlich-Hohenzollerischen Museum in Sigmaringen und im Landesmuseum auf der Burg Hohenzollern ausgestellt. — Obwohl Gammertingen an einem strategisch wichtigen Albübergang liegt, blieb es verhältnismäßig unbehelligt in den Kriegswirren vergangener Jahrhunderte. Die klassizistische **Kirche** stammt aus den Jahren 1803/04, das **Rathaus** ist im ehemaligen **Neuen Schloß** untergebracht. Es wurde 1776 erbaut. Aus dem Anfang des 18. Jahrhunderts stammt das **Amtshaus**, das am Marktplatz steht.

Auskunft: 7487, Städt. Verkehrsamt, Tel. (07574) 202

Verkehrsverbindungen: Bahnstation zwischen Hechingen und Sigmaringen. Liegt an der B 32. Busse fahren nach Sigmaringen, Riedlingen, zum Bodensee, Reutlingen, Stuttgart.

Sport und Unterhaltung: Minigolf, Skipisten, Freibad, Angeln, Fußball.

Ausflüge:

1. Sie wandern in nordöstlicher Richtung aus Gammertingen hinaus nach Feldhausen und Harthausen. Aufstieg auf den **Bühl** (830 m). Bei klarem Wetter Alpensicht. Wandern Sie auf einem bezeichneten Rundweg durch das **Teufelstor** zum Gipfelkreuz. Sie steigen ab nach **Hettingen** und besichtigen das Alte Schloß im Fehlatal. Von dort Rückkehr nach Gammertingen. Wegzeit 4 Stunden.

2. Über das Dorf Bronnen zum ehemaligen **Kloster Mariaberg.** Es wurde im 13. Jahrhundert als Dominikanerinnenkloster bezeugt. 1802 wurde das Kloster aufgelöst und in den Gebäuden 1847 eine Heil- und Erziehungsanstalt für schwachsinnige Kinder eingerichtet. Wegzeit 1 Stunde. Sie können umkehren oder nach **Mägerkingen** weiterwandern (noch 30 Minuten). Nahe bei diesem hübschen Dorf steht die **Burg Hielock (Ruine).** Entweder steigen Sie noch auf den 811 m hohen **Neuban** oder Sie setzen Ihre Wanderung nach **Trochtelfingen** fort und kehren von dort mit dem Bus zurück. Wegzeit insgesamt 3 Stunden.

3. Im Fehlatal bis **Neufra** und von dort hinauf zu den Ruinen **Vorder-** und **Hinter-Lichtenstein.** Wegzeit 1½ Stunden.

GEISLINGEN (Steige)

Kreis Göppingen, 465 m

Im Schnittpunkt von fünf Tälern liegt die Stadt in einem breiten Talkessel, eingeschlossen von mächtigen Tafelbergen. Am Rand der Stadt haben sich weltbekannte Industriebetriebe angesiedelt. Das hängt mit der großen Wende in der Entwicklung des Ortes zusammen, als die wichtige Eisenbahnstrecke Stuttgart — Ulm — München angelegt wurde und man bei Geislingen den schwierigen Albaufstieg in Angriff nahm. Bekannt wurde diese schwierige Eisenbahn-Übergangsstrecke als „Geislinger Steige". Längeren Güterzügen wird selbst heute noch eine zweite Lokomotive vorgekoppelt, um die Steigung überwinden zu können. Als die Eisenbahnlinie 1850 in Betrieb genommen werden konnte, wurde damit die Industrialisierung entlang der Strecke eingeleitet. Geislingen erwachte schnell aus einem ländlichen Dornröschenschlaf. Industriepioniere wie Straub (Württembergische Metallwarenfabrik) und Staub (Süddeutsche Baumwollindustrie) ließen die ersten größeren Werke erbauen. Mit ihnen vollzog sich um 1850 die „zweite Gründung" Geislingens. Die historische Geburtsstunde des Ortes ist nicht genau zu bestimmen. In der Mitte des 12. Jahrhunderts erscheint in Urkunden der Name „Giselingen", eine Siedlung, die sich an der Stelle des heutigen Geislingen befand. Übrigens steht das Kinderheim „Lindenhof" auf einem alemannischen Dingplatz, was zu dem Schluß berechtigt, daß eine Siedlung schon lange vor der ersten urkundlichen Bezeugung bestanden haben muß.

Geislingen selbst wurde im 12. Jahrhundert als Brückenkopf an der strategisch wichtigen Heer- und Handelsstraße zwischen Rhein und Mittelmeer von den Grafen von Helfenstein angelegt. Gleichzeitig sollte es die Zollstation der Helfensteiner an dieser Stelle sichern helfen. Die Helfensteiner waren inzwischen im 14. Jahrhundert hoffnungslos verschuldet und verkauften daher große Teile ihres Besitzes. Auch Geislingen wurde veräußert und 1396 an die Reichsstadt Ulm abgegeben. Der Ulmer Obervogt residierte zunächst im **Stadtschloß** (ca. 1380 erbaut) und ab 1634 im **Pflegerhaus.** 1803 wurde die Stadt bayerisch und 1810 schließlich württembergisch. In dieser Zeit verlor der Ort schnell an Bedeutung und wurde zu einem belanglosen Landstädtchen. Daran änderte auch die Tatsache nichts, daß Ulm durch finanzielle Unterstützung den Geislingern zu einem **Rathaus** verhalf. Das war 1422. 1833 wurde das Gebäude im Renaissancestil umgebaut.

An die Ulmer Herrschaft erinnert auch die **evangelische Stadtkirche.** Baujahre waren 1424—1428. Als dreischiffige, spätgotische Pfeilerbasilika ähnelt sie in den Maßverhältnissen dem Ulmer Münster. Im Chor der sehr wertvolle **Marienaltar** von Daniel Mauch (1520). Bedeutendster Bestandteil ist das Sockelgemälde, welches das Jüngste Gericht darstellt. Aus dem Jahr 1512 stammt das **Chorgestühl** von Jörg Syrlin dem Jüngeren. Die Kanzel hat Daniel Hennenberger 1621 geschaffen. Die älteste Grabplatte datiert ins Jahr 1471 zurück. Die Kirche wurde 1892 restauriert.

Nach den Glaubenskämpfen Anfang des 16. Jahrhunderts war Geislingen eine rein protestantische Stadt. Der katholische Bevölkerungsteil einschließlich der Insassen im Franziskanerkloster wanderte aus. Die Franziskanerinnen fanden in Wiesensteig eine neue Wirkungsstätte. — Im Dreißigjährigen Krieg hatte Geislingen viel zu leiden. Schuld daran hatte seine Lage an der großen Heerstraße und die zeitweise Ballung der Kriegsereignisse auf der Schwäbischen Alb.

Überreste aus der mittelalterlichen Blütezeit der Stadt sind der **„Alte Zoll"** an der Hauptstraße Nr. 24. Sehr eindrucksvoll das alemannische Fachwerk. Wuchtig ist auch der **„Alte Bau"** aus dem 16. Jahrhundert, der als Bauhof und Fruchtkasten gedient hatte. Beachten Sie die vier übereinander gestaffelten Stockwerke und den mächtigen Giebelaufsatz (Moltkestraße Nr. 11). Er beherbergt heute das sehenswerte **Heimatmuseum.** — Wesentlich älter als der Ort ist die **Burg Helfenstein,** Stammsitz des gleichnamigen Geschlechts. Die Befestigung wurde schon 1103 auf einem Bergvorsprung oberhalb Geislingen errichtet.

Das kulturelle Leben der Stadt hat in vergangenen Jahrhunderten der Dichter und Musiker **Chr. F. D. Schubart,** Praeceptor in Geislingen von 1763 bis 1769, entscheidend beeinflußt. Sein **Wohnhaus** steht in der Schloßgasse (Nr. 3). Die Schule, in der er gelehrt hat, finden Sie am Kirchplatz 3. Bedeutende Söhne der Stadt sind auch **Wolfgang Rychart,** Arzt und Humanist, er lebte von 1486 bis 1544; **Johann Martin**

Bückle war Medailleur (1742—1811); **Johann Leonhard Schneider** wirkte als Hofmaler in Ansbach (1716—1762) und schließlich ist noch Oberbaurat **Michael Knoll** (1805—1852) zu nennen, der die Verantwortung für den schwierigen Bau des Eisenbahnabschnittes „Geislinger Steige“ getragen hat.

Mit schönen Fachwerkbauten, eindrucksvollen historischen Bauten im Stadtkern und den felsgekrönten Albbergen hat Geislingen eine einzigartige Kulisse als Ferien- und Ausflugsort. Geislingen ist zugleich zentraler Ausgangspunkt für Wanderungen auf die Schwäbische Alb. Rings um die Stadt sind Parkplätze angelegt, von denen aus der Autowanderer zu schönen Höhenwanderungen aufbrechen kann.

Auskunft: 7340, Städt. Kultur- und Verkehrsamt, Tel. (07331) 44 41

Verkehrsverbindungen: Station an den Bahnstrecken Stuttgart — Ulm, Stuttgart — Schwäbisch Gmünd. Liegt an der B 10 und an der „Schwäbischen Albstraße“. Busverbindungen nach Wiesensteig, Blaubeuren, Heidenheim, Göppingen.

Sport und Unterhaltung: Hallenbad, Freibad, Kegelbahnen, Kleingolf, Sportplätze, Kinos, Konzerte, Vorträge.

Museum: Heimatmuseum im „Alten Bau“, Moltkestraße 11.

Unterkunft: Neben Hotels, Gasthöfen und Pensionen auch Jugendherberge, Campingplatz und Naturfreundehaus.

Ausflüge:

1. Natürlich sollten Sie einmal zur **Ruine Helfenstein** hinaufsteigen. Von hier aus haben Sie einen großartigen Blick in den Talkessel, in dem sich fünf Täler vereinigen. Wegzeit 30 Minuten.
2. Zum **Ödenturm,** einem alten Wachtturm. Wegzeit 30 Minuten.
3. Ins **Eybtal** bis **Eybach** mit einem Abstecher zur **Ruine Himmelsfels.** Wegzeit 1 Stunde.
4. Hübsch ist auch der Weg ins **Filstal,** bis **Bad Überkingen.** Wegzeit 1½ Stunden.
5. Das **Längental** aufwärts. Sie erreichen **Kuchalb** und **Burg Scharfenberg.** Rückweg über **Donzdorf.** Wegzeit 1½ Stunden.
6. Ebenfalls nach Donzdorf kehren Sie zurück, wenn Sie über Stötten und Oberweckerstell den **Messelstein** (749 m) erreicht haben. Bei gutem Wetter haben Sie eine prächtige Aussicht. Sie steigen hinunter ins **Lautertal** und wandern hinein nach Donzdorf. Wegzeit 4 Stunden.

GERSTETTEN

Kreis Heidenheim, 635 m

Mit Wacholderbüschen und Silberdisteln bewachsene Heideflächen, Buchen- und Tannenwälder, Felder und Wiesen umsäumen diesen Ferienort auf der östlichen Albhochfläche.

Gerstetten ist in merowingischer Zeit entstanden. Reihengräberfunde beweisen es. Sehenswert sind die **Nikolaus-Kapelle** (Untere Kirche) und **St. Michaels-Kirche** (Obere Kirche) im Friedhof. Wie viele Orte auf der Alb hatte auch Gerstetten nach dem überraschenden Ausgang der Schlacht bei Nördlingen (1634) viel zu leiden. Der Ort brannte aus und mußte völlig neu aufgebaut werden.

Auskunft: 7342, Bürgermeisteramt, Tel. (07323) 206
Verkehrsverbindungen: Bahnstation an der Nebenstrecke Amstetten—Gerstetten. Busverbindungen nach Göppingen. Fahrstraße nach Geislingen, Heidenheim und Altheim.
Sport: Lehrschwimmbecken, Kegelbahn, Segelflugplatz.

GIENGEN (an der Brenz)

Kreis Heidenheim, 460 m

Ein idealer Aufenthaltsort für einen erlebnisreichen und doch geruhsamen Urlaub in einem historischen Städtchen mit reizvoller Umgebung. Giengen liegt inmitten eines vorgeschichtlichen Sektors, in dem außerordentlich bedeutende Funde gemacht werden konnten. Sie haben entscheidend dazu

Wacholderheiden gehören zum Landschaftsbild der Schwäbischen Alb. Sie sind eingefaßt von lichten Buchenwäldern. Die Albheide steht unter Naturschutz.

beigetragen, die Lebensweise der Menschen in der Alt- und Mittelsteinzeit zu rekonstruieren. In der **Bärenfelsgrotte** und **Spitalhöhle** haben Forscher verschiedene Kulturschichten vorgefunden. Knapp 2 km nordwestlich von Giengen öffnet sich die **Irpfelhöhle.** In ihr hauste nachweisbar der Neandertaler. Hier versteckte er sich, wenn er dem Mammut, Nashorn oder Höhlenlöwen auflauerte.

Giengen wird zusammen mit der auf dem **Schießberg** angelegten **Burg Giengen** erstmals 1171 genannt. 1147 wurden Giengen und die Burg durch Einheirat staufisch. Kaiser Barbarossa (Friedrich I.) schien mit Vorliebe in dem idyllischen Brenztal residiert zu haben. Jedenfalls sind längere Aufenthalte 1171 und 1187 nachgewiesen. 1189 verweilte er hier noch einmal auf seiner geliebten Stauferburg, bevor er 1189 zu jenem verhängnisvollen Kreuzzug aufbrach, von dem er nicht wieder zurückkehrte. König Philipp hielt später ebenfalls mehrere Male Hof in Giengen. In die Reihe fürstlicher Besucher reihte sich auch Rudolf I. ein, der 1274 und 1287 hier war.

Giengen erhielt bereits von Kaiser Barbarossa die Stadtrechte und gehörte schon früh zu dem Kreis der mächtigen schwäbischen Reichsstädte. Durch Verpfändung fiel die Stadt 1343 den Helfensteinern zu und wurde zum Mittelpunkt der helfensteinischen Herrschaft im Brenztal. — Das 15. Jahrhundert war getrübt durch zahlreiche Kriege, die ihre Ursache in der unseligen Struktur der Städtebündnisse hatten. Die Giengener waren immer vornedran, was sie in ernste Konflikte, sogar mit dem Papst, brachte. Am 19. Juli 1462 tobte vor den Toren der Stadt eine wilde Schlacht, die als „Schlacht bei Giengen" in die Geschichte eingegangen ist. In ihr schlug Ludwig der Reiche den Grafen Ulrich von Württemberg.

Im Herbst 1546 lag Kaiser Karl V. nur wenige Kilometer weg von der Stadt und wartete auf den schmalkaldischen Gegner, der sich bei Giengen verschanzt hatte. Im Dreißigjährigen Krieg hatte kein geringerer als Wallenstein in Giengen 1631 sein Hauptquartier aufgeschlagen. 1634 war, wie für viele Orte der Alb, das Schicksalsjahr: Durch Fahrlässigkeit der spanischen Besatzung geriet die Stadt in Brand und wurde bis auf vier Häuser zerstört. 1703, im Spanischen Erbfolgekrieg, lag französische Besatzung in der Stadt. 1803 wurde Giengen württembergisch.

Sehenswert sind einige **Giebelhäuser** in der Marktstraße und Teile der Stadtmauer. Ursprünglich schützten die Stadt 24 Türme. Einer, der **Bocksturm,** steht noch. Die **Stadtkirche** wurde in staufischer Zeit gebaut. Durch den Stadtbrand sind aber nur noch Teile der romanischen Pfeilerbasilika erhalten. Im 14. Jahrhundert wurde sie durch einen gotischen Chor erweitert. Das Schiff erfuhr im 15. Jahrhundert wesentliche Umbauten. Nach dem Brand 1634 war kein Geld für den Wiederaufbau da. Pfarrer S. Böckh reiste daraufhin zwei Jahre durch Deutschland und bat um Spenden für den Bau der Kirche. 1653 konnte schließlich mit dem Wiederaufbau begonnen werden. Auffälligstes Merkmal der Kirche sind die zwei ungleichen Türme an der Westseite. — 1688 wurde der Grundstein zum neuen **Rathaus** gelegt.

Giengen ist auch die Heimat der Steiff-Stofftiere, die in origineller Ausstattung in alle Welt verschickt werden.

Auskunft: 7927, Stadtverwaltung, Tel. (07322) 241

Verkehrsverbindungen: Station an der Bahnlinie Ulm — Aalen. Busverbindungen nach Lauingen, Ulm, Heidenheim.

Sport und Unterhaltung: Sportplätze, Fluggelände für Motorsport- und Segelflugzeuge, Waldlehrpfad, Kino, Höhenfreibad auf dem Schießberg, Stadion. Im Gestüt Hohweier können Sie Pferde in Pension nehmen. Reitsport, Hallenbad, Kegelbahnen.

Ausflüge:

1. Ins **Eselsburger Tal.** In ihm die Felsgruppe **„Steinerne Jungfrauen".** Die Felsen an der einen Talflanke sind beliebte Kletterpartien. Oberhalb eine weite Heidefläche, auf der besonders viele Silberdisteln wachsen. Wegzeit 1 Stunde.

2. Sie gehen im Brenztal aufwärts bis zur Ruine Güssenburg, dann wenden Sie sich nach Südwesten und erreichen bei Hürben die **Charlottenhöhle,** Süddeutschlands längste Tropfsteinhöhle (532 m). Nahebei die Ruine Kaltenburg. Zurück über Burgberg. Wegzeit 5 Std.

3. Lohnend ist auch ein Ausflug zur **Vogelherdhöhle** bei Stetten ob Lontal, in der Menschen der Altsteinzeit gehaust haben. Wegzeit 5 Stunden.

4. Von **Hürben** aus haben Sie es nicht mehr weit zu der großen Brenzschleife. Oberhalb liegt die **Eselsburg.** Ihre zweite Eroberung an diesem Tag wird die Burg **Falkenstein** sein. Über Anhausen und **Herbrechtingen** erreichen Sie wieder den Ausgangspunkt. Wegzeit 5 Stunden.

5. In nordöstlicher Richtung bietet sich eine ausgedehnte Tageswanderung über Staufen, Zöschingen nach **Dischingen** an, wo Sie das **Schloß Thurn und Taxis** besichtigen können. **Schloß Katzenstein** ist die nächste Station auf dem Weg, der in **Neresheim** mit seiner herrlichen Klosterkirche endet. Von hier fahren Sie mit dem Bus über Aalen, Heidenheim zurück nach Giengen. Wegzeit 6 Stunden.

GÖNNINGEN

Stadtteil von Reutlingen, Kreis Reutlingen,
570 m

Ein sonniger Erholungsort am Fuß des Roßberges. Das schmucke Dorf liegt im idyllischen Wiesaztal. Die Bewohner sind auffallend blumenfreudig. Was Wunder, daß sich die Gönninger auf Blumenzwiebelzucht und Handel mit Blumensamen spezialisiert haben. Zur Tulpenblüte kommen Besucher aus allen Himmelsrichtungen nach Gönningen, um die Tulpenfelder ringsum und die Blumenpracht im Ort selber zu bestaunen.

Auskunft: 7416, Bürgermeisteramt, Tel. (07128) 226
Verkehrsverbindungen: Busse fahren nach Reutlingen und Tübingen. Zufahrtsstraße zu den Bundesstraßen Nr. 27 und Nr. 312.

Ausflüge:

1. Auf den **Roßberg** (869 m) mit Aussichtsturm und herrlicher Rundsicht. Auch Gaststätte und Wanderheim des SAV. Wegzeit 1 Stunde.
2. Auf den **Stöffelberg** (741 m). Auch hier erwartet Sie eine schöne Aussicht. Wegzeit 30 Minuten.
3. Zur **Nebelhöhle.** Wegzeit 2 Stunden. Weiter zum Schloß Lichtenstein (nochmals 1 Stunde).
4. Über den **Roßberg** nach Salmendingen und zur **Salmendinger Kapelle** auf dem Kornbühl. Von da zum **Dreifürstenstein** und zur **Belsener Kapelle. Bad Sebastiansweiler** und **Bodelshausen** sind Stationen auf dem letzten Drittel dieser Rundwanderung. Wegzeit 7 Stunden.

GÖPPINGEN

315 m

Industrie-, Gewerbe- und Handelszentrum im Filstal. Die Stadt ist eingefaßt von erfrischenden Parkanlagen und Obstplantagen. Die stadtnahen Wälder sind durch ein weitverzweigtes Wegnetz erschlossen. Idealer Ausgangspunkt für Ausflüge zu den drei Kaiserbergen. – Göppingen hat eine bedeutende Mineralquelle am linken Ufer der Fils. Nicht weit weg davon eine zweite Quelle, der „Jebenhausener Sauerbrunnen".

Göppingen spielt in der Geschichte des schon früh besiedelten Raumes eine respektable Rolle: Nördlich der Stadt hat man im Oberholz 30 Gräber aus der Hallstattzeit (8.–6. Jahrhundert vor Chr.) gefunden. Eine Alemannensiedlung folgte, die nach dem Sippenfürsten Geppo benannt wurde. Im 12. Jahrhundert erhoben die Staufer den Ort zur Stadt. Graf Eberhard I. eroberte die Stadt in der unsicheren Zeit des Interregnums. Die württembergischen Grafen weilten übrigens oft zur Kur in Göppingen. Die erste von zwei Brandkatastrophen erlebte die Stadt 1425. Im Zuge des Wiederaufbaus wurde die **Oberhofenkirche** gebaut. Grundsteinlegung war im Jahre 1436. Am wertvollsten ist das **Stifterbild** (1470), das als einzige noch erhaltene Darstellung den Hohenstaufen, die Stammburg der Stauferkaiser, in unzerstörtem Zustand zeigt. Interessant auch das Chorgestühl und verschiedene Grabplatten.

1519 wurde Göppingen vom Schwäbischen Bund besetzt. 1534 wurde die Stadt von Herzog Ulrich wieder zurückerobert. Herzog Christoph baute das **Christophsbad** und gab 1559 das Startzeichen zum Bau des **Schlosses.** Im südwestlichen Treppenturm befindet sich die bekannte **„Rebenstiege".** Sie hat ihren Namen nach einem Relief-Rebstock, der in die Architektur miteinbezogen ist. Aus dem Jahre 1618 stammt die **Stadtkirche.** Architekt war der in Süddeutschland weit bekannte Heinrich Schickhardt. — Nach ihrem Sieg über die Schweden in der Schlacht bei Nördlingen machten sich die Kaiserlichen daran, die „abtrünnig" gewordenen Albgemeinden zu besetzen. So auch 1634 Göppingen. Wer die brutalen Plünderungen überlebte, der fiel der Pest zum Opfer. 1650 feierten die Göppinger nach dem Ende des Dreißigjährigen Krieges das Friedensfest. Noch heute lebt dieser Brauch im „Maientag" fort.

An einem schwülen Sommerabend anno 1782 schlug der Blitz in ein Stadthaus ein. Ein Gewittersturm jagte die Flammen durch die Gassen. Im Nu brannten ganze Häuserreihen. 495 Anwesen wurden eingeäschert. Nur wenige historische Gebäude blieben verschont. Darunter auch **Der alte Kasten** (Schloßstraße 14) und das **Adelberger Kornhaus** (Pflegstraße 9). Sehenswert ist auch das **Liebensteinsche Schloß** oder kurz „Storchen" genannt. In ihm ist heute das **Heimatmuseum** untergebracht (Wühlestraße 36). — Das **Rathaus** wurde im Jahr 1785 gebaut. Um 1810 setzte die Industrialisierung in Göppingen ein. Nachdem 1847 die Stadt an die Eisenbahnlinie angeschlossen worden war, begann sich der Ort nach allen Seiten hin auszudehnen.

Bedeutende Söhne der Stadt: Michael Mästlin (1550—1631), der als Lehrer des Astronomen Johannes Kepler angesehen wird, und der Theosoph Friedrich Christoph Oetinger.

Auskunft: 732, Städt. Verkehrsamt, Tel. (07161) 6 52 92

Verkehrsverbindungen: Station an der Bahnlinie Stuttgart—München. Nebenbahnen nach Schwäbisch Gmünd und Bad Boll. Liegt an der B 10 und B 297. Busverbindungen nach Kirchheim/T., Schwäbisch Gmünd, Heidenheim, Schorndorf, Stuttgart und zu Landgemeinden auf der Alb.

Sport und Unterhaltung: Drei Freibäder, modernes Hallenbad, Sauna, medizinische Bäder, Sporthalle, moderne Freiluft-Sportstätten für Fußball, Handball, Leichtathletik, Tennis, Reiten, Schießen, Eis- und Rollschuhsport, 10 Kegelbahnen, Minigolfanlage, Stadthalle, in der regelmäßig Großveranstaltungen, Vorträge, Konzerte, Theatervorführungen und Bunte Abende stattfinden.

Museen: Heimatmuseum mit Stauferabteilung im „Storchen". Schönhengster Archiv.

Ausflüge:

1. Zur Stammburg der Stauferkaiser: dem **Hohenstaufen.** Sie verlassen Göppingen in nordöstlicher Richtung. Durch Buchenwälder und über Wiesen wandern Sie nach **Ottenbach** und weiter zum Staufen, dem heute dicht bewaldeten Bergkegel, der die Stauferburg getragen hat. Von dem freistehenden, 684 m hohen Berg haben Sie eine großartige Sicht nach allen Seiten, vor allem hinüber zu den zwei anderen der drei Kaiserberge: Rechberg und Stuifen. Wegzeit 2½ Stunden.

2. Der zweite Wandervorschlag führt Sie wieder in dieselbe Richtung, nämlich nach **Ottenbach.** Dort zweigen Sie aber nicht nach links zum Hohenstaufen ab, sondern halten sich rechts. Über den **Asrücken** erreichen Sie die **Ruine Hohenrechberg** und nach weiteren 10 Minuten den Gipfel mit der weit ins Land grüßenden Wallfahrtskirche. Wegzeit 4 Stunden.

3. Der dritte im Bunde ist der **Stuifen** (757 m). Zu ihm kommen Sie über **Krummwälden,** östlich von Göppingen. Nun geht's in nördlicher Richtung bis Ottenbach. Auf bezeichnetem Weg nach Osten bis **Wißgoldingen.** Wenn Sie den breiten Rücken des Stuifen bis jetzt noch nicht entdeckt haben, so sehen Sie ihn nun vor sich. Am nordöstlichen Ortsrand beginnt der Anstieg. Vorbei am Sportplatz. Gehen Sie bis zum Waldrand. An ihm in östlicher Richtung entlang bis zum Sattel. Steigen Sie auf dem Gratweg nach oben. Das Gipfelkreuz ist versteckt in dichtem Kiefernwald. Zur Aussichtskanzel müssen Sie noch ein paar Schritte nach unten gehen. Unterhalb des Gipfels ist ein kleiner, stillgelegter Steinbruch — eine Fundgrube für Versteinerungen. Für den Abstieg wählen Sie den Weg, der an diesem Steinbruch vorbeiführt. Rückweg über Wißgoldingen, Reichenbach, evtl. über Ruine Staufeneck, nach **Donzdorf.** Von dort mit dem Bus zurück zum Ausgangspunkt. Wegzeit 5 Stunden.

4. Fahren Sie nach **Süßen.** Steigen Sie hinauf zur **Ruine Staufeneck.** Nicht weit ist es zum **Schloß Ramsberg.** Nun geht's hinunter nach **Donzdorf** und auf der anderen Seite gleich wieder hinauf zum

Messelstein (748 m). Der Kreis schließt sich, wenn Sie jetzt Kurs auf die **Ruine Scharfenberg** nehmen. Von dort Abstieg nach Süßen und mit der Bahn zurück nach Göppingen. Wegzeit 5 Stunden.

5. Auf dem schon beschriebenen Weg zum **Hohenstaufen.** Weiter nach **Maitis** und im Beutenbacher Tal nach **Lorch** im Remstal mit sehenswerter Klosterkirche und Grablege der Staufer. Im Bus zurück zum Ausgangspunkt. Wegzeit 4 Stunden.

GOMADINGEN

Kreis Reutlingen, 654 m

Der Erholungsort liegt am Beginn des Großen Lautertals, er ist in eine der reizvollsten Gegenden der Schwäbischen Alb eingebettet, inmitten von anmutigen Auen, wilden Felspartien, tiefen Wäldern und weiten Wacholderweiden. Der 45 km lange Flußlauf der Großen Lauter, die ganz in der Nähe entspringt, ist von der Quelle bis zur Mündung gesäumt von heimeligen Dörfern, alten Mühlen und mindestens 15 kühnen Burgen. Abseits vom großen Verkehrsstrom hat sich Gomadingen den idyllischen Frieden dieses Tales bewahrt. Zahlreiche Wanderwege durchziehen das Tal und führen zu ganz besonderen Sehenswürdigkeiten wie beispielsweise zum Gestüt Marbach oder hinauf zum Aussichtsturm auf dem Sternberg.

Zur Gemeinde Gomadingen gehört **Offenhausen.** Der Ort liegt 2 km flußaufwärts, direkt am **Lauterquelltopf.** Er liegt im Bereich eines ehemaligen Dominikanerklosters, das Mitte des 13. Jahrhunderts hier gegründet wurde. In das einsam gelegene Kloster traten viele adelige Frauen ein. Anfang des 15. Jahrhunderts erscheint es unter württembergischer Hoheit. Graf Eberhard im Bart wollte das Kloster durch Nonnen aus dem Elsaß beleben. Es gelang ihm aber nicht mehr, Anfang des 16. Jahrhunderts löste es sich auf. In den zum Kloster gehörenden Gutshof wurde Ende des 16. Jahrhunderts ein Gestüt für Pferde und Maultiere verlegt. Um 1766 erlebte das Gestüt Offenhausen seine Blütezeit. Unter Herzog Karl Eugen standen in den Ställen 36 Mutterstuten und 88 Fohlen. Auch heute noch ist das Gestüt ein besonderer Anziehungspunkt. Es ist eine Außenstation des Württembergischen Haupt- und Landgestüts in Marbach, das nur 2 km von Gomadingen entfernt ist.

Auskunft: 7421, Gemeindeamt, Tel. (07385) 206.

Verkehrsverbindungen: Station an der Bahnlinie Reutlingen—Ulm. Busverbindungen nach Hayingen, Zwiefalten, Münsingen, Reutlingen, Tübingen, Urach.

Ausflüge:

1. Zum **Sternberg** (844 m). Aussichtsturm mit Alpensicht. Wegzeit 30 Minuten.

2. Diese Wanderung beginnt in Offenhausen. Sie gehen in südlicher Richtung bis zur Abzweigung am Stutenbrunnen. Im Pfaffental geht es weiter bis zur **Ruine Blankenstein.** Der Rückweg führt Sie vorbei an Wasserstetten, Dapfen und durch Marbach hindurch zurück nach Gomadingen. Wegzeit 5 Stunden.

3. Das **Lautertal** abwärts (auf der rechten Seite). Marbach, Dapfen und Wasserstetten sind die ersten Stationen auf dieser Halbtagestour. Hier können Sie weiter dem Tal entlang gehen, vorbei an Buttenhausen, Hundersingen und Bichishausen bis Gundelfingen. Eindrucksvolle Höhepunkte auf diesem Weg sind die **Ruinen Hundersingen, Hohengundelfingen,** die **Burg Niedergundelfingen** und der **Spitze Stein.** Von hier fahren Sie mit dem Bus zurück. Wegzeit 4 Stunden. — Sie können in Wasserstetten auch das Tal verlassen und die Hochfläche erklimmen. Über Eglingen und Odenwaldstetten zurück nach Gomadingen. Wegzeit ebenfalls 4 Stunden.

4. Zum **Gestüt Marbach,** dem Mekka aller Pferdeliebhaber in Baden-Württemberg. Wegzeit 40 Minuten.

GOMARINGEN

Kreis Tübingen, 423 m

Der Ort liegt zwischen Reutlingen und Hechingen, im breiten Tal der Wiesaz. Er dient als Ausgangspunkt für zahlreiche Wanderungen auf die Alb, hauptsächlich zum Roßberg. In der Chronik taucht der Ort bereits im 11. Jahrhundert auf. Auffallend ist, daß viele Gomaringer in frühester Zeit theologische Berufe gewählt haben. Als Priester und Äbte waren sie weit verstreut in Süddeutschland, z. B. in den Klöstern Bebenhausen, Alpirsbach, Baindt und St. Ulrich in Augsburg. — Die ehemalige Burg von Gomaringen ist heute das **Pfarrhaus,** in dem der Dichter Gustav Schwab von 1837 bis 1841 als Pfarrer wirkte. Gustav Schwab hat u. a. Sagen über die Schwäbische Alb gesammelt und sie in einem Band herausgegeben. Auch die erste Reisebeschreibung von der Alb, die wir kennen, stammt aus seiner Feder.

Auskunft: 7413, Gemeindeverwaltung, Tel. (07128) 457.

Verkehrsverbindungen: Fahrstraße und Buslinien nach Reutlingen und Tübingen.

Ausflüge:

1. Zum **Roßberg** (869 m). Der Aussichtsturm, der den Hochwald weit überragt, ist die „Kompaßnadel" der Reutlinger und Balinger Alb. Wegzeit 2 Stunden.

2. In einem Tagesausflug können Sie drei Sehenswürdigkeiten auf einmal erwandern: den **Roßberg,** die **Nebelhöhle,** die Sie über Genkingen erreichen, und **Schloß Lichtenstein.** Wegzeit 5 Stunden.

GROSSENGSTINGEN

Ortsteil von Engstingen, Kreis Reutlingen, 740 m

Dieses Albdorf liegt auf der Hochfläche, hart am steilen Albtrauf. Selber hat es keine große Sehenswürdigkeiten zu bieten, wenn nicht Riesenportionen Rostbraten mit Spätzle und urige Landgaststätten auch auf eine besondere Art sehenswert sind. In der nahen Umgebung gibt es mehrere sehr lohnende Ausflugsziele wie z. B. die Nebelhöhle oder Schloß Lichtenstein. Großengstingen lag im Altertum am Schnittpunkt mehrerer Römerstraßen. Am Ort führt auch heute noch eine wichtige Fernstraße von Stuttgart zum Bodensee, die Bundesstraße 312, vorbei. 788 ist der Ort im Lorscher Codex unter dem Namen „Anegestingin" aufgeführt. Seit dem 14. Jahrhundert gehörte der Ort den Herren von Lichtenstein. 1717 verkauften sie den Besitz an das Kloster Zwiefalten. Erst 1750 kam Großengstingen an Württemberg.

Besichtigen Sie die **Dorfkirche St. Martin.** Sie bestand schon 1275. 1717 wurde sie durch klösterlichen Auftrag umgebaut.

Auskunft: 7411, Bürgermeisteramt.

Verkehrsverbindungen: Station an der Bahnlinie Reutlingen—Gammertingen. Liegt an der B 312. Fahrstraße auch nach Trochtelfingen und Münsingen. Busse fahren nach Reutlingen, Münsingen, Zwiefalten und Gammertingen.

GRUIBINGEN

Kreis Göppingen, 570 m

In einem Seitental der Fils, das sich tief zwischen die Tafelberge der Alb eingegraben hat, liegt dieser Ferienort. Gruibingen besitzt eine ganz besondere Attraktion, die einmalig in Deutschland ist: auf der **Orchideenwiese** blüht von Anfang bis Mitte Juli die höchst seltene Anacampis pyramidalis. — Vergessen Sie auch nicht die **St. Wolfgang-Kapelle** zu besuchen. Sie steht auf altem Kulturland. Wer ein Freund des Camping ist, findet vor dem Ort einen schönen Platz für seinen Wohnwagen oder sein Zelt.

Auskunft: 7341, Bürgermeisteramt, Tel. (07335) 326.
Verkehrsverbindungen: Autobahnanschluß nach 3 km bei der Auffahrt Mühlhausen. Fahrstraße nach Göppingen und Weilheim. Buslinien nach Göppingen, Geislingen, Stuttgart und Wiesensteig.

Ausflüge:

1. Über Sickenbühl und Eckhof zur sagenumwobenen **Ruine Reußenstein.** Für den Rückweg empfiehlt sich die Route über Wiesensteig. Wegzeit 4 Stunden.
2. In nordwestlicher Richtung liegt der **Boßler** (807 m). Unter ihm der Gruibinger Paß (622 m), über den die Autobahn führt. Über den Kaltenwanghof erreichen Sie den **Turmberg** (609 m). Auch hier ist der kühne Autobahnaufstieg eine die Landschaft beherrschende Attraktion. Der Rückweg führt Sie über Bad Boll zum **Kornberg** (779 m). Gegenüber der Boßler und unter Ihnen das graue Band der Autobahn. Wegzeit 5 Stunden.
3. Zwei Gipfel erstürmen Sie auf einer Tageswanderung, die das **Fuchseck** (762 m) und den **Nordalbberg** (764 m) zum Ziel hat. Abstieg nach **Deggingen.** Mit der Bahn bis nach Wiesensteig und von dort zu Fuß zurück nach Gruibingen. Wegzeit 7 Stunden.

GUTENBERG (Teck)

Ortsteil von Lenningen, Kreis Nürtingen,
533 m

Im hinteren Winkel des Lenninger Tales liegt das kleine Dorf, dem heute niemand ansieht, daß es einmal eine stolze Stadt, umrahmt von drei wehrhaften Burgen, gewesen war. Von der **Burg Gutenberg** (13. Jahrhundert) aus gründeten die Herzöge von Teck die Stadt. 1583 brannte die Burg nieder. Ruinen sind heute noch vorhanden. Gegen die Albhochfläche sicherte die hochgelegene **Burg Wuelstein** die Stadt ab. Durch Verlagerung der Herrschaftsverhältnisse nach dem Dreißigjährigen Krieg verlor die Stadt schnell an Bedeutung und verpaßte durch die rasche Entwicklung der größeren Orte in der Umgebung den Anschluß.

Ein kleines **Franziskanerkloster** auf dem Heiligenberg wurde nach der Reformation des Landes abgebrochen. Seine

Grundmauern stehen noch. Südlich von Gutenberg (2 km) stehen die Ruinen der **Burg Sperberseck**, die bereits 1140 den Ministerialen von Sperberseck als Sitz gedient hat. Die Burg zerfiel schon Anfang des 15. Jahrhunderts.

1889 hat der Gemeindepfarrer Gußmann während eines Spazierganges 1 km nördlich des Dorfes eine Tropfsteinhöhle entdeckt. Die **Gutenberger Höhle** ist dann genau durchforscht worden. Neben herrlichen Tropfsteingebilden hat man auch Tierskelette von Höhlenbären, Nashörnern, Gibraltaraffen und anderen Tieren gefunden. Die Höhle ist zur Besichtigung freigegeben. Sie ist vom 1. April bis 31. Oktober täglich geöffnet.

Auskunft: 7311, Bürgermeisteramt, Tel. (07026) 322.
Verkehrsverbindungen: Fahrstraße nach Kirchheim/T., Weilheim und Urach. Busse fahren nach Oberlenningen, Laichingen, Schopfloch, Kirchheim/T.

Ausflüge:

1. Zu der **Gutenberger Höhle.** Wegzeit 30 Minuten.
2. Im **Donntal** aufwärts. An seinem Ende die **Ruine Sperberseck.** Wegzeit 30 Minuten.
3. Zum sogenannten **Krebsstein** (Ruine). Wegzeit 20 Minuten.
4. Eine „Ruinenwanderung" bietet sich mit folgender Route an: Sie wandern an der Gutenberger Höhle vorbei zum **Hofgut Diepoldsburg.** Dicht dabei auf der Bergnase die gänzlich verfallene Burg gleichen Namens. Am äußeren Ende dieses Bergvorsprungs die renovierte **Ruine Rauber.** Im weiten Bogen geht es hinüber zur **Teck** (775 m). Hier lohnt sich eine ausgiebige Rast. Auf dem Rückweg steigen Sie ab nach Owen und besteigen dort die Bahn. Von Oberlenningen bis Gutenberg ist es dann noch ein kurzer Fußmarsch von 40 Minuten. Wegzeit 5 Stunden.
5. Eindrucksvoll ist auch eine stramme Wanderung zum geheimnisvollen **Randecker Maar,** dessen Ursprung man immer noch nicht exakt nachweisen kann. Auf dem Hinweg gehen Sie am besten an der Gutenberger Höhle und der Torfgrube vorbei. Zurück über **Schopfloch.** Wegzeit 4 Stunden.
6. Der **Römerstein** (874 m) ist ein weithin sichtbarer Orientierungspunkt. Sie erreichen ihn durch das Donntal und über die Ruine Sperberseck. Der Aussichtsturm ist meist geschlossen. Schlüssel erhalten Sie im Naturfreundehaus nahe dem Ort Donnstetten. Der Rückweg führt durch **Donnstetten** hindurch. Sie bleiben eine halbe Stunde auf dem Sträßchen in Richtung Schopfloch und zweigen dann links ab. Ihr Orientierungsziel ist die **Pfulb,** ein wilder Felskessel, durch den Sie vorsichtig absteigen. Beim Sägewerk überschreiten Sie die Lauter und sind in Kürze im Ort. Wegzeit 4 Stunden.
7. Zur **Schlatterhöhle,** dann weiter nach **Schopfloch** und zurück über den **Krebsstein.** Wegzeit 2½ Stunden.

HAUSEN (am Tann)

Zollernalbkreis, 560 m

Aus dem Mittelalter sind uns mehrere Dorfnamen aus dem oberen Schlichemtal bekannt; aber nur eines dieser Dörfer, nämlich Hausen, besteht noch. Die anderen wurden in Bränden zerstört und von den Bewohnern verlassen oder durch die Pest entvölkert. Hausen ist erstmals 1253 genannt. Nach 1530 entfaltete sich der Ort und dehnte sich rasch aus. Im Umkreis standen im Mittelalter zwei Burgen und ein Schloß: Auf dem **Wenzelstein** finden Sie noch Ruinen-Reste, ebenso auf dem **Burzel.** Die Herren von Hausen errichteten ein weiteres Schloß um 1540 in **Oberhausen,** von dem aus sie ihr Lehen verwalteten. Das Rittergut kaufte 1817 nach mehrmaligem Besitzerwechsel der Stuttgarter Hofrat Friedrich Cotta, in dessen Verlag Friedrich Schillers Werke erschienen sind.

In diesem verträumten Albdorf finden Sie bestimmt Ruhe und Erholung. Das eigentlich Reizvolle eines Alburlaubes ist freilich, daß sich die Erholung verbinden läßt mit interessanten, kurzweiligen Ausflügen in die nahe Umgebung — ohne Auto, in reiner Luft und auf schönen Wegen. Und das kann Ihnen auch Hausen am Tann bieten. Hoch ragen die senkrechten Felswände des **Plettenberges,** des **Lochensteins,** des **Lochenhörnles** oder des **Schafberges** in den Himmel und werfen schwarze Schatten ins Albvorland. Von Hausen aus können Sie diese Albriesen bequem erwandern und aus ca. 1000 m Höhe ein großartiges Panorama genießen. Sie bewegen sich hier übrigens auf uraltem Siedlungsland. Der Plettenberg (1005 m) beispielsweise trägt auf der ganzen Hochfläche Siedlungsspuren von der Steinzeit an. An der südöstlichen Spitze können Sie noch Reste einer ehemaligen Befestigung erkennen. Eine befestigte Siedlung trug auch der benachbarte Schafberg (996 m). Auf der Hochfläche des Lochensteins (963 m), der leicht nach Süden abfällt, fanden Archäologen Steinwerkzeuge, Gefäßscherben und Knochen.

Der **Gräbelesberg** (915 m) trug in grauer Vorzeit auf der Hochfläche und im Sattel eine praehistorische Befestigung. Gräben und Wälle sind noch deutlich zu erkennen. Der Berg hat übrigens von daher seinen Namen.

Auskunft: 7461, Bürgermeisteramt.

Verkehrsverbindungen: Fahrstraße von Schömberg nach Tieringen.

HAUSEN (im Tal)

Ortsteil von Beuron, Kreis Sigmaringen,
600 m

Gewaltige Felsgruppen überragen den Ort, dessen Häuser sich im lieblichen Tal der jungen Donau aneinander schmiegen. Ringsum duftende Wiesen und hellgrüne Buchenwälder. Wanderwege führen zwischen den Häusern hinaus in die Wälder, hinein in die Schluchten oder hinauf zu Höhlen und Burgen. Direkt oberhalb des Ortes lugen auf dem mittleren Teil einer Felsgruppe die Ruinen der **Wagenburg** hervor. Auf der linken Seite der Donau steht auf einem glatten, senkrechten Fels die ehemalige **Feste Hausen.** Die von unten sichtbare Gebäudestirnwand mit toten Fensterhöhlen äugt gespenstisch ins Tal. Auf dem **Schaufels,** donauabwärts, stand vor Jahrhunderten noch eine dritte Burg. Die Feste Hausen war vom 11. Jahrhundert bis zum Ende des Dreißigjährigen Krieges von zwei Adelsfamilien bewohnt. Die Burg wurde 1812 ohne zwingenden Grund abgebrochen.

Hausen ist heute ein beliebtes Ausflugsziel. Vom Frühjahr bis weit hinein in den Herbst spucken die Wagen der eingleisigen Donaubahn an Wochenenden Hunderte von Wanderern und Bergsteigern aus. Da die Station etwas außerhalb liegt, verlaufen sich jedoch die Massen noch bevor sie den Ortskern erreichen. Das Bergsteigen wird in dieser prächtigen Gegend groß geschrieben. Am Schaufels oder ihm gegenüber am **Lenzenfelsen** findet der Kletterer Passagen verschiedener Schwierigkeitsgrade. Auch die anderen Felspartien ringsum dienen den Bergsteigern als Kletterschulen. Für die Spaziergänger drunten ist es ein faszinierendes Schauspiel, durch das Fernglas Seilschaften bei ihren halsbrecherischen Durchstiegen zu beobachten. Für den Urlauber, der hier eine längere Zeit verweilen möchte, bieten sich Unterkunftsmöglichkeiten in vier Gasthöfen und auf dem herrlich gelegenen **Campingplatz.**

Es ist hier nicht möglich, all die schönen Spazier- und Rundwege zu nennen, die in Hausen ihren Ausgang nehmen. Sie führen zum Schloß Werenwag, zum Kreuzfelsen, zu den Ruinen Lengenfeld, Wagenburg und Neidingen, zum Lenzenfelsen, durch das Raiftal, zur ehemaligen Burg Jagdberg, deren Ruine im Volksmund als „Heidenschlößle" bezeichnet wird. Der Schaufelsen und die Ruine Hausen sind weitere Ziele.

Besonders bequem zu gehen ist der Weg an der Donau entlang, von der Hausener zur Neidinger Brücke. Donauabwärts führen Wege zu der Ruine Falkenstein, nach Thiergarten, Gutenstein und zum Kloster Inzigkofen. Wenn Sie donauaufwärts wandern, gelangen Sie zu der einzigartig auf einem schmalen Fels gelegenen, nur durch eine Zugbrücke mit dem „Festland" verbundenen Burg Wildenstein. Berühmt ist das Kloster Beuron. Sehenswert auch die St. Mauruskapelle, Schloß Bronnen, das Finstertal und der Eichfelsen.

Ein Wort noch zu dem benachbarten **Schloß Werenwag:** Eigentlich hat die auf einen Felsvorsprung gesetzte Festung weniger Schloßcharakter, sondern ist vielmehr eine richtige Burg. Schon um 1100 ist sie erwähnt. Seit dem 13. Jahrhundert kennen wir ein Geschlecht, das sich nach dem Namen der Burg benannt hat. Ihm gehörte der Minnesänger Hugo von Werenwag an. Er lebte und dichtete hier oben. In der „Heidelberger Liederhandschrift" (Manesse) finden Sie sechs Gedichte von ihm. — 1387 ist die Burg in habsburgischem Besitz. Seit 1830 gehört sie zum Haus Fürstenberg. Werenwag ist einer der malerischen Höhepunkte im oberen Donautal.

Auskunft: 7489, Bürgermeisteramt, Tel. (07579) 261.

Verkehrsverbindungen: Station an der Bahnstrecke Freiburg—Sigmaringen. Busse fahren nach Ulm und Sigmaringen. Von beiden Städten aus verkehren Ausflugsbusse zum Bodensee.

Sport: Bergsteigen, Baden, Paddeln, Camping.

Ausflüge:

1. **Leibertingerberg** erreichen Sie auf einem neuangelegten Wanderweg, dann Fußweg zur Donau und am Waldrand entlang zurück bis zum Parkplatz an der Hausener Brücke. Wegzeit 1½ Stunden.
2. Über die Hausener Brücke und Leibertingerberg hinauf zum **Thebuchfelsen.** Auf dem Albvereinsweg weiter zur **Burg Wildenstein** und über Donauhaus am Fluß entlang wieder zurück. Wegzeit 3½ Stunden.
3. Sie gehen auf der Kreenheinstetterstraße bis zur oberen Kurve, dann auf dem schattigen Jägerpfad bis **Birkensteig.** Auf breiterem Weg geht's wieder zu Tal. Wegzeit 2 Stunden.
4. Über Birkensteig zum **Heselsteig.** Sie halten sich links, steigen ins Tal hinunter und wandern am Waldrand entlang zurück zur Hausener Brücke. Wegzeit 2 Stunden.
5. Von der Hausener Brücke über Birkenau und Birkensteig zum Heselsteig und **Lenzenfels.** Sie steigen ins Tal ab und marschieren dem Fluß entlang zurück zur Hausener Brücke. Wegzeit 3½ Stunden.
6. Ein schöner Fußweg führt nach **Schloß Werenwag.** Über die Ruine Hausen und den **Raiftal-Fall** weiter zur Neidinger Brücke und zurück nach Hausen. Wegzeit 4 Stunden.

HAYINGEN

Kreis Reutlingen, 660 m

Zwischen dem Großen Lautertal und dem stillen Tal, durch das die Zwiefalter Aache fließt, liegt die kleine Stadt Hayingen. Sie wurde von den Gundelfingern im 13. Jhdt. nach Schreibtischplänen angelegt und sollte der Hauptort im Herrschaftsbereich dieses Ministerialengeschlechts werden. Die Familie starb allerdings schon nach kurzer Zeit aus, und die Förderung der wirtschaftlichen Entwicklung blieb aus. Von diesem Zeitpunkt an führte Hayingen nur noch ein bescheidenes Dasein als Landstädtchen. Erst in jüngster Zeit beginnt es sich als Ausflugs- und Erholungsort zu profilieren. Diese Entwicklung fördert das großartige **Naturtheater**, zu dessen Wochenend-Aufführungen in den Sommermonaten Tausende von Zuschauern mit Bussen oder Privatwagen anreisen.

Hayingen hat seinen mittelalterlichen Charakter weitgehend bewahren können. Die **Stadtmauer** ist teilweise noch erhalten; auch ein **Turm** steht an der Westflanke der ehemaligen Stadtbefestigung. In der **Pfarrkirche** befinden sich zwei Grabdenkmäler aus dem 14./15. Jahrhundert.

Auf Hayinger Gemarkung steht **Schloß Ehrenfels**, dicht an der Straße nach Zwiefalten. Es wurde 1735 von dem Zwiefaltener Abt Benedikt erbaut. Die Anlage besteht aus vier Flügeln und umfaßt Wirtschaftsgebäude und einen auch heute noch herrschaftlich wirkenden Wohntrakt. — Oberhalb des Schloßguts befinden sich die Reste der **Burg Ehrenfels** (auch **Altehrenfels).** Sie diente im Frühmittelalter als Schutzburg im Lehen der Ritter von Gundelfingen. Im 15. Jahrhundert übernahm das Kloster Zwiefalten den Besitz und ließ die verfallende Burg, in der sich Wegelagerer eingenistet hatten, vollends abbrechen. Neben Mauerresten erkennen Sie noch den Stumpf des runden Bergfrieds.

Auskunft: 7421, Bürgermeisteramt, Tel. (07386) 52.
Verkehrsverbindungen: Busse fahren nach Münsingen und Riedlingen.
Sport: Segelfluggelände westlich der Stadt.

Ausflüge:

1. Durch das **Glastal** mit den schönsten Wacholderweiden in diesem Gebiet zum **Schloß Ehrenfels** und von dort weiter zur nur 700 m

entfernten **Wimsener Höhle.** Der Weg verläuft jetzt im Aachtal und endet in **Zwiefalten.** Auf dem sog. Prälatenweg wandern Sie zurück über **Sonderbuch** nach Hayingen. Wegzeit 5 Stunden.

2. Sie marschieren in südöstlicher Richtung nach **Ober-** und **Unterwilzingen.** Dann geht's lauteraufwärts vorbei an den Ruinen **Wartburg** und **Schülzburg.** Über **Anhausen** erreichen Sie **Indelhausen.** Dort verlassen Sie das Lautertal und gelangen nach weiteren 3 km zurück zum Ausgangspunkt. Wegzeit 7 Stunden.

3. Nach **Indelhausen** und talaufwärts auf ebenem Wanderweg, der dicht neben der Lauter verläuft. Erste Station ist **Gundelfingen** mit zwei imposanten Burgen. Am Ortsende steht am anderen Flußufer der **Spitze Stein,** ein schwieriger Kletterfelsen. Idyllisch liegt **Bichishausen** mit einer verfallenen Ruine und einer hübschen Kirche, deren Zwiebelturm zum Wahrzeichen des Orts geworden ist. **Hundersingen** ist Endpunkt der Wanderung. Eine Burgruine mit gut erhaltenem Bergfried beherrscht auch hier das Tal. Von Hundersingen können Sie mit dem Bus nach Hayingen zurückfahren. Wegzeit 3 Stunden.

HECHINGEN

490 m

Die Stadt wird beherrscht von der großartigen Silhouette der Burg Hohenzollern *, die vor ihren Toren auf einem steilen Bergkegel thront. Die Herren dieser Burg, die Grafen von Hohenzollern, bauten in Hechingen eine Burg, erweiterten die Siedlung zu einer Stadt und machten Hechingen zum Verwaltungsmittelpunkt der Grafschaft Zollern. Als 1423 der Hohenzollern zerstört wurde, residierten die Grafen vorübergehend in Hechingen. Unter dem Grafen Eitelfriedrich IV. (1576—1605) erlebte die Stadt eine Blütezeit. Die Stadtburg wurde zu einem vierflügeligen Renaissanceschloß umgebaut. Es erlebte zur Eröffnung eine Märchenhochzeit des Erbgrafen Johann Georg mit der Gräfin Franziska von Sahn. Diese prunkvolle „hohenzollerische Hochzeit" hat Jakob Frischlin in berühmt gewordenen Reimversen besungen. In der Unterstadt entstand zur gleichen Zeit nahe dem Starzelbach ein Lustgarten. Aus dieser Zeit stammt auch der **Untere Turm.** Bis 1779 gab es noch ein Gegenstück dazu, den Oberen Turm. Eitelfriedrich IV. gründete am Nordrand der Unterstadt das Franziskanerkloster **St. Luzen,** dessen Kirche noch erhalten geblieben ist. Der Bau von 1583 ist außen sehr schlicht, dagegen ist die reiche Renaissance-Ausstattung im Innern einmalig in Süddeutschland.

Im Dreißigjährigen Krieg verarmte Hechingen, während die Ansprüche der Zollern ins uferlose wuchsen. Nach französischem Vorbild hielten sie sich einen aufwendigen Hofstaat, der in keinem Verhältnis zu der wirtschaftlichen Situation der Herrschaft stand. Die Untertanen wehrten sich. Es begann ein erbarmungsloses, blutiges Ringen um Privilegien, Erleichterungen, Recht und Reformen. In die Zeit dieses „Untertanenstreits" fiel der Bau des **Lustschlosses Lindich,** 4 km westlich der Stadt. Bis 1772 war es die fürstliche Residenz. Hier diente der später in Amerika berühmt gewordene General Steuben zwölf Jahre als Hofmarschall. Die **Villa Eugenia** ist eine andere Sehenswürdigkeit Hechingens. Sie ist benannt nach Eugenie von Leuchtenberg, der Gemahlin des Erbprinzen Konstantin. Die Villa ist das erweiterte Lustgartenhaus, das 1786 erbaut wurde. In jenen Jahren veränderte sich das gesamte Stadtbild. Die Stiftskirche wurde zur Großbaustelle. Sie war ohnehin baufällig, wurde rigoros abgebrochen und an ihrer Stelle nach den Plänen des französischen Baumeisters d'Ixnard die klassizistische **St. Jakobskirche** erbaut (1779—1783). Der gewaltige Turm ist das weithin sichtbare Wahrzeichen von Hechingen. Beim Abbruch der alten Stiftskirche hat man ein unschätzbares Kunstwerk mutwillig zerstört: das Peter oder Hans Vischer von Nürnberg zugeschriebene Grabmal des Grafen Eitelfriedrich II. (gest. 1512). Nur die Grabplatte konnte unversehrt geborgen werden. Sie ist eines der bedeutendsten Bronzegußwerke der deutschen Renaissance. Die Platte befindet sich auf der linken Chorseite.

Das Stadtschloß verfiel im ausgehenden 18. Jahrhundert zusehends. Gebäudeteile waren bereits eingestürzt, als man 1819 daranging, es gründlich zu renovieren. Heute ist in dem Gebäudekomplex die Hohenzollersche Landesbank untergebracht. Das **alte Schloß** war die frühere Kanzlei. Der Fürst fand in ihr vorübergehend eine neue Residenz, bevor er die Villa Eugenia bezog. — 1848 wurde Fürst Konstantin gezwungen, die Herrschaft an Preußen abzutreten. Hechingen schien von der Residenz- zur Landstadt abzurutschen; aber die günstige Lage an der alten „Schweizer Straße", einer der wichtigsten Fernverbindungen zum Süden, verhalf Hechingen zu einem neuen Aufstieg als Industrie- und Handelsstadt.

Hinter Hechingen erheben sich die gewaltigen Tafelberge der Zollernalb mit dem Hohenzollern als markantestem Punkt. An ihren Hängen finden Sie viel schattigen Wald und sonnige Wiesen. Gut bezeichnete Wanderwege führen hinauf auf die Albhochfläche zu tollen Felsformationen, Aussichtstürmen und Gipfelkreuzen, aber auch in stille Wacholderheiden.

Auskunft: 7450, Städt. Verkehrsamt, Tel. (07471) 457.

Verkehrsverbindungen: Station an der Bahnstrecke Tübingen—Sigmaringen. Busse fahren nach Balingen, Tübingen, Stuttgart und Basel (Europabus) und zu verschiedenen Orten auf der Alb. Die B 27 und B 32 führen an der Stadt vorbei.

Sport und Unterhaltung: Freibad, Sport- und Tennisplätze, Golfplatz, Skipisten, Kino.

Ausflüge:

1. Rundweg zur **Villa Eugenia,** durch den **Fürstengarten** zum **Kloster Stetten.** Wegzeit 30 Minuten.
2. Sie verlassen die Stadt in Richtung Westen. Über den Martinsberg (539 m) erreichen Sie das **Lustschloß Lindich,** in dem eine Gartenwirtschaft eingerichtet ist. Wegzeit 1 Stunde.
3. Zum **Hohenzollern** (856 m). Auf bezeichnetem Weg in einer Stunde bis zur Burg. Sie können auch mit dem Bus oder mit Ihrem PKW zum **Brielhof** an der B 27 fahren und dort auf die Zollerbergstraße einbiegen. Fahren Sie 3 km bis zum Parkplatz (gebührenpflichtig). Von hier sind es noch 20 Minuten steilen Treppenweges bis zum Adlertor.
4. Eine eindrucksvolle Wanderung führt über den **Hohenzollern** zum **Zellerhorn.** Weiter zum **Hangenden Stein** und **Raichberg** mit prächtiger Sicht sowie Einkehrmöglichkeit im Nägelehaus. Rückweg über **Gockeler** (951 m) und Himberg (875 m) nach **Jungingen.** Mit der Bahn zurück nach Hechingen. Wegzeit 5 Stunden.
5. Nach Beuren und von dort hinauf auf den **Dreifürstenstein** (860 m). Dann hinunter zum Bahnhof Belsen und mit der Bahn zurück. Wegzeit 3½ Stunden.

HEIDENHEIM (an der Brenz)

500 m

Die Kreisstadt liegt am Ostrand der Schwäbischen Alb, reizvoll in das breite Brenztal eingebettet. Sie ist seit vielen hundert Jahren wirtschaftliches und kulturelles Zentrum für diesen Teil der Alb und Ausgangspunkt für Ausflugsfahrten in die sehenswerte Umgebung mit malerischen Partien, seltsamen Felsgebilden, Trockentälern, Heide, Wäldern, Burgen und Wohnhöhlen der Vorzeit im Lonetal. Das Gebiet, in dem die Stadt sich ausdehnt, zählt zu den am frühesten besiedelten

Landstrichen in Deutschland. Aus allen vor- und frühgeschichtlichen Zeiträumen finden sich im Stadtgebiet noch Spuren: In der **Heidenschmiede,** die sich auf halber Höhe des Hellenstein-Felsens befindet, lebten vor ca. 120 000 Jahren die ersten Neandertaler. Sie können heute noch den Felsüberhang erkennen, vermutlich der hintere Teil der ehemaligen Wohnhöhle, in der man 5000 verschiedene Gegenstände ausgegraben hat. Die Stadt wurde auf den Trümmern eines römischen Kastells „Aquileia“ (100 n. Chr., zwischen Toten- und Ottilienberg) errichtet. Ruinen aus jener Zeit befinden sich im Fernmeldeamt der Post in der Stadtmitte. Dort führt ein extra Eingang in das **Museum am Römerbad.**

Die gut erhaltenen Reste eines luxuriösen Bades stehen vermutlich auf den Trümmern keltischer Behausungen. Man stieß auf die Anlage während des Baus eines neuen Postamtes. Die Konservierung und Überdachung der Ruinen hat eine völlige Neuplanung des Postgebäudes erforderlich gemacht.

Den Namen Heidenheim führt man auf „heido“ (Name eines germanischen Sippenältesten) oder auf „heidan“ (althochdeutsch = heidnisch) zurück. Das Wappen der Stadt zeigt bezeichnenderweise einen bärtigen Urmenschen.

Die wohlhabende Stadt wechselte im Verlauf ihrer Geschichte sehr oft die Besitzer. So stritten sich die Hellensteiner, Helfensteiner, Württemberger, Bayern und Ulmer um die Herrschaft. In den großen Schlachten hielten sich bedeutende Feldherren wie Prinz Eugen, Wallenstein oder Napoleon I. in der Stadt auf und hatten hier vorübergehend ihre Hauptquartiere eingerichtet. Nach dem Westfälischen Frieden 1648 wurde die Stadt endgültig württembergisch. Obwohl Heidenheim im Dreißigjährigen Krieg, im Spanischen Erbfolgekrieg und in den Napoleonischen Kriegen viel erdulden mußte, gehörte es dennoch zu einer der gewerbereichsten Städte des Landes. Grundlagen waren landwirtschaftliche Erzeugnisse, Holzvorräte, Bodenschätze, Eisen, Ton und Juragestein. Durch den Fleiß, die handwerkliche Fertigkeit der Bewohner und die verkehrsgünstige Lage der Stadt haben sich seit 150 Jahren bemerkenswerte Industrieanlagen entfaltet (Metall, Maschinen, Elektro, Bauelemente, Armaturen, Werkzeuge, Textil, Papierverarbeitung, Holz, Wolldecken,

Zement). Nach dem Zweiten Weltkrieg hat die Stadt durch die Ansiedlung einiger Weltfirmen aus Mitteldeutschland einen weiteren wirtschaftlichen Aufschwung erfahren.

Das Stadtbild wird von **Schloß Hellenstein** beherrscht, das 78 m über der Altstadt auf einem gewaltigen Felsmassiv thront. Der Name Hellenstein taucht erstmals 1150 auf; in der Urkunde wird von einem „Tegenhardus de Haelenstein", einem Freund Friedrich Barbarossas, gesprochen. Diese Stauferburg mit den gewaltigen Buckelquadern brannte 1530 völlig nieder. Sechs Jahre später wurde unter Herzog Ulrich mit dem Wiederaufbau begonnen. Da diese „Obere Burg" im 18. Jahrhundert verfiel, entschloß sich der Landesherr, die Burg bis auf die Umfassungsmauern abtragen zu lassen. Diese Mauern stehen noch.

1857 widersetzte sich der Heidenheimer Stadtrat der weiteren Zerstörung des Schlosses. Seitdem gehören die Ruinen der Oberen Burg zum viel gehüteten historischen Besitz der Stadt.

Der Wiederaufbau rund um den **Unteren Schloßhof** ist Herzog Friedrich I. (1593—1608) zuzuschreiben. Der lange Gebäudetrakt umfaßt die **Schloßkirche,** erbaut nach einem Gelübde des Herzogs, das er während einer stürmischen Seefahrt ablegte, ferner die **Obervogtei** (darunter der Leibstall mit sieben eichenen, beschnitzten Boxen). die **Burgvogtei** mit zwei Kellern und drei Gewölben; der **Altanbau** mit Geschützturm und der riesige **Fruchtkasten** mit schweren Eichenbalken in seinem Inneren. Der **Schloßbrunnen,** auch „Kindlesbrunnen" genannt, ist 78 m tief. Das Brunnengitter stammt aus dem Jahre 1898. Ein alter Treppenturm der ersten Burg ist heute zum Besteigen freigegeben (Eintritt frei).

Eine besondere Attraktion für das Schloß und Heidenheim ist das reichhaltige **Heimatmuseum,** das sich in der Schloßkirche, dem Obervogteisaal und dem Marstall befindet.

Einen herrlichen Rundblick haben Sie von dem schon erwähnten Treppenturm oder von der »Bastei" und vom „Zwetschgengärtle". Unter Ihnen dehnt sich die Stadt aus. Links und rechts sehen Sie weit hinein ins Brenztal und in das idyllische Stubental. Über den Kranz der Wälder hinaus schweift der Blick auf die Hochfläche der Heidenheimer Alb.

Doch kehren wir noch einmal zurück in die Stadt, denn die

Totenbergkapelle und die **Michaeliskapelle** sollten Sie noch besuchen. Weit über die nahe Umgebung hinaus hat sich auch das **Heidenheimer Naturtheater** als Freilichtbühne einen Namen gemacht.

Auskunft: 792, Verkehrsverein Heidenheim, Tel. (07321) 2 10 70, Heimat- und Altertumsverein, Tel. (07321) 2 41 92.

Verkehrsverbindungen: Bahnstation zwischen Ulm und Aalen. — Liegt an der B 19 (nach Ulm 42 km) und an der B 466 (Schwäbische Albstraße). Busverbindungen nach Göppingen, Nördlingen, Ulm und in die nähere Umgebung Heidenheims.

Sport und Unterhaltung: Sport- und Spielplätze, Hallenbad, Wald-Freibad, Reiten, Tennis, Minigolf, Wintersport, Kinos, Tanzlokale, Vorträge, Konzerte, Theateraufführungen.

Ausflüge:

1. Zur **Charlottenhöhle,** der längsten Tropfsteinhöhle Süddeutschlands, über **Herbrechtingen** (Bahn oder Bus) nach **Eselsburg** (Brenztal) und von dort nach **Hürben.** Ganz in der Nähe des Ortes finden Sie den Höhleneingang. Machen Sie noch einen Abstecher zur **Ruine Kaltenburg** und gehen Sie hinunter nach **Hermaringen,** um von hier wieder mit Bus oder Bahn nach Heidenheim zurückzukehren. Wegzeit 5 Stunden.

2. Über Schloß Hellenstein nach **Mergelstetten,** Bolheim und **Herbrechtingen.** Wegzeit 3 Stunden.

3. Zur **Ruine Falkenstein.** Der Weg führt Sie zunächst nach **Mergelstetten,** Bolheim und **Anhausen.** Von dort schließlich zur 523 m hoch gelegenen Ruine Falkenstein. Steigen Sie ab nach **Herbrechtingen** und kehren Sie mit Bus oder Bahn nach Heidenheim zurück. Wegzeit 3 Stunden.

4. Auf der Schwäbischen Albstraße durch das Lindletal nach **Nattheim,** dann ein Stück durch das Kuchener Tal nach Steinweiler und nach **Neresheim** mit seinem das ganze Tal beherrschenden prächtigen Barockkloster. Wegzeit 5 Stunden.

5. Zum **Itzelberger See.** Sie verlassen Heidenheim nach Norden, streifen Schnaitheim und Aufhausen und erreichen kurz danach den See. Nach ausgiebiger Rast wandern Sie am besten hinüber nach **Königsbronn** mit dem **Brenztopf** und den Höhlen **Hessenloch, Wollenloch.** Sie können von hier mit der Bahn nach Heidenheim zurückfahren oder zu Fuß über **Zang** die Stadt erreichen. Wegzeit 4 Stunden.

6. Vom Wanderparkplatz südlich des Naturtheaters gibt es 3 Rundwanderwege.

Weg 1 — biegt vom Kamm nach ca. 200 m rechts ab, führt in den Wald und trifft beim Talhof auf das Ugental. Er verläuft am Waldrand und führt am Naturtheater vorbei zum Parkplatz. (40 Minuten)

Weg 2 — bleibt auf dem Kamm und zweigt von diesem hinter den ehemaligen Schießständen links ab in Richtung Mergelstetten. Vom Waldrand aus schöner Blick in das Brenztal (evtl. 100 m nach links gehen); der Weg führt dann weiter am Waldrand nach rechts bis zum Kamm, auf dem er zum Parkplatz zurückführt. (1 Stunde)

Weg 3 — führt ebenfalls auf dem Kamm nach Süden bis zum

Albvereinsweg hinter dem Buchhof, dem er nach rechts in das Ugental folgt. Dort bleibt er am Waldrand und führt an dieser Talseite am Talhof vorbei — von dort wie Weg 1 — zum Parkplatz. (1½ Stunden)

HERBRECHTINGEN

Kreis Heidenheim, 472 m

5 km südlich von Heidenheim liegt am Fuß der Ostalb dieser Erholungsort, von dem aus sich die Landschaftsschutzgebiete Albuch und Eselsburger Tal erwandern lassen. Ein Wanderparkplatz beim Ortsteil Eselsburg ist Ausgangspunkt für zahlreiche schöne Rundwege. Campingfreunde können im romantischen Eselsburger Tal ihr Zelt aufschlagen.

Sie sehen es dem Ort heute nicht an, daß er der historisch interessanteste im mittleren Brenztal ist. Im Hinteren Feld (Richtung Bernau) hat man die Ruinen eines römischen Gutshofes freigelegt. Am Gänsbühl wurde ein reich ausgestattetes Grab einer adeligen Frau aus dem frühen Mittelalter ausgegraben. — Herbrechtingen wurde bereits 774 urkundlich erwähnt. In jenem Jahr gründete hier Abt Fulrad von Saint-Denis ein **Kloster,** das er später Karl dem Großen übereignete. — 1046 war ein großes Jahr für die Herbrechtinger. König Heinrich III. besuchte den Ort und war zugegen, als Abt Halinardus von Dijon zum Erzbischof von Lyon ordiniert wurde. Von 1279 bis 1634 geriet Herbrechtingen mit seinem Stift in allerlei Querelen. Viermal wurde es in diesem Zeitraum niedergebrannt. Vom **Kloster,** das 1806 aufgelöst wurde, ist noch ein spätromanischer Glockenturm, der Chor (spätgotisch), die Propstei und ein Teil des Konventsgebäudes übriggeblieben.

Auskunft: 7922, Bürgermeisteramt, Tel. (07324) 20 57.

Verkehrsverbindungen: Station an der Bahnstrecke Heidenheim—Ulm. Die B 19 führt durch den Ort. Fahrstraßen verbinden Herbrechtingen außer mit Heidenheim und Ulm auch mit Giengen und Gerstetten.

Ausflüge:

1. Über Hürben zur **Charlottenhöhle.** Wegzeit 1½ Stunden.

2. Zu den **Steinernen Jungfrauen** im Eselsburger Tal. Sie gehen am südlichen Ortsausgang brenzaufwärts bis zu einer Fabrikanlage. Hier überqueren Sie die Brenz und wandern hinauf zum Waldrand. Bei den alten Schanzen halten Sie sich links bis Sie einen Aussichtsfelsen erreichen. Nach kurzer Gehzeit fällt Ihnen ein geheimnisvoller Erdwall auf, der vermutlich von einer Ringburg aus der Hallstattzeit stammt. Nächste Station ist die **Burg Falkenstein,** die keck auf

spitzem Felsen sitzt. In Richtung Bisingen geht's weiter. Beim Waldparkplatz steigen Sie hinunter ins Brenztal und kommen nun zum Höhepunkt dieser Wanderung. Sie sehen bereits das idyllisch gelegene Dörfchen **Eselsburg** mit seinen alten Fachwerkhäusern und den heimeligen Winkeln vor sich liegen. Vom Wanderparkplatz im Talgrund wandern Sie auf einem schmalen Sträßchen in Richtung Herbrechtingen weiter. Schon nach 15 Minuten wird die östliche Talseite felsig. Bizarre Felspartien locken den Bergsteiger. Die wunderlichste Gruppe, zwei freistehende ca. 8 m hohe Felsnadeln, heißen die „Steinernen Jungfrauen". Sie spiegeln sich malerisch in einem Teich. Sie gehen das Tal weiter abwärts und erreichen in Kürze Herbrechtingen. Wegzeit 2½ Stunden.

HERRLINGEN

Ortsteil von Blaustein, Alb-Donau-Kreis,
503 m

Die Gemeinde liegt im Tal der Blau, an der Einmündung der Kleinen Lauter in die Blau. Nach Blaubeuren und Ulm sind es jeweils rund 10 km. In Herrlingen hatte Generalfeldmarschall E. Rommel gewohnt, bevor er am 14. Oktober 1944 im Wald zwischen Herrlingen und Wippingen zum Selbstmord gezwungen wurde. Sein Grab befindet sich auf dem Gemeindefriedhof.

Die **Pfarrkirche** wurde 1816 im klassizistischen Stil erbaut. Sie steht auf den Fundamenten einer bereits 1347 genannten Vorgängerin. Der Hochaltar ist aus der Deutschordenskirche in Ulm übernommen. An der Innenseite der Nordfassade mehrere beachtenswerte Grabplatten.

Herrlingen hat sich als Luftkurort einen Namen gemacht und erfreut sich auf Grund der landschaftlich bemerkenswerten Lage inmitten der Blaubeurer Alb und mit den tiefen Wäldern des Hochsträß vor der Tür ständig zunehmender Besucherzahlen.

Auskunft: 7906, Bürgermeisteramt, Tel. (07304) 240.

Verkehrsverbindungen: Station an der Bahnstrecke Ulm—Sigmaringen. Busse fahren nach Ulm, Blaubeuren, Urach, Stuttgart, Laichingen und Ehingen. Liegt an der B 28.

Sport: Fußballplatz, Skipisten, Sprungschanze. Im nahen Böttingen befindet sich auch ein Skilift.

Ausflüge:

1. Nach **Lautern** an der **Lauterquelle.** Die **Burg Lauterstein** oberhalb des Dorfes wurde wahrscheinlich im Dreißigjährigen Krieg ge-

Ein idyllisches Fleckckchen Erde: Die „Steinernen Jungfrauen“ im Eselsburger Tal bei Herbrechtingen.
(Foto: Bild Landesverkehrsverband Württemberg — Foto Holder)

schleift. In einer alten Mühle bei Lautern fand der berüchtigte Wiedertäufer August Bader mit seinen Getreuen Zuflucht. Von hier aus wollte er das 1000jährige Königreich gründen. Württembergische Söldner nahmen ihn gefangen, noch bevor er sein Vorhaben wahrmachen konnte. 1530 wurde Bader in Stuttgart hingerichtet. — Der Weg nach Lautern führt Sie durch das liebliche Tal der Kleinen Lauter. In dem stillen Albdörfchen sollten Sie die **Kirche** besuchen, in der ein wertvoller Schnitzaltar (1509) steht. Wegzeit 1 Stunde.

2. Sie können diese Wanderung auch zu einer Rundwanderung erweitern, wenn Sie von Lautern aus auf den aussichtsreichen **Hohenstein** hinaufsteigen. Sie wandern am Hofgut vorbei über Heide und durch Wald, dann steigen Sie hinunter in ein Trockental. An den Steinbrüchen von Bollingen vorbei führt der Weg wieder bergan zum sogenannten **Felsele,** von wo Sie einen zauberhaften Blick ins Kiesental haben. Sie streifen die Gemeinde **Weidach** und erreichen auf bequemem Wanderpfad Herrlingen. Wegzeit 4 Stunden.

3. Zum **Schloß Oberherrlingen.** Sie gehen ein kurzes Stück lauteraufwärts, überqueren sie und schwenken noch vor dem Waldrand nach links auf den Weg ein, der Sie zum Schloß bringt. Wegzeit 50 Minuten.

4. Auf bezeichnetem Weg nach **Weidach** und weiter auf einem Heideweg zum Albvereinshaus **Weidacher Hütte.** Nun halten Sie sich nach Osten und erreichen über **Bollingen** das Dorf **Böttingen.** Besichtigen Sie die **Peter-Paul-Kapelle** mit einem Hochaltar von 1627. In der **Marienkapelle** befindet sich ein Holzrelief von 1510 (Tod Mariä). Den Rückweg nehmen Sie am besten über **Mähringen** und das Schomental. Wegzeit 5 Stunden.

HEUBACH

Ostalbkreis, 470 m

Zu allen Jahreszeiten übt das alte, so herrlich zwischen den hohen Albbergen und erfrischenden Wäldern gelegene Städtchen eine große Anziehungskraft aus. Trotz starker Industrialisierung bleibt Heubach ein beliebter Erholungsort und viel besuchtes Ausflugsziel.

Matthäus Merian hat die Umgebung 1590 so beschrieben:

„Bey dieser Statt / gegen Mittagswärts / seyn förchtige Höllinne in den Felsen / in welche / zu Kriegszeiten / die Leute geflohen seyn; darinn das beste Wasser / aber auch gar viel Schlangen zufinden. Man vexieret die Heubacher / daß der Schultheiß daselbst mitten auff dem Marckt / von einem Wolff sey gefressen worden."

Keine Angst, Wölfe fressen in Heubach schon lange keine Bürgermeister mehr. Freilich, an schwülen Gewitterabenden liegt etwas Drohendes über der Stadt. Schwarz und hohl blicken die toten Fensterhöhlen der mächtigen Ruine auf dem Rosenstein hinunter ins Land. Ungestüm packt der Wind die knorrigen Eichen, es rauscht und raunt. Früher haben sich bei solchem Wetter die Menschen in ihre Häuser verkrochen. Mit dem Satan im Bunde war, wer jetzt noch in der „Scheuer" oder „Teufelsklinge" etwas zu suchen hatte. Um jeden Felsen, um jeden Hungerbrunnen webt sich eine düstere Sage. Der Rosenstein mit seiner Umgebung ist einer der geheimnisvollsten Berge der Alb. Und das nicht von ungefähr. Zuvor noch ein paar Worte zu Heubach und seiner Geschichte:

Im 12. Jahrhundert gehörten die Burg Rosenstein und Heubach den Pfalzgrafen von Dillingen-Donauwörth. Sie ließen die erste Kirche in Heubach erbauen und dem Heiligen Ulrich weihen. Nach mehrmaligem Besitzerwechsel war erst das 14. Jahrhundert wieder von einiger Bedeutung, weil jetzt Heubach zur Stadt erhoben wurde. An jene Jahre des ausgehenden Mittelalters erinnern noch die **St. Ulrichskirche**, das **Rathaus**, dessen Fachwerkoberbau aus dem Jahre 1501 stammt und dessen Fundament noch viel älter ist; der ummauerte **Friedhof** und der **Blockturm.** Er ist der einzige noch erhaltene Torturm des ummauerten Stadtkerns. Von den nahen Bergen aus können Sie den Verlauf dieses Mauerrings erkennen. Auch die Kirche hatte Wehrcharakter. Sehenswert ist der alte **Marktbrunnen** mit eisernem Fischkasten (1771). Mit einer besonderen Attraktion kann Heubach seit einigen Jahren aufwarten: Nahe bei der Stadt, auf dem **Glasenberg**, wurde ein 165 m hoher Fernsehturm mit Aussichtsplattform errichtet.

Ursprünglich war Heubach eine rege Landstadt, deren Bewohner in der Mehrzahl Landwirte und Handwerker waren. Um ihre Einnahmen zu erhöhen, arbeiteten Sie in nebenberuflicher Heimarbeit an Webstühlen. Aus diesen Hauswebereien entstanden die ersten Gewerbebetriebe, aus denen wiederum die bekannte Miederfabrik hervorging, die heute unter dem Kennzeichen „Triumph" einen weltweiten Ruf erworben hat. Diese Firma ist die Haupterwerbsquelle für die Einwohner der Stadt. Die rasche Ausdehnung der Webindustrie ließ den Bevölkerungsanteil sprunghaft ansteigen: Noch zu Beginn des 19. Jahrhunderts zählte Heubach erst 1000 Einwohner. Um 1900 waren es 1637. Vor dem Ausbruch des Zweiten Weltkrieges hatte der Ort 2800 und heute sind es schon 6000 Einwohner.

Der **Rosenstein** (686 m) ist das alles beherrschende und auch vom Fernsehturm auf dem Glasenberg nicht zu übertreffende Wahrzeichen Heubachs. Viele Sagen, die sich um die Burg ranken, handeln aus den Zeiten der Christianisierung; denn droben auf dem Rosenstein, da hing man lange dem alten germanischen Glauben an. Von einer Alten ist die Rede, die oftmals den Gottesdienst in der „Großen Scheuer" oder in der „Teufelsklinge" am Nägelberg geleitet haben soll. In mondlosen Nächten blinkten Fackeln durch den Wald und das Hufgetrappel war bis zu den ersten Häusern in Heubach zu hören. Geheimnisumwittert, sagenumwoben, das ist der Rosenstein. Und nichts kann daran etwas ändern, solange es Menschen gibt, die ein Gespür für die Romantik dieses merkwürdigen Berges haben. Übrigens hat Wilhelm Kotzde-Kottenrodt in seinem historischen Roman „Lupold auf dem Staufen" diese Stimmung glänzend eingefangen.

250 m erhebt sich der mächtige Klotz des Rosensteins über Heubach: Mit der Albhochfläche ist er nur durch eine 1,5 km lange und 600 Meter breite Landbrücke verbunden. Dieser Rücken ist durchzogen von mehreren Gräben und Erdwällen, die in die Hallstattzeit zurückdatiert werden. Der westlichste Felsvorsprung, auf dem die Burg steht, ist durch einen Erdwall abgetrennt. — Am Rosenstein gibt es sehr interessante Höhlen. Die **Kleine Scheuer** unterhalb der Ruine war einst von Mammutjägern bewohnt. In der **Dreieingangshöhle** hat man Werkzeuge aus der Spätbronzezeit gefunden und im sogenannten **Haus** im Nordosten des Berges lagen im Höhlenlehm Keramikscherben und Geräte aus der Römerzeit. Auf den Nachbarbergen Hochberg, Mittelberg und Scheuelberg befinden sich ebenfalls vorgeschichtliche Wälle und Wohnhöhlen.

Wer Versteinerungen sammelt, kommt in der **Stollenklinge** am **Sand** auf seine Kosten. Hier finden Sie die Kamm-Muschel „Pecten personatus". Am **Pfaffenberg** bei Lautern tauchen die Lochmuschel, das zweisitzige Schildhorn und Belemmiten auf. Im besagten Steinbruch am Pfaffenberg gibt es eine Höhlenruine, in der Armkiemer, die vielgerippte Rhynchonella lacunosa und gabelrippige Ammoniten zum Vorschein kamen.

Die vielen Höhlen in der Heubacher Umgebung verleihen

dem ganzen Gebiet einen besonderen Reiz. Die **Teufelsklingenhöhle** ist ein Hungerbrunnen. Die **Große Scheuer** ist das ehemalige Bett eines inzwischen ausgetrockneten Höhlenflusses. Die **Fastnachtshöhle** am Scheuelberg oder das **Finstere Loch** sind durch Einstürze und Abbrüche entstanden. Mehr über die Höhlen in der verkarsteten Umgebung von Heubach erfahren Sie im Kapitel „Auf Rulamans Spuren" (Gebiet: Geislingen).

Auskunft: 7072, Stadtverwaltung, Tel. (07173) 721.

Verkehrsverbindungen: Station an der Nebenlinie Böbingen—Heubach. Busse fahren nach Schwäbisch Gmünd. Fahrstraße außerdem nach Heidenheim und Aalen.

Sport und Unterhaltung: Fußballplatz, Freibad, Kegelbahnen, Skipiste, Turnhalle, Stadthalle mit Vorträgen, Theateraufführungen, Bunten Abenden, Tanzveranstaltungen, Kleinhallenbad.

Ausflüge:

1. Ein geruhsamer Spaziergang führt Sie durch die Adlerstraße, dann über Obstbaumwiesen durch den Wald zum **Sand** (520 m). Vom Waldrand haben Sie den schönsten **Blick** auf Heubach mit Rosenstein, Glasenberg, Hochberg, Nägelberg und rückwärts zum Scheuelberg. Wegzeit 45 Minuten.

2. Vom **Vertriebenendenkmal** spazieren Sie auf dem **Schillerweg** bis zum **Hindenburgdenkmal.** Zurück gehen Sie auf dem Franz-Keller-Weg. Wegzeit 30 Minuten.

3. Ausgangspunkt zu dieser Wanderung ist der Kreuzweg-Parkplatz auf dem Rosenstein. Sie überqueren einen deutlich als Erdwall erkennbaren Höcker (Hallstattzeit). Er trennt die Berghalbinsel des Rosensteins von der Albhochfläche. Sie gehen weiter bis zur Wegespinne und halten sich dann links. Kurze Zeit später treten Sie hinaus auf eine schöne Waldwiese. In der Waldschenke können Sie sich erfrischen, bevor Sie hinübergehen zum **Lärmfelsen.** Über den eisernen Steg, an dessen Stelle früher die Zugbrücke montiert war, gelangen Sie zur **Ruine Rosenstein.** Über die Waldwiese und Sophienruhe kehren Sie zum Parkplatz zurück. Wegzeit 40 Minuten.

4. Vom selben Ausgangspunkt gehen Sie jetzt zum Kinderfestplatz bis zum **Uzenberg** (766 m). Auf dem Rückweg machen Sie einen Abstecher zum **Fernsehturm** auf dem **Glasenberg** (720 m). Die Aussichtsplattform ist in 25 m Höhe angebracht. Von hier aus können Sie die seltsame Gestalt der Berghalbinsel des Rosensteins erkennen. Wegzeit 40 Minuten.

5. Erste Station ist das **Beurener Kreuz.** Es geht dann hinüber zum **Himmelreich.** Hier entschädigt Sie eine umfassende Aussicht für die Strapazen des Aufstiegs. Vom Sattel zwischen Himmelreich und Scheuelberg führt ein Weg hinunter nach **Beuren,** dem Ausgangspunkt dieser Wanderung. Wegzeit 1 Stunde.

6. Auf dem markierten Panoramaweg kommen Sie vorbei am Herrgottsbrünnele und gehen weiter zur vorgeschichtlich hochinteressanten Höhle **Kleine Scheuer.** Sie erklimmen anschließend den

Rosenstein, wandern hinüber zum **Lärmfelsen** und gelangen über die schöne Waldwiese hinunter zum 2. Erdwall aus der Hallstattzeit. Nun klettern Sie wieder auf 735 m zur **Schönen Aussicht** hinauf und erreichen hier die höchste Stelle dieser Berghalbinsel. Sie wandern dem Nordrand entlang zur **Großen Scheuer** und zum **Haus,** beides Höhlen, deren Eingangstore sehr eindrucksvoll sind. Es folgt der **Hohe Stein** (720 m), von dem Sie weit ins Land schauen können. Sie folgen der Südkante des Massivs und erreichen das **Finstere Loch.** Hüten Sie sich, ohne Taschenlampe in die Höhle einzusteigen! An einem weiteren Erdwall vorbei erreichen Sie kurz danach den **Kreuzweg,** der von Eichen, Buchen und einer Douglasie eingerahmt ist. Von dort aus führt der Weg hinunter zur **Stellung.** Wegzeit 3 Stunden.

7. Vom Kreuzweg-Parkplatz starten Sie zu einem Ausflug ins **Lappertal.** Sie erreichen die idyllische **Lauterquelle** und gehen vollends hinein in das Fachwerkdorf **Lautern.** Sie wandern dann das **Wäschbachtal** aufwärts und zweigen links ab zur **Ruine Lauterburg.** Sie umgehen den Talabschluß des Wäschbachtals und finden auf einer wenig befahrenen Waldstraße zurück zum Parkplatz. Wegzeit 2½ Stunden.

8. Ausgangspunkt ist der Parkplatz in der Scheuelbergstraße. Sie folgen dem Klotzbach bis zur Straße nach Beuren. Auf der anderen Seite steigt der Weg an zur **Teufelsklinge.** Im Frühjahr, wenn der Schnee am Scheuelberg unter den warmen Strahlen der Sonne wegschmilzt, dann zwängen sich wild braune Wassermassen durch den Felsen und tosen in die Tiefe. Sie steigen zum oberen Ende der Teufelsklinge und wandern durch Wald und über Felsen zum Parkplatz „Stock". Nächstes Ziel ist der **Hochberg** (755 m), der wie der Rosenstein noch Erdwälle aus der Hallstattzeit aufweist. Von hier Abstieg nach Heubach. Wegzeit 3 Stunden.

9. Bei dieser Wanderung haben Sie denselben Ausgangspunkt und denselben Weg bis zur **Teufelsklinge,** dann weiter zum **Nägelbergrükken.** Sie folgen dem Albvereinszeichen zum **Bargauer Kreuz.** Gehen Sie noch hinüber zum **Bargauer Horn** (710 m), ein herrliches Naturschutzgebiet. Sie werden in der Umgebung übrigens keinen Platz finden, von dem Sie eine schönere Sicht haben als von hier oben. Am Südabfall entlang wandern Sie zu der sehenswerten **Jakobshöhle.** Auch das **Enge Loch** und die **Fastnachtshöhle** können Sie auf einem kleinen Umweg erreichen. Den Abstieg vom sagenumwobenen und in grauer Vorzeit nachweisbar als Kult- und Wohnstätte dienenden **Scheuelberg** machen Sie über die **Hölle,** ein Waldstück, das mit vielen unförmigen Felsblöcken übersät ist. Wegzeit 4 Stunden.

HOHENSTAUFEN

Stadtteil von Göppingen, 500 m

„Aller schwäb'schen Berge schönster", so preist Ludwig Uhland in einem Gedicht den bekanntesten der drei Kaiserberge. Der spitze Weißjura-Kegel liegt losgelöst von den Bergmassiven der Alb kilometerweit vor dem Albrand. Er ist weithin sichtbar und bietet dem, der ihn besteigt, ein einzigartiges Panorama. Von den Schwarzwaldbergen bis zu den Vorarlberger Alpen reicht die Fernsicht. Vor Ihnen im Norden breiten sich der Welzheimer und Murrhardter Wald aus. Im Hintergrund erkennen Sie die Löwensteiner und Limpurger Berge. Hinter Schwäbisch Gmünd sehen Sie die Wallfahrtskirche Schönenberg bei Ellwangen. Der östlichste Albberg, den man vom Staufen ausmachen kann, ist der Braunenberg bei Aalen. Die Kette setzt sich fort mit Rosenstein, Rechberg, Hornberg, Stuifen, Kaltes Feld, Heldenberg, Messelstein und dahinter die Stettener Wetterwarte. Das Scharfenschloß und Staufeneck sind markante Punkte in der Alblandschaft, ebenso wie Hohenstein und Tegelberg. Oberhalb des Filstales ist deutlich sichtbar die Schildwacht. Auch Michelsberg, Spitzenberg, Tennenberg, der Burren, Fränkel und Wasserberg sind gut zu erkennen. Fuchseck, Sielenwang und Kornberg sind bekannte Ausflugsberge in dieser Umgebung. Auch ohne Fernglas ist der schroffe Steilabfall des Boßler auszumachen. Der Römerstein mit seinem Aussichtsturm dient Ihnen bei der Orientierung gleichsam als Kompaßnadel. Über dem Aichelberg erhebt sich der Breitenstein und hinter Göppingen ragt der schlanke Turm der Teck in den Himmel. Der Roßberg lugt zwischen Hohenneuffen und Hörnle hervor; rechts davon der Jusi und die Achalm bei Reutlingen. Ganz im Westen blinkt der Stuttgarter Fernsehturm herüber.

Der Gipfel trägt heute die Reste der Stammburg der mächtigen Stauferkaiser. 1079 erhielt Friedrich von Büren von Kaiser Heinrich IV. das Herzogtum Schwaben zum Lehen. Auf den waldlosen Bergkegel ließ er eine Burg bauen, die seit ihrer Gründung nach dem Berg „Staufen" heißt. Aus diesem Geschlecht gingen Kaiser Friedrich I. (Barbarossa), Heinrich VI., König Konrad III., König Philipp von Schwaben, Kaiser Friedrich II., Konrad IV. und sein Sohn Konradin, der in Neapel 1268 hingerichtet wurde, hervor. Mit ihm endete die glanzvolle „Stauferzeit". Die Stauferkaiser haben nur wenig Zeit gefunden, ihre Stammburg zu besuchen. Von Barbarossa z. B. ist nur ein Besuch (1181) belegt. Es darf aber als sicher angenommen werden, daß jeder der Kaiser, mit Ausnahme des unglückseligen Konradin, in der Burg wenigstens einmal eingekehrt ist.

1525 brannten Gaildorfer Bauern die Burg nieder. Die Qua-

der ließ Herzog Christoph von Württemberg 1560 nach Göppingen schaffen, wo sie für den Schloßbau verwendet wurden. 1705 wurde der Bergfried abgetragen. Schon in der 1. Hälfte des 18. Jahrh. wurde das Gipfelplateau eingeebnet und später landwirtschaftlich genutzt. Nur noch kümmerliche Reste, die vom Denkmalschutzamt mühselig restauriert werden, zeugen von der einst mächtigen Festung. Die einzige Ansicht der unzerstörten Burg findet sich in der Oberhofenkirche zu Göppingen. Die folgende Skizze von Gerhard Jost ist nach ihr angefertigt.

Die Burg Hohenstaufen vor dem Jahr 1525

Das **Dorf Hohenstaufen** existiert schon seit es die Burg gibt. Es wurde von den Staufern mit Privilegien ausgestattet: Marktrecht, Gerichtsbarkeit, Schankrecht, Allmendrecht. Auf dem **Asrücken** gibt es heute noch den Flurnamen „Galgen", der die ehemalige Richtstätte bezeugt. Das kleine, am steilen Hang des Staufens gelegene Dorf lugt weit ins Land hinaus. Fast von jedem Haus haben Sie einen freien Blick zu den Albbergen. Hohenstaufen liegt an keiner verkehrsreichen Durchgangsstraße. Das Dorf ist still, sonnig — ideal für einen Sommerurlaub. Eine Fülle von Ausflugsmöglichkeiten bieten sich an. Die wichtigsten werden nachstehend genannt. Für den Autofahrer sind auch weiter entfernte Sehenswürdigkeiten schnell erreichbar. Zu Tagesfahrten können Sie starten nach Tübingen, Urach, Blaubeuren, Ulm, Neresheim, Rothenburg, ins Hohenloher Land, nach Stuttgart, zu den Burgen Teck, Hohenzollern, Hohenneuffen, Lichtenstein sowie zur Nebel- und Bärenhöhle.

Bevor Sie aber die Umgebung erkunden, schauen Sie sich das renovierte **Barbarossakirchlein** an. Es heißt eigentlich richtig **Jakobskirche** und steht auf den Resten der romanischen Burgkapelle von 1228. Unterhalb der Kirche befindet sich eine Dokumentationsstelle für Staufische Geschichte. Die Entwicklung Schwabens in der Stauferzeit wird mit Bildtafeln und Skulpturen dargelegt.

Auskunft: 7321, Bürgermeisteramt, Tel. (07165) 261.

Verkehrsverbindungen: Busse fahren nach Gmünd und Göppingen.

Ausflüge:

Rund um den Hohenstaufen gibt es 14 Wanderparkplätze. Von jedem führen Rundwege in alle Himmelsrichtungen. Es können hier aus Platzgründen nur die wichtigsten Ausflugsziele zur Anregung aufgezählt werden:

1. Zur Burg **Hohenstaufen.** Wegzeit 20 Minuten.
2. Zur **Ruine Hohenrechberg** über den **Asrücken.** Wegzeit 1½ Stunden.
3. Verlängern Sie diese Wanderung um 2 Stunden und wandern Sie weiter zum dritten Kaiserberg, dem **Stuifen.** Von dort quer über Wiesen und Felder zurück nach Hohenstaufen. Wegzeit 3½ Stunden.
4. Über Rechberg nach **Schwäbisch Gmünd.** Mit dem Bus zurück. Wegzeit 3½ Stunden.
5. Dieselbe Zeit sind Sie unterwegs, wenn Sie von Rechberg über das Rehgebirge zur romantischen **Burg Staufeneck** oberhalb von Süßen wandern. Wegzeit 3½ Stunden.
6. In die reizvolle „Filstalmetropole" **Göppingen.** Zu Fuß 2 Stunden. Mit dem Wagen 12 Minuten.
7. Von Hohenstaufen zur Wiege des Staufergeschlechts, dem **Wäscherschloß.** Dann weiter zum **Kloster Lorch,** der Grablege der Staufer. Mit dem Bus über Gmünd wieder zurück. Wegzeit 3 Stunden.
8. Über Birenbach gelangen Sie zum **Kloster Adelberg.** Zurück über Rechberghausen. Wegzeit 2½ Stunden.
9. Sie erobern der Reihe nach die drei Kaiserberge Staufen, Rechberg, Stuifen und wandern über die malerische **Reiterleskapelle** zum breiten Höhenrücken **Kaltes Feld.** Zurück mit dem Bus über Schwäbisch Gmünd. Evtl. Abstieg nach Degenfeld. Wegzeit 4 Stunden.

HOHENZOLLERN (855 m)

Hoch oben auf einem von allen Seiten steilen Bergkegel thront der Hohenzollern, Stammburg des ehemaligen deutschen Kaiserhauses. Der vorgelagerte pyramidenförmige Albberg mit der gezackten Silhouette der unzerstörten Burg ist ein markanter Orientierungspunkt im 150 km langen Panorama des nördlichen Albtraufs. Herrlich ist die Aussicht von der Burg über die Höhen der Schwäbischen Alb, hinunter ins Neckartal, über das breite Waldgebiet „Schönbuch“ und die Fildern nach Stuttgart oder in Richtung Westen bis zu den fernen Schwarzwaldbergen.

Wann zum ersten Mal eine Burg auf dem Zoller errichtet wurde, bleibt im Dunkel der Geschichte. Das Geschlecht der Zollern ist 1061, die Burg 1267 erstmals urkundlich genannt. In einem altdeutschen Vers heißt es, daß der Hohenzollern „das vesteste Haus in teutschen Landen“ sei, was auf eine starke Befestigung schließen läßt. Dennoch wurde diese erste Burganlage 1423 nach einjähriger Belagerung von dem Heer der schwäbischen Reichsstädte erobert und bis auf die Grundmauern niedergebrannt. Von der 500 Mann starken Besatzung überlebten nur 32 Ritter. An sie erinnert noch eine Gedenktafel in der katholischen St. Michaelskapelle.

Die zweite Burg wurde erst 1454—1461 errichtet. Kurz vor dem Dreißigjährigen Krieg ließen die Grafen starke Bollwerke anlegen. Der Hohenzollern war seither eine unbezwingbare Festung. Dennoch wurde sie einige Male ausgehungert, und Württemberger Bauern, Österreicher und Franzosen teilten sich jeweils die Beute. 1771 zerfiel die zweite Burg. Als 1819 der spätere preußische König Friedrich Wilhelm IV. die Stammburg seines Geschlechts besuchte und nur einen Trümmerberg vorfand, beauftragte er sofort den Architekten seines Hofes, Pläne für eine neue Burg anzufertigen. So entstanden dann in den Jahren 1850—1867 die heutigen Burgbauten nach den Plänen des Grafen Stillfried und des Architekten F. A. Stüler. Die imponierenden Bastionen wurden durch Oberst Prittwitz errichtet. Einen ersten Eindruck erhält der Besucher schon auf der spiralförmig angelegten Zufahrtsstraße, die über drei Zugbrücken und durch sieben schwere Tore führt. Teilweise ist die Pflasterstraße untertunnelt. Verliesähnliche Hundezwinger verstärken in diesem Abschnitt noch die düstere Atmosphäre. In die architektonische Gestaltung der dritten Burg wurde die **St. Michaelskapelle,** die den Zerfall der zweiten überdauert hatte, miteinbezogen. Die Kapelle (links im Burghof) beherbergt beachtenswerte Kleinodien. Am wertvollsten sind die drei **Glasfenster** von 1280, die zugleich die ältesten Zeugnisse schwäbischer Glasmalerei dar-

So präsentiert sich die Burg Hohenzollern von unten.
(Foto: Gerhard Jost, Pforzheim)

stellen. Die Fenster schildern Szenen aus dem Alten Testament. Die drei **Reliefplatten** im Schiff sind die ältesten Stücke auf dem Hohenzollern. Sie stammen aus dem Anfang des 12. Jahrhundert und wurden aus den Trümmern der ersten Burg unversehrt geborgen. Im 14. Jahrhundert wurde die Plastik aus Lindenholz geschnitzt, die gegenüber vom Eingang in einer Nische steht. Sie zeigt den **Heiligen Georg.**

In den Prunkgemächern, im Hohenzollernmuseum (in der ehemaligen Schloßküche) und in der hohenzollerischen Landessammlung (im Wehrbau) begegnen Sie einem Stück deutscher Geschichte. Eine Führung (DM 1,50) lohnt sich. Sie beginnt in der Mitte des Burghofes, rechts an der Treppe. **Grafensaal, Kaisersaal,** der gemütliche **Blaue Salon** mit seinem Erker zum Hof hin und dem kostbaren Parkett aus fünf verschiedenen Hölzern, eine umfangreiche Sammlung von Stichen, das **Arbeitszimmer des Fürsten** in den Nachkriegsjahren, die **Eingangshalle** mit dem Stammbaum und die bedeutenden Gemälde zur Geschichte des Berges, das sind die Hauptsehenswürdigkeiten im Schloßgebäude. Auch die **Waffenkammer,** die Rüstungen (jede 30—40 kg schwer) aus dem 14./15. Jahrhundert enthält, und die sich anschließende **Schatzkammer** mit der kostbaren Preußen-Krone, wertvollen Orden, Porzellan (darunter ein Original-Mokka-Service von Napoleon) sowie Erinnerungsstücken vom „Alten Fritz" vervollständigen die einzigartigen Sammlungen. Hier finden Sie auch jene Tabakdose, die dem „Alten Fritz" in der Schlacht von Kunersdorf das Leben gerettet hat, als eine Kugel in sie einschlug und steckenblieb. Neben seinem Krückstock und der Uniform werden Sie auch das berühmte Gemälde „Die Bittschrift" von Adolph von Menzel entdecken. — Der letzte Höhepunkt in der Führung ist die **evangelische Schloßkapelle** am Ende des nördlichen Flügels. In ihr haben zwei der populärsten und bedeutendsten Könige, die jemals in Deutschland regiert haben, eine ehrwürdige Grabstätte erhalten: der Soldatenkönig Friedrich Wilhelm I. von Preußen und der „Alte Fritz", Friedrich (II.) der Große. Ihre Särge sind im Kapelleninnenraum aufgebahrt. Die Särge sind mit schwarzweiß gewürfelten Fahnen, den Wappenfarben der Preußen, abgedeckt. Kränze lehnen an den Särgen, und es kommt immer wieder vor, daß Besucher aus tiefer Verehrung für die Preußenkönige spontan Blumenbouquets auf die Särge legen. Die

Die turmreiche Silhouette der Burg ist noch aus einer Entfernung von über 100 km deutlich auszumachen. (Foto: Fritz Bettermann, Bonlanden)

Särge wurden übrigens erst nach dem Zweiten Weltkrieg von Potsdam auf den Hohenzollern überführt. Das Taufbecken, ein großes Kruzifix, der übermannshohe Leuchter und die Kanzel wurden in der kaiserlichen Hofschmiede zu Berlin geschmiedet und später versilbert. In das kleine goldene Kreuz auf dem Altar, am Schnittpunkt der Balken, ist ein klarer Bergkristall eingelassen. Unter der Kirche ist noch eine orthodoxe Kapelle eingerichtet (nicht zu besichtigen), in der Kira von Preußen ruht. Auf der **Michaelsbastei,** dem inneren Burghof unmittelbar vorgelagert, ruhen noch andere Familienangehörige der Hohenzollern, so auch Kronprinz Wilhelm, der Sohn des letzten deutschen Kaisers.

Machen Sie auch einen Rundgang, unmittelbar am Fuß der Türme und Gebäude. Er beginnt im fürstlichen Familienfriedhof. Eindrucksvoll sind die überlebensgroßen Bronze-Plastiken der bedeutendsten Hohenzollern, die an den Mauern entlang aufgestellt sind.

HONAU

Ortsteil von Lichtenstein, Kreis Reutlingen
570 m

Der Ort liegt an einer uralten Handelsstraße, die durch das Echaztal führt und sich dann an den steilen Felsen entlang einen Weg hinauf auf die Albhochfläche sucht. Oberhalb von Honau sitzt auf schmalem Fels das romantische **Schloß Lichtenstein *.** Herrliche Wanderwege zur nahen Echazquelle, zum Lichtenstein, zur Nebel- und Bärenhöhle, zu den Heideflächen auf dem Traifelberg oder zu den Felskanzeln an den Bergflanken tragen dazu bei, daß der Ort zu einem beliebten Ausgangspunkt für reizvolle Ausflüge wurde.

Auskunft: 7411, Bürgermeisteramt, Tel. (07129) 115.

Verkehrsverbindungen: Station an der Bahnlinie Reutlingen – Münsingen. Durch den Ort führt die B312 von Reutlingen nach Riedlingen/Donau.

Ausflüge:

1. Zum **Schloß Lichtenstein,** entweder a) zu Fuß über die alte Steige oder b) mit der Zahnradbahn 2,2 km zum Bahnhof Lichtenstein und von dort über herrliche Heide auf bezeichnetem Weg zu den Ruinen des **Alten Lichtenstein** (siehe Schloß Lichtenstein). Jetzt

sind es nur noch wenige Minuten bis zu einer **geologischen Pyramide,** vor der auf einem schwindelerregenden Felsen die Büste von Wilhelm Hauff steht. Nach weiteren 10 Minuten Fußweg stehen Sie unter den Toren des Schlosses. Wegzeit a) 1 Stunde, b) 1½ Stunden.

2. Über Schloß Lichtenstein zur **Karls-** bzw. **Bärenhöhle.** Wegzeit 3 Stunden.

3. Über Schloß Lichtenstein zur **Nebelhöhle.** Wegzeit 3 Stunden.

4. Vom Bahnhof Honau aus hinauf zum Waldrand und dann in 45 Minuten vollends bis zur Hochfläche. Fast eine Stunde lang geht es jetzt am Steilabfall entlang über den aussichtsreichen **Rötelstein,** den **Locherstein** zum **Traifelberg.** Sie steigen ab zum Bahnhof Lichtenstein und folgen dem unter Nr. 1 b beschriebenen Weg zum **Schloß Lichtenstein.** Der **Gießstein** ist das nächste Ziel, das Sie erreichen, wenn Sie vom Lichtenstein abwärts dem Albtrauf entlang wandern. Dem Wegweiser nach **Oberhausen** folgend, sind Sie nach 30 Minuten bereits wieder auf der Talsohle. In weiteren 10 Minuten erreichen Sie Honau. Wegzeit 4 Stunden.

HÜLBEN (über Urach)

Kreis Reutlingen, 720 m

Am Rand der Hochfläche ducken sich die alten Bauernhäuser der Gemeinde Hülben zusammen. Der Wind fegt stürmisch durch die Hauptstraße und jagt gelbgraue Staubwolken vor sich her. Geografisch gesehen liegt der Ort auf der Albhöhe zwischen dem Lenninger- und dem Ermstal. Ganz in der Nähe, zwischen Hülben, Grabenstetten und Erkenbrechtsweiler, zieht ein seltsamer, grasüberwachsener Wall mit noch sichtbarem Graben durch Felder und Wiesen. Es handelt sich um den bekannten **Heidengraben.** Er ist Teil einer Fluchtburg, in die sich die keltischen Urbewohner dieser Landschaft bei Gefahr mit Hab und Gut, auch mit dem gesamten Viehbestand, zurückgezogen haben. Die Fluchtburg befand sich auf einer Bergnase hart am Steilabfall. Der Wall riegelte den Zugang ab.

Es gibt keinen Ort auf der Alb, der nicht an das einzigartige Netz von Wanderwegen des Schwäbischen Albvereins angeschlossen wäre. So gelangen Sie von Hülben aus zum **Buckleten Kapf,** zum **Nägelefelsen,** zu den **Höllenlöchern,** zur **Falkensteiner Höhle** und zur **Burgruine Hohenneuffen.**

Auskunft: 7419, Bürgermeisteramt, Tel. (07125) 297.

Verkehrsverbindungen: Fahrstraße von Urach nach Nürtingen. Busse fahren nach Urach und Metzingen.

HÜRBEN

Stadtteil von Giengen, Kreis Heidenheim,
475 m

Umgeben von Bergen und Wäldern liegt in der Ostalb, im Tal der Hürbe, dieser Erholungsort, der als Ausgangspunkt zur **Charlottenhöhle**, der längsten Tropfsteinhöhle Süddeutschlands (532 m), bekanntgeworden ist. Ein Zauber liegt über dieser Landschaft. Zu viele Dinge gibt es hier zu entdecken, für die Wissenschaftler zwar eine Erklärung haben, die aber dennoch rätselhaft bleiben. Von der tiefen Charlottenhöhle, die übrigens 1893 entdeckt wurde, mit den phantastischen Tropfsteingebilden und den Knochenfunden von eiszeitlichen Bären, Nashörnern, Auerochsen angefangen bis hin zu den merkwürdig hallenartigen Wohnhöhlen im **Lonetal** mit den geheimnisvollen Namen wie „Fohlenhaus", „Bocksteinhöhle" oder „Vogelherd". Schon früh haben in ihnen Altertumsforscher wertvolle Gerätschaften aus der Steinzeit gefunden. — Das **Eselsburger Tal** ist nicht weit. Hier faszinieren seltene Blumen und bizarre Felsen wie z. B. die „Steinernen Jungfrauen".

Hürben verfügt über ca. 20 Gasthofbetten und einige Privatzimmer. Schmuckstück der Gemeinde ist die 1738 erbaute **Kirche** mit wertvollen Bildtafeln an der Empore.

Auskunft: 7921, Bürgermeisteramt, Tel. (07324) 22 25 und 25 87.
Verkehrsverbindungen: Fahrstraße von Hermaringen (Bahnstation) nach Herbrechtingen. Buslinien nach Heidenheim, Herbrechtingen und Giengen.

Ausflüge:

1. Zur **Charlottenhöhle.** Wegzeit 15 Minuten.
2. Zur **Ruine Kaltenburg,** deren Besuch Sie zweckmäßigerweise mit der Besichtigung der Charlottenhöhle verbinden sollten. Wegzeit 40 Minuten.

KIRCHHEIM (unter Teck)

Kreis Esslingen, 300 m

Die Standortbezeichnung sagt es schon — Kirchheim liegt unterhalb der Teck, deren Bergfried ein weithin sichtbares, dominierendes Wahrzeichen der Gegend ist. In dem fruchtbaren Albvorland, in das der Ort eingebettet ist, haben aber schon sehr viel länger Menschen gelebt als dort oben in den Zinnenstuben der Burg. Im Stadtgebiet Kirchheims z. B. hat man neolithische Werkzeuge gefunden. Das beweist, daß hier eine der frühesten Siedlungsstätten im Albgebiet bestanden hat. — Strategische Bedeutung gewann der Ort, als Römer bei Kirchheim zwei Handelsstraßen zusammentreffen ließen. Reihengräber aus dem 6. Jahrhundert weisen die kontinuierliche Besiedlung nach. 1270 erhielt die Gemeinde Stadtrecht. Als sich im 15. Jahrhundert das Zunftwesen entwickelte und im ganzen Land Handwerksbetriebe entstanden, erlebte auch Kirchheim eine Blütezeit. Von nun an nahmen Handel und Gewerbe bis zum heutigen Tag immer mehr zu. Webereien und Tuchhandel florierten. Der 1819 begründete Wollmarkt war für den Handel Süddeutschlands von größter Bedeutung. 1864 fuhr zum ersten Mal eine Lokomotive durch die Stadt. Damals ahnte noch niemand, daß der Anschluß an das Eisenbahnnetz die Grundlage schuf für eine starke Industrialisierung.

Zwei Bastionen zeugen heute noch davon, daß die württembergische Regierung 1539 begonnen hatte, die Stadt zur Landesfestung auszubauen. Mit ein Grund, weshalb Kirchheim im Dreißigjährigen Krieg mehrere Male belagert und eingenommen wurde. 1690 zerstörte ein Brand die Stadt. 350 Gebäude wurden eingeäschert.

Das **Schloß,** dessen Grundstein 1538 gelegt wurde, diente als Alterssitz herzoglicher Witwen. Franziska von Hohenheim war eine der prominentesten Bewohnerinnen. Ihr Grab befindet sich im Chor der evangelischen **Stadtkirche.** An ihrer Stelle stand bereits 960 eine Kirche. Der Unterbau des Turmes und die Nordwand des Schiffes dieser Kirche stammen aus dem 12. Jahrhundert, der Chor und die Sakristei aus dem 15. Jahrhundert. Die Kirche ist in gotischem Stil erbaut. Im Chor finden Sie einige bemerkenswerte Grabdenkmäler. Neben dem der schon erwähnten Franziska von Hohenheim auch das von Konrad Widerholt. Er war eine in der württembergischen Geschichte markante historische Persönlichkeit und tat sich während des Dreißigjährigen Krieges als Kommandant der Festung Hohentwiel bei Singen hervor. Mit seiner Truppe widerstand er sechs hartnäckigen Belagerungen. An diesen württembergischen Helden erinnert auch das **Widerholthaus,** das er während seiner Amtszeit als Obervogt erworben hatte. Es wurde 1710 nach dem Stadtbrand wieder aufgebaut.

Bei Ihrem Stadtrundgang lohnt es sich, den **Freihof** mit einzuschließen. Der Bau wurde 1609 errichtet. Im Innern interessante Stukkaturen von 1693. Das **Pfründnerhaus** ist ein Überbleibsel von einem großen Spital, das beim Ötlinger Tor angelegt war. Kirchheim hatte auch eine **Lateinschule.** In ihr (Fachwerkhaus des 17. Jahrhunderts) ist Max Eyth, Erfinder des Dampfpflugs und beliebter Heimat-Schriftsteller, geboren. Nicht weit davon steht das **Kornhaus** (1560), in dem heute das **Heimatmuseum** untergebracht ist. Beachten Sie bitte auch den **Marktbrunnen,** der von Prof. J. W. Fehrle gestaltet wurde.

Kirchheim hat sich parallel zur Industrialisierung auch zum Fremdenverkehrsort entwickelt. Allerdings ist die Stadt weniger Erholungsort, als vielmehr Ausgangspunkt zu mehr oder weniger langen Ausflügen auf die Schwäbische Alb. Zwei Täler münden hier: das Lindach- und das Lenninger Tal. Durch sie kann man in schönen Spaziergängen auf die Alb vorstoßen. Busse bringen Sie zu den wichtigsten Alborten und sternförmig verlassen Straßen Kirchheim in alle Richtungen. Autobahnanschluß und Bahnstationen tun ein weiteres, um Kirchheim zu einem touristischen Kristallisationspunkt zu machen.

Auskunft: 7312, Verkehrsverein **Teck,** Max-Eyth-Haus, **Tel.** (07021) 30 27.

Verkehrsverbindungen: Station an den Bahnlinien Wendlingen—Oberlenningen und Wendlingen—Weilheim. Autobahnzufahrt Karlsruhe—München. Fahrstraßen nach Wendlingen, Nürtingen, Neuffen, Urach, Weilheim, Bad Boll, Uhingen, Göppingen, Plochingen. Busse fahren in alle diese Orte und außerdem in größere Städte wie Stuttgart oder Ulm.

Sport: Hallenbad, Freibad, Minigolf, Sportplätze, Turnhallen, Segelfliegen (Hahnweide), Tennis, Reiten, Rollschuh- und Eislaufen.

Museum: Heimatmuseum im Kornhaus. Geöffnet sonntags von 10 bis 12.30 Uhr, donnerstags von 14 bis 20 Uhr. In den Wintermonaten geschlossen.

Ausflüge:

1. Zur **Burg Teck** (775 m). Wegzeit 2 Stunden.

2. Gegenüber von der Teck steht der **Breitenstein** (811 m). Sie fahren mit dem Bus oder Auto am besten über Nabern und Bissingen nach Ochsenwang. Von dort sind es noch 20 Minuten bis zu der aussichtsreichen Felsnase.

3. Eine sehr schöne, wenn auch lange Wanderung: Sie fahren mit der Bahn nach Unterlenningen; wandern dann hinauf zum renovierten **Rauber** und zur **Diepoldsburg.** Sie gehen hinüber zum **Breitenstein** und weiter zum **Randecker Maar.** Der **Heimenstein,** geheimnisvolle

Wohnstätte eines Riesen, der vielbesungene **Reußenstein** und der nicht weit entfernte **Wasserfall** sind die nächsten Stationen. Sie erreichen **Neidlingen** und nach 4,7 km die Endstation **Weilheim.** Wegzeit 5 Stunden.

KÖNIGSBRONN

Kreis Heidenheim, 500 m

Mitten in einem ausgedehnten Waldgebiet liegt Königsbronn am Ursprung der Brenz, die am Fuß einer Felswand, in einem malerischen Quellsee, dem sogenannten **Brenztopf,** entspringt. Der Ort hat heute an Bedeutung als Fremdenverkehrs- und Wintersportort gewonnen. Früher beherrschte hier die **Burg Herwartstein** das Tal der Brenz und Kocher. Mit den Steinen der baufälligen Burg ließ der Habsburger Albrecht Salemer Mönche ein Zisterzienserkloster bauen. 1325 ist es unter dem Namen „Königsbronn" belegt. Sie können den ehemaligen **Klosterhof** mit dem **Vierröhrenbrunnen** besichtigen. Im Torbogengebäude war die Klosteramtei untergebracht. Schon im ausgehenden Mittelalter wurde in der Umgebung nach Bohnerz gegraben. Nach dem Dreißigjährigen Krieg wurden die zerstörten Eisenwerke neu aufgebaut und erweitert. Man goß fortan Glocken und Kanonenkugeln — welch sinnige Kombination! Der hier gebürtige Joh. Gg. Blezinger hat sich im 18. Jahrhundert besonders um den Aufschwung der erzverarbeitenden Industrie verdient gemacht. Er ließ neue Gruben anlegen, die Brenz bis Heidenheim schiffbar machen und baute — damals einzigartig in Europa — am Karstquelltopf der Brenz ein eisernes Wasserreservoir, um ein Hammerwerk zu betreiben. Sein Patrizierhaus (1775) mit einer eindrucksvollen Rokoko-Fassade ist heute das **Rathaus.** Im Innern interessante Fresken. — 1908 wurden die Erzgruben und das Hüttenwerk stillgelegt.

Dem Feriengast bieten sich viele Wandermöglichkeiten auf gut bezeichneten Wegen. Ganz in der Nähe liegt übrigens der **Itzelberger See** mit einer geschützten Vogelinsel und einem Reiherhorst.

Auskunft: 7923, Bürgermeisteramt, Tel. (07328) 372 und 373.

Verkehrsverbindungen: Station an der Bahnlinie Aalen—Heidenheim. Liegt an der Schwäbischen Albstraße (B 19). Busse fahren nach Heidenheim und Zang.

Sport: Lehrschwimmhalle, Kegelbahnen, Tennis, Camping, Skischanzen, Jugendschanzen, Eisbahn, Skischule, Skiwanderwege von 7,5 km und 21 km Länge.

Museum: Heimatmuseum im Rathaus.

Ausflüge:

1. **Waldlehrpfad.** Wegzeit 40 Minuten.
2. Zum **Itzelberger See.** Wegzeit 15 Minuten.
3. Zum **Stürzelhof.** Wegzeit 30 Minuten.
4. Zum **Kocherursprung.** Wegzeit 1 Stunde.
5. Über die **Ruine Herwartstein** nach **Steinheim am Albuch,** von dort durch das **Wental** (siehe Steinheim) und durch das **Steinerne Meer** über Zang zurück nach Königsbronn. Wegzeit 4½ Stunden.
6. Schön zu gehen ist es auch, wenn Sie von der **Ruine Herwartstein** den **Itzelberg** und **Itzelberger See** anpeilen und von dort zum Ausgangspunkt zurückkehren. Wegzeit 2 Stunden.
7. Ebenfalls als Rundweg ist folgende Tour angelegt: Über **Wollenberg, Tiefental** zum **Volkmarsberg** (743 m). Zurück über **Oberkochen** und die **Kocherquelle.** Wegzeit 4 Stunden.

LAICHINGEN

Alb-Donau-Kreis, 780 m

Aus dem ehemaligen Bauern- und Handwerkerdorf hat sich im Laufe der letzten 100 Jahre eine ansehnliche „Leinenstadt" mit großen Textilbetrieben entwickelt. Laichingen genoß als einwohnerreichster Ort der ganzen Umgebung schon seit dem 13. Jahrhundert Privilegien, die sonst nur Städten zustanden. Erst im 20. Jahrhundert erhielt Laichingen Stadtrecht. Sehenswert ist der befestigte **Kirchplatz.** Er sollte eine Ummauerung des Ortes ersetzen. Diese Art der Befestigung ist für das Albgebiet ungewöhnlich. Der Platz erhielt eine hohe Umfassungsmauer mit einem Wehrgang und Toren. Ein Teil dieser mittelalterlichen Kirchenburg um die **St. Albanskirche** ist das **Heiligenhaus,** ein in die Umfassungsmauer gebautes Fachwerkhaus. — Wenn Sie Laichingen besuchen, versäumen Sie nicht, das kleine **Heimatmuseum** in der alten Befestigungsanlage anzusehen. Es bietet die komplette Ausstattung eines Albbauernhauses, zeigt alte Webereigeräte und hat mit der höhlenkundlichen Schau einen echten Höhepunkt aufzuweisen.

Als Ausflugsort ist Laichingen durch eine Skipiste mit Lift und Flutlichtanlage am Hagsbuch sowie durch die **Tiefenhöhle** bekannt geworden. 1892 entdeckte sie zufällig der Sandgräber J. G. Mack. Hinweisschilder zeigen Ihnen den Weg zu dem 1,5 km außerhalb der Stadt auf einer Anhöhe liegenden Höhleneingang. Die Höhle hat eine Vielzahl von Sehenswürdigkeiten aufzuweisen. Senkrechte Schächte, Leitern und Treppen, weite Hallen, mehrere Stockwerke, bizarre Tropfsteingebilde, Gänge und Galerien, das erwartet Sie. Der Rundgang dauert 45 Minuten. Die Wege sind gut gesichert, so daß Sie keine Schwierigkeiten zu befürchten haben. Feste Schuhe mit rutschsicherer Sohle sind freilich erforderlich. Im Eintrittspreis inbegriffen ist der Besuch des **Höhlenmuseums,** das sich im Rasthaus über der Höhle befindet.

Auskunft: 7903, Stadtverwaltung, Tel. (07333) 819.
Höhlen- und Heimatverein e. V., Tel. (07333) 263 und 266.

Verkehrsverbindungen: Hier endet die Zweigbahn von Amstetten. Busse verkehren zwischen Ulm, Urach, Münsingen, Blaubeuren, Westerheim, Metzingen. Fahrstraße nach Feldstetten und Suppingen (Anschluß an B 28) sowie nach Machtolsheim, Merklingen (Autobahnzufahrt).

Sport und Unterhaltung: Skipiste am Hagsbuch (Länge 450 m), Sprungschanze „im Buch" (40 m Sprungweite), Sportplätze, Kegelbahnen, Tennis, Kino, Vorträge vom Volksbildungswerk und Deutschen Alpenverein. Wanderungen mit dem Schwäbischen Albverein.

Museen: Laichinger Heimatmuseum, Weite Straße 41. Höhlenmuseum im Rasthaus über der Tiefenhöhle. Geöffnet vom 1. Mai bis 30. September, 8—12, 14—18 Uhr.

Ausflüge:

1. Zur **Schertelshöhle,** die Sie über Westerheim erreichen. Die Höhle ist von Ostern bis Ende Oktober offen. Von der Höhle aus wandern Sie nach Westen bis **Donnstetten.** Über den Heuberg und Feldstetten geht es dann zurück. Wegzeit 6 Stunden.

2. In $1^1/_2$ Stunden gelangen Sie auf einem bezeichneten Wanderweg zur **Sontheimer Höhle,** die Sie ebenfalls besichtigen sollten. Sie können aus der Wanderung einen zünftigen Ausflug machen, wenn Sie über die Albhochfläche teils durch Wald, teils über Wiesen, nach **Seißen** und zum **Felsenlabyrinth** wandern. Endstation ist **Blaubeuren.** Wegzeit 5 Stunden. Nach Laichingen zurück bringt Sie der Bus.

3. Zum **Nattenbuch,** einem viel besuchten Aussichtspunkt in 822 m Höhe. Wegzeit 1 Stunde.

4. Westlich von Donnstetten steht ein Aussichtsturm auf dem **Römerstein** (874 m). Von der Aussichtsplattform aus können Sie bei klarem Wetter bis zu den Alpen sehen (den Schlüssel zum Turm bekommen Sie im Naturfreundehaus Donnstetten). Steigen Sie hinunter nach **Böhringen** und fahren Sie von dort mit dem Bus zurück. Wegzeit 4 Stunden.

5. Schön zu gehen ist es, wenn Sie über **Westerheim** zum **Filsursprung** und danach weiter in das alte Städtchen **Wiesensteig** wandern. Den Rückweg nehmen Sie über den **Lämmerbuckel** (819 m). Wegzeit 6 Stunden.

LAUCHHEIM

Ostalbkreis, 500 m

Die alte Deutschordensstadt, überragt von der Kapfenburg, liegt im oberen Jagsttal inmitten weiter Buchen- und Tannenwälder. Sie ist ein beliebter Erholungsort und dient häufig als Wanderstützpunkt für ausgedehnte Ausflüge auf die Schwäbische Alb und zu den Ellwanger Bergen. Herausragende Ziele sind die Kapfenburg, Schloß Baldern, Ruine Gromberg und die Hochfläche des Härtsfeldes.

Wann die **Kapfenburg** gebaut wurde, ist nicht bekannt. 1250 jedenfalls gehörte sie den Herren von Gromberg. Als Ordensburg der Deutschritter war sie seit 1350 Verwaltungsmittelpunkt der Besitzungen des Ordens in dieser Gegend. Im Bauernkrieg wurde die Burg dreimal vergebens belagert.

Ganz in der Nähe der Stadt liegt die bekannte Reiterpension des Freiherrn von Wrangell auf dem Gut Schönberg.

Auskunft: 7081, Bürgermeisteramt, Tel. (07363) 242.
Verkehrsverbindungen: Station an der Bahnlinie Stuttgart—Nördlingen. Liegt an der B 29. Busse fahren nach Aalen und Nördlingen.
Sport: Fußballplätze, Kegelbahnen, Freibad im 2,5 km entfernten Westhausen.

SCHLOSS LICHTENSTEIN (817 m)

Schloß Lichtenstein, hoch über Honau (bei Pfullingen), ist wahrscheinlich das meist besuchteste Ausflugsziel auf der Alb. Zwei Dinge tragen dazu bei: einmal ist es sein verwegenkühner Standort auf dem schmalen, schroffen Felsen und zum anderen hat Wilhelm Hauffs Roman „Lichtenstein“ das Schloß zu einem Inbegriff von Romantik werden lassen.

„Aus einem tiefen, grünen Tal
Steigt auf ein Fels als wie ein Strahl,
Darauf schaut das Schlößchen Lichtenstein
Vergnüglich in die Welt hinein.“
Gustav Schwab

Das Schloß war Stammsitz der Herren von Lichtenstein. Der Name bedeutet „heller Fels“. Allerdings stand die Burg ihrer Ahnen nicht auf diesem Felsen, sondern einige hundert Meter talaufwärts auf einem anderen. Obwohl ein Wanderweg am **„Alten Lichtenstein“** vorbeiführt, wissen doch verhältnismäßig wenig Leute von dem nur 15 Minuten vom neuen Schloß entfernten idyllischen Platz. Von der alten Burg sind noch wenige Ruinenreste übrig. Sie wurde schon 1377 von den Reutlingern zerstört und diente seither als Steinbruch. Auf dem Weg vom alten zum neuen Schloß kommen Sie an einer **geologischen Pyramide** vorbei, in die Versteinerungen und eine Tafel mit einer Querschnittzeichnung der Alb eingelassen sind. Fünf Meter weg davon, die Büste Wilhelm Hauffs (direkt über dem Abgrund).

Auf dem neuen Platz war der wiedererbaute Lichtenstein uneinnehmbar geworden. Im Bauernkrieg beispielsweise versuchten die Pfullinger vergebens, sich der trutzigen, damals düster ins Tal blickenden Burg zu bemächtigen. Vierhundert Jahre lang war der Lichtenstein ein absolut sicheres Domizil. Von jenen Tagen handeln die Sagen, die sich um den Felsen ranken. Eine davon berichtet:

Der Landesherr, Herzog Ulrich von Württemberg, mußte 1519 vor dem Schwäbischen Bund fliehen. Er versteckte sich in der Nebelhöhle und wärmte sich nachts im Schloß Lichtenstein auf. „S'Bärbele vom Lichtenstein“ spielt in Hauffs Roman eine Schlüsselrolle. Sie umsorgte den Herzog in jenen schweren Tagen. Ihre Gestalt ist nicht der Sage entnommen, wohl aber ist sie durch den Roman so populär geworden, daß sie als Volks- und Sagengestalt bezeichnet werden darf.

Seit 1567 verlor der Lichtenstein an Bedeutung. Burgvögte machten Förstern Platz. 1802 war das Schloß so verwahrlost, daß es abgerissen werden mußte. Man setzte an seine Stelle ein kleines Schlößchen, in dem auch weiterhin Forstbeamte residierten. 1837 erwarb Herzog Wilhelm von Urach, Graf von Württemberg, das Schloß. Er wollte das durch Hauffs Roman verklärte Schloß als romantische Ritterburg neu erstehen lassen und beauftragte den Nürnberger Architekten Heideloff mit dem Umbau. 1841 war er fertiggestellt, und das Schloß dient seitdem der herzoglichen Familie als Wohnsitz.

Sie betreten den **Schloßhof** der äußeren Anlage durch das westliche Haupttor. Links der **Fremdenbau,** in dem Gäste einquartiert werden. Rechts der **Verwaltungs-** und **Fürstenbau,** in dem die fürstliche Familie wohnt. Wenn Sie im Hof

Die alte Burg Lichtenstein nach einer Darstellung von Müller v. Riga

weiter aufwärts gehen, ist linkerhand die Zugbrücke, die hinüber auf die luftige Felskanzel führt. Gehen Sie zunächst daran vorbei. Zwanzig Meter weiter befindet sich ein kleines Rondell, von dem aus Sie ein herrliches Fotomotiv haben. Die Aussicht ist wunderbar. Drunten liegt Honau, weiter flußabwärts Ober- und Unterhausen. In der Ferne der spitze Kegel der Achalm bei Reutlingen. Rechts davon erkennen Sie im Dunst den Württemberg zwischen Stuttgart und Esslingen — einst Stammsitz der Württemberger. Auf der anderen Talseite Felspartien am Traifelberg. Auf der Hochfläche Holzelfingen und weit hinten der Aussichtsturm auf der Hohen Warte. Auf der linken Talseite zunächst der Gießstein, dann Wackerstein und schließlich der Schönberg mit seinem Aussichtsturm.

Wenn Sie den kleinen Hof im eigentlichen Schloß durchquert haben, gelangen Sie zunächst in die **Waffenhalle.** Sie steht direkt auf dem Naturfelsen, der in den Raum hineinragt. An den Wänden Rüstungen und Waffen aus verschiedenen Jahrhunderten. Die **Schloßkapelle** ist ein Kleinod. Besonders wertvoll sind die Glasfenster und ein Altargemälde an der Wand gegenüber dem Altar. Es zeigt den Tod Marias. Das Werk stammt von dem unbekannten „Meister vom Lichtenstein". — Gemütlich ist die **Hirschstube**, in der sich die Fürsten nach der Jagd zum Umtrunk getroffen haben. Heitere Jagdszenen, sinnige Wandsprüche, Gläser und Jagdtrophäen schmücken den Raum. Kuriosum ist ein Sektglas — 1,97 m lang. Von diesem Raum führt übrigens eine kleine Tür ins Verlies (nicht zu besichtigen). — Im Treppenhaus hängt ein bekanntes Gemälde. Es zeigt einen Armbrustschützen, der immer auf Sie zielt — von welcher Seite Sie auch an das Bild herantreten. — Das **Königszimmer** zeigt den Stammbaum der Württemberger. Das **Wappenzimmer** enthält wertvolle Gemälde. Vom **Erkerzimmer** genießen Sie wieder eine herrliche Aussicht. Der Raum ist mit Totenmasken und alten Möbeln ausgestattet. — Unter dem Leit- und Kampfspruch „Hie gut Württemberg allweg!" steht der Rittersaal, der mit zahlreichen Gemälden der schwäbischen Ritterschaft ein Denkmal setzt.

Und wenn Sie nach der Schloßführung noch einen Spaziergang durch den lichten Wald hinüber zum Alten Lichtenstein machen, vielleicht klingen dann Gestalten und Räume aus dem heimelig-winkeligen Schloß in Ihnen nach. Dann wird es Ihnen gehen wie Wilhelm Hauff, der seinen „Lichtenstein" mit den Worten schloß:

„Im Wehen der Nachtluft, im Rauschen der Bäume, im Säuseln der Blätter glaubt man bekannte Stimmen zu vernehmen, als erzählten sie uns alte Sage von ihrem Leben und Treiben. Manches Bild stieg in uns auf und schien sich vor unsern Blicken zu verwirklichen. Und die es woben und malten, die uns ihre romantischen Sagen zuflüsterten, wir glauben, es waren die Geister von Lichtenstein."

LORCH

Ostalbkreis, 320 m

Ein mittelalterliches Städtchen im idyllischen Remstal. Zur Römerzeit streifte der Limes die heutige Stadtgrenze. Und dort, wo jetzt die Stadtkirche steht, hatten die Römer ein mächtiges Kastell gebaut. Es wurde während der Völkerwanderung und in den Hunnenkriegen zerstört. 1102 gründete der Staufer Friedrich I. von Schwaben auf einer Anhöhe bei Lorch ein Benediktinerkloster und bestimmte es zur Familien-Grablege. Hirsauer Mönche leisteten die Pionierarbeit. Im Bauernkrieg wurde das Kloster geplündert und zerstört. Später wieder aufgebaut, dient es heute als Altersheim. In der romanischen **Klosterkirche** (mit gotischen Zusatzbauten) befinden sich an den dicken Pfeilern prächtige Fresken, welche die Stauferkaiser in kunstvollen Renaissance-Trachten darstellen. Die Kaiser liegen allerdings nicht hier begraben. Sie ruhen in Tyrus, Palermo, Messina und Neapel. Dessen ungeachtet können Sie eindrucksvolle Grabdenkmäler von Mitgliedern der großen Stauferfamilie bewundern, die in dieser Kirche ihre letzte Ruhestätte gefunden haben.

Sie erreichen die Klosteranlage, wenn Sie von der Bundesstraße die Abzweigung nach Pfahlbronn benutzen. Nach 50 m können Sie rechts parken.

Zur Kirche selbst ist noch zu bemerken, daß der stufenförmige Chor, der hinter dem Hauptaltar bis zum Schlußaltar ansteigt, eine architektonische Seltenheit im Kirchenbau des Mittelalters ist. Die kunstvollen Kapitele und Gewölbeschlußsteine sind Meisterwerke staufischer Steinmetzkunst. Pflanzenornamente und allegorische Tiergestalten dominieren. Der wertvollste Sarkophag steht in der Mitte. Er erinnert an Herzog Friedrich von Schwaben oder auch „der Alte" genannt. Er hat das Kloster gründen lassen und ist der Stammvater des Staufergeschlechts. Allerdings liegt Herzog Friedrich von Schwaben nicht in diesem Sarg. Man weiß nicht, wo seine Gebeine beigesetzt wurden. Der leere Sarkophag wurde nach einer Renovierung der Klosterkirche im Jahr 1460 hier aufgestellt. – Ungewiß ist auch die Herkunft von 10 Skeletten, die man auf der Südseite der Kirche, zwischen Turm und Eingang, ausgegraben hat.

Nur wenige Schritte vom Parkplatz vor dem Kloster entfernt steht ein Gedenkstein, der daran erinnert, daß hier der römische Grenzwall Limes entlang führte. Man hat einen Holz-Wachtturm nachgebaut wie er von den Römern benutzt wurde. Dieses Modell entspricht der Bauweise aus der Zeit des Kaisers Antonius Pius (138-161 n. Chr.). An dieser Stelle trafen der rätische Limes, der gemauert war und von der Donau bis Lorch reichte, mit dem obergermanischen Limes zusammen. Dieser bestand aus Graben, Wall und einem Holzpallisadenzaun. Er führte von Lorch zum Rhein. Um das Jahr 260 n. Chr. haben die Alemannen den Limes überrannt und zerstört. Die Modellanlage, auch den 10 m hohen Turm, hat das Technische Hilfswerk von Schwäbisch Gmünd im Jahr 1969 errichtet.

In Lorchs Hauptstraße Nr. 14 hängt an einem alten Haus eine Gedenktafel. Sie weist darauf hin, daß hier Schillers Vater von 1764-1766 gelebt hat. Der junge Schiller wurde, nur wenige Häuser weiter, von Pfarrer Moser in die Geheimnisse der lateinischen Sprache eingeweiht. Auch das Haus Nr. 24 hat einen berühmten Mann unter seinem Dach beherbergt. Zwei Jahre lang (1867-1869) lebte dort der damals schon pensionierte Eduard Mörike.

Die heimeligen Fachwerkhäuser, das friedliche Stadtbild, die historischen Sehenswürdigkeiten und die idyllische Landschaft ringsum machen Lorch zu einem beliebten Ausflugs- und Erholungsort.

Auskunft: 7073, Verkehrs- und Verschönerungsverein, Tel. (07172) 562. Stadtverwaltung, Tel. (07172) 322.

Verkehrsverbindungen: Station an der Bahnlinie Stuttgart—Aalen. Liegt an der B 29 und B 297. Busse fahren nach Welzheim, Göppingen, Schorndorf und Schwäbisch Gmünd.

Sport und Unterhaltung: Tennis, Kegelbahnen, Freibad. Die Klosteranlagen sind mittwochs, samstags und sonntags vom Einbruch der Dunkelheit bis 22 Uhr angestrahlt. Während der Sommermonate finden im Kloster Konzerte statt.

Ausflüge:

1. Über das **Kloster** und den **Panoramaweg** zur **Schelmenklinge.** Wegzeit 20 Minuten.

2. Über das **Wachthaus** ins **Schweizerbachtal.** Wegzeit 50 Minuten.

3. Durchs **Götzental** zu den Resten eines Römerturms und des **Limes.** Wegzeit 20 Minuten.

4. Durch das **Beutental** zum **Wäscherschlößle,** dem Ahnenschloß der Staufer. Zurück wandern Sie über **Oberkirnegg.** Wegzeit 2 Stunden.

5. Von der staufischen Grablege sollten Sie auch einmal zum Stammsitz der Staufer, dem **Hohenstaufen** hinaufwandern. Der Weg führt über **Maitis.** Auf dem Rückweg streifen Sie **Wäschenbeuren.** Wegzeit 4½ Stunden.

METZINGEN (Erms)

Kreis Reutlingen, 350 m

Metzingen liegt am Ausgang des breiten Ermstales und ist ein sehr lebendiger, kleiner Industrieort mit altem Stadtkern. Er schmiegt sich an den **Metzinger Weinberg,** auf dem nachweisbar seit 1240 Reben angepflanzt werden. Der Metzinger Wein ist bekannt. Namen wie Metzinger Berghalde, Metzinger Florian oder Metzinger Vulkanperle sind auch außerhalb des „Schwobeländle“ ein Gütezeichen. Die jahrhundertelange Tradition der Winzer haben das Stadtbild geprägt. Fachwerk-Giebelhäuser wohlhabender Familien scharen sich um den Marktplatz und das stattliche **Rathaus** aus dem 16. Jahrhundert. Seine Fassade ist reich mit Schnitzwerk verziert. Beachten Sie auch den **Marktbrunnen.** In einem Haus am Marktplatz ist Chr. Fr. Schönbein geboren, der 1839 das Ozon entdeckte und 1848 zum ersten Mal Schießbaumwolle herstellte. Alte Kelteranlagen finden Sie noch bei den **Sieben Keltern.** In einer ist ein **Weinbaumuseum** untergebracht. Die Keltern werden unter hohem Aufwand restauriert. Das denkmalgeschützte Ensemble ist einmalig in Deutschland. – Die **Martinskirche** ist ein spätgotischer Hallenbau (1510). Die Kirche wurde 1872 von Leins restauriert. Das **St. Martius Relief** in der Friedhofsmauer mit einer Kreuzigungsszene wurde vermutlich 1522 geschaffen.

Noch auf Metzinger Gemarkung steht auf dem Floriansberg die **Kirche zum Heiligen Florian.** Auf dem Metzinger Weinberg hat im 12./13. Jahrhundert die Burg der Herren von Winberg gestanden. Übriggeblieben ist davon nichts mehr.

Nach dem Dreißigjährigen Krieg siedelten sich die ersten Gewerbebetriebe in Metzingen an. Heute produzieren am Ortsrand bekannte Firmen qualitativ hochwertige Strick- und Textilwaren. Die Landwirtschaft hat sich auf Weinbau und Obstanbau spezialisiert.

Auskunft: 7418, Bürgermeisteramt, Tel. (07123) 20 31.

Verkehrsverbindungen: Station an den Bahnlinien Stuttgart – Reutlingen und Metzingen – Urach. Busse fahren nach Riedlingen, Saulgau, Biberach, Zwiefalten, Laichingen und in die Orte der näheren Umgebung. Liegt an der B 28.

Sport und Unterhaltung: Stadion, Freibad, Reitschule, Kegelbahnen, Kino.

Ausflüge:

1. Einen herrlichen Blick in das Ermstal und auf Metzingen haben Sie vom 488 m hohen **Metzinger Weinberg.** Auf bequemem Spazierweg erreichen Sie einen der Parallelwege, die um den Berg herumführen. Wegzeit 50 Minuten.

2. Der Vulkankegel **Floriansberg** (522 m) bietet eine noch umfassendere Rundsicht. Sie können hier das einzigartige Panorama des Albverlaufs vom äußersten Westen bis zu den drei Kaiserbergen genießen. Wegzeit 1½ Stunden.

3. Zum **Gestüt St. Johann** über den 778 m hohen Grasberg. Wegzeit 2 Stunden.

4. Die Wanderung läßt sich ausdehnen, wenn Sie von St. Johann weiter zu den **Uracher Wasserfällen,** zur **Burg Hohenurach** und von dort hinunter nach **Urach** wandern, Wegzeit 4 Stunden. Mit der Bahn geht es zurück nach Metzingen.

5. Entlang dem Albtrauf über **Jusi, Sattelbogen, Hörnle, Schillingskreuz, Karlslinde, Buckleten Kapf, Höllenlöcher, Urach.** Wegzeit 5 Stunden.

6. Mit der Bahn nach Dettingen. Zu Fuß weiter zum wuchtigen **Hohenneuffen.** Wegzeit 3 Stunden.

7. Bei **Glems** ist ein großer **Stausee,** der für die Stuttgarter Wasserversorgung angelegt wurde. Wegzeit 3 Stunden.

MÖSSINGEN

Kreis Tübingen, 480 m

Die Albrandgemeinde wurde 744 erstmals erwähnt. Im 20. Jahrhundert lebhafte Entwicklung der ortsansässigen Industrie. Der Ort liegt idyllisch im Steinlachtal. Sie können von hier zu erholsamen Wanderungen starten. Die beliebtesten Ziele sind der Dreifürstenstein, die Bärenhöhle, die Salmendinger Kapelle und der Roßberg.

In Mössingen selbst, zu dem auch die Ortsteile **Belsen** und **Bad Sebastiansweiler** gehören, ist die in karolingischer Zeit gebaute **Peterskirche** sehenswert. In Belsen (am östlichen Dorfrand) steht die **Kapelle zu St. Maximus und St. Johannes.** Über dem Westportal entdecken Sie Steinfiguren, deren Symbolik bis heute nicht geklärt ist. Im „Handbuch der Historischen Stätten Deutschlands, Bd. Baden-Württemberg“ (Kröners Taschenausgabe Bd. Nr. 276, Seite 449) liest man dazu: „In einer Flut von Schriften wurden alle möglichen Erklärungen von ägyptischer, röm., kelt. und germ. Symbolik her versucht. Die eigentümlichen Kirchenheiligen weisen jedoch auf Trier. Möglicherweise wurde ein 1078 vor Tübingen gefallener Erzbischof von Trier in B. begraben und erst später nach Trier überführt. Die Steinbilder können durchaus im 11. Jahrhundert entstanden sein."

In der Nähe der alten Schweizer Straße nach Hechingen liegt **Bad Sebastiansweiler,** das zu der Gemeinde Mössingen gehört und dessen Schwefelquellen schon im Mittelalter bekannt waren. Der Badeort gewann aber erst 1890 an Bedeutung, als der besonders starke Schwefelgehalt des Wassers nachgewiesen werden konnte. Ein großes Sanatorium, Kurgarten, zahlreiche kulturelle Veranstaltungen und gute Unterkünfte haben den Ort in den letzten zwanzig Jahren zu einem viel besuchten Badeort werden lassen.

Auskunft: 7407, Bürgermeisteramt, Tel. (07126) 403.
Verkehrsverbindungen: Station an der Bahnlinie Tübingen—Hechingen. Zur B 27 sind es nur 1,7 km. Busse fahren nach Tübingen, Reutlingen, Rottenburg und Burladingen.

MÜHLHEIM (Donau)

Kreis Tuttlingen, 660 m

1633 hatte die Stadt nur noch 10 Einwohner. Pest und Überfälle während des Dreißigjährigen Krieges haben die Einwohnerzahl radikal dezimiert. Doch die wenigen Überlebenden haben ihren Heimatort nicht aufgegeben. Mit bewundernswerter Ausdauer haben sie ihre Häuser auf den Trümmern wieder aufgebaut. Heute präsentiert sich Mühlheim dem Besucher als friedliches Städtchen mit heimeligen Fachwerkhäusern — allem voran das 1409 erbaute **Rathaus** — einem noch von den Herren von Enzberg bewohnten **Schloß,** alten **Befestigungsanlagen,** der **Hochwacht** und verträumten Gassen. — Mühlheim liegt auf einer Bergnase oberhalb der Donau. Hier beginnt der wildromantische Teil des Tales mit seinen seltsamen Felsgebilden und alten Burgen. Auf der Albfläche die typischen Wacholderheiden, immer wieder unterbrochen durch schattigen Buchenwald. Bequeme Spazierwege führen zu den vielen Aussichtspunkten der Umgebung. Für ausgedehnte Ausflüge zum Bodensee, in die Schweiz oder zum Schwarzwald bietet sich ebenfalls gute Gelegenheit.

Die **St. Galluskapelle** ist die älteste Kirche der Stadt. Sie ist seit 1275 bekannt und in frühromanischer Stilepoche erbaut. Interessant sind einige Grabplatten der ortsansässigen Herrschaft und die spätgotische Predella, die Christus mit den Aposteln zeigt. — „St. Veit im Häfele" (gemeint ist: im Ölkessel) ist ein wertvolles Holzbild in der **St. Veitskapelle.** Die **Stadtkirche** wurde 1794—1796 erbaut. Der Turm ist gotisch und beweist die Existenz einer älteren Kirche an dieser Stelle.

Das historische Gepräge und die landschaftlich reizvolle Lage der Stadt machen Mühlheim zu einem idealen Ferienort ohne lauten Tourismus.

Auskunft: 7202, Bürgermeisteramt, Tel. (07463) 367.
Verkehrsverbindungen: Station an der Bahnlinie Tuttlingen—Sigmaringen, auch Busverkehr zu diesen Städten.

MÜNSINGEN

Kreis Reutlingen, 707-770 m

Seiner zentralen Lage in der flachen Mulde eines Trokkentales auf der mittleren Alb verdankt der Ort seinen Ruf als Ferienort, Ausgangspunkt, Zwischen- oder Endziel für Wanderungen, Betriebs- und Vereinsausflüge.

Im 3. Jahrhundert n. Chr. hatte sich der alemannische Hundertschaftsführer Munigis in dieser Mulde niedergelassen. Diese Ansiedlung wurde erstmals 809 in einer Schenkungsurkunde als „villa Munigesinga" erwähnt. Die Grafen von Württemberg erhoben das Dorf zwischen 1263 und 1339 zur Stadt. 1482 ist eines der wichtigsten Jahre in der Münsinger Stadtchronik. In diesem Jahr wurde nämlich der **Münsinger Vertrag** geschlossen. Vertragspartner waren der württembergische Herrscher Graf Eberhard im Bart, sein Vetter Eberhard d. J., Prälaten und die Ritterschaft sowie der erste württembergische Landtag, die sog. Landschaft. An jenem Wintermorgen des 14. Dezember wurden erstmals die verfassungsmäßig garantierten Freiheiten der Städte und Landstände festgelegt. Außerdem wurden durch den Vertrag die Uracher und Neuffener Landeshälften nach 40jähriger Trennung wiedervereinigt und die „ewige“ Unteilbarkeit des Landes vereinbart.

Bis zum Bauernkrieg 1524 war Münsingen zweimal (1378 von den Ulmern und 1449 im Schwäbischen Städtekrieg) niedergebrannt worden. Den Bauern gelang es allerdings nicht, die befestigte Stadt einzunehmen, wohl aber den Kaiserlichen (1631) während des Dreißigjährigen Krieges. Drei Jahre später wurde Münsingen nach der Schlacht von Nördlingen erneut geplündert (1634). Der Ort zählte in jenen Tagen 920 Einwohner. Die Soldaten benahmen sich wie die Wilden. Kurze Zeit später brach die Pest aus. Sie tobte ein volles Jahr. Danach wohnten in Münsingen noch 40 (!) Personen. 1646 zerstörten die Schweden, zwei Jahre vor dem Ende des Krieges, den Ort noch einmal. Während des Spanischen Erbfolgekrieges plünderten Bayern und Franzosen die Stadt in den Jahren 1702/03 mehrere Male. Napoleon I. ließ Münsingen am 14. Mai 1800 besetzen.

Die Haupternährungsquelle für die Münsinger war in all diesen erschütternden, leidvollen Jahren die Landwirtschaft. Um 1600 erscheinen in der Chronik einige Damastwebereien. Im 19. Jahrhundert gibt es in der Stadt auch Hafner, Färber, Schmiede, Seifensieder, Tuchmacher, Ziegler und Brauer. 1895 wurde nahe bei Münsingen ein großer Truppenübungsplatz angelegt, der bis zum heutigen Tag besteht und seither das Geschäftsleben der Stadt stark beeinflußt hat. In der Garnison sind rund tausend Soldaten der Bundeswehr einquartiert. Am Ortsrand von Münsingen haben sich mehrere holz- und eisenverarbeitende Betriebe, Textil- und Chemiewerke sowie eine Druckerei, ein Sägewerk und Firmen der Präzisionsindustrie niedergelassen.

Zu den wenigen noch vorhandenen Sehenswürdigkeiten aus dem Mittelalter zählt die **Stadtkirche** aus dem 8. Jahrhundert. Die Kirche steht auf den Fundamenten einer römischen Basilika, die 780 erstmals genannt wurde. Die heutige Kirche wurde im 13. Jahrhundert erbaut. Der Chor stammt aus dem Jahr 1497. Am Marktplatz steht das stattliche Fachwerk-**Rathaus** aus dem Jahre 1490. Der **Marktbrunnen** in der heutigen Gestalt steht an dieser Stelle seit dem 17. Jahrhundert. Von der Stadtbefestigung sind teilweise noch Mauerreste sichtbar. An der südwestlichen Ecke der Stadtmauer steht das **Schloß.** Es wurde 1263 angelegt und war zeitweise Sitz der Grafen von Württemberg. Hier wurde der Münsinger Vertrag unterzeichnet. Es wurde später als Fruchtkasten benutzt. Im 17. Jahrhundert wurde das Gebäude umgebaut. Im Schloß ist heute das **Städt. Heimatmuseum** untergebracht.

Stille Spazier- und gut markierte Wanderwege mit vielen Park- und Ruheplätzen führen auf stimmungsvolle Heiden, in herrliche Buchenwälder, idyllische Täler (Lauter, Echaz, Schmiech) und zu trutzigen Burgen. Mehrere Höhlen, darunter die Laichinger Tiefenhöhle und die Wimsener Höhle, liegen in der Umgebung.

Auskunft: 742, Stadtverwaltung, Tel. (07381) 711.

Verkehrsverbindungen: Busverbindungen zu allen Orten in der nahen und weiteren Umgebung, auch nach Urach, Sigmaringen, Reutlingen, Ulm und Stuttgart. Die B 465 führt durch Münsingen hindurch.

Sport und Unterhaltung: Sport- und Tennisplätze, Freibad, Kino, Skipisten, Lifte, Sprungschanzen.

Ausflüge:

1. Zum **Hungerberg** (parkartiger Wald). Wegzeit 30 Minuten.
2. **Beutenlay.** Bei klarem Wetter können Sie von hier oben die Alpenkette sehen. Wegzeit 30 Minuten.
3. Eine schöne Rundsicht über die Höhen der Alb und über Münsingen haben Sie auch vom **Galgenberg.** Wegzeit 30 Minuten.
4. Von den **Ziegelhäusern** über Viehweidhau und Granc zum **Ziegelberg.** Von dort nach **Tiefental** und **Spannagel.** Wegzeit 2 Stunden.
5. Ebenfalls von dem kleinen Vorort **Ziegelhäuser** nach Tiefental, durch's **Plauentäle** zum **Gestüt Marbach.** Wegzeit 2½ Stunden.
6. Ziegelhäuser — Lüssentäle — **Buttenhausen,** ein reizend gelegener Ort im Lautertal mit verwunschener Burgruine und schöner Kirche. Wegzeit 2 Stunden.
7. Nach **Trailfingen,** durch die **Trailfinger Schlucht** nach **Seeburg** (45 Minuten). Von dem durch Burg und Felsen überragten Ort evtl. weiter durch das Seeburgertal zur **Ruine Hohenwittlingen** (noch 1 Stunde). Von dort Abstieg nach **Urach** und mit Bus zurück nach Münsingen. Wegzeit 3 Stunden.
8. Von Münsingen zum **Gestüt Marbach.** Dann durch das Landschaftsschutzgebiet „Altenberg" zum **Aussichtsturm Sternberg** (844 m). Jetzt ist es nur ¼ Stunde nach **Offenhausen,** wo Sie die Lauterquelle, ein Gestüt und die Klosteranlage besichtigen können. Wegzeit 2½ Stunden.
9. Von Münsingen nach Apfelstetten, **Hundersingen** (Ruine). Hier beginnt Ihre Wanderung durch das **Große Lautertal:** ½ Stunde ist es bis nach **Bichishausen** (Ruine). Gehen Sie auf dem Wanderweg auf der rechten Lauterseite. Kurz vor Gundelfingen linkerhand der **„Spitze Stein",** ein bekannter Kletterfelsen. Erklimmen Sie die restaurierte, ausgedehnte Burganlage **Hohengundelfingen.** Besuchen Sie

auch **Niedergundelfingen** mit der sehenswerten Kapelle. Nun führt der Weg weiter zur **Jugendburg Derneck** ($^1/_2$ Stunde). Sie können die Wanderung hier abbrechen oder aber nach Weiler und **Indelhausen** weiterwandern, die Schülzburg, die Ruine Wartstein besichtigen und sich beim Wasserfall „Hoher Gießel" erfrischen. $^1/_2$ Stunde ist es noch bis **Lauterach** und dann noch einmal $^1/_2$ Stunde bis **Untermarchtal**, von wo Sie nach insgesamt $5^1/_2$ Stunden Wegzeit mit dem Bus zurückfahren können.

10. Die Münsinger Alb hat mit dem Erholungsgebiet **Beutenlay**, unmittelbar vor Münsingen gelegen, eine weitere Attraktion für Naturfreunde. Ein Feldflora-Reservat, ein Prüffeld für Straucharten und ein Baumgarten mit seltenen Baum- und Pflanzenarten sind in jahrelanger Arbeit von der Stadt Münsingen, den Natur- und Heimatvereinen und der Landesforstverwaltung eingerichtet worden.

NERESHEIM

Ostalbkreis, 500 m

Weithin sichtbares Wahrzeichen der Stadt ist die stolze Silhouette der barocken **Klosterkirche**, die zu den eindrucksvollsten in Europa zählt. Sie wurde nach Plänen des berühmten Baumeisters Balthasar Neumann 1745 bis 1792 gebaut. Der Tiroler Maler Martin Knoller hat das Innere der Kirche mit Deckengemälden und Fresken reich ausgestattet. Das Kloster wurde als Chorherrenstift 1095 gegründet und von Benediktinern aus Hirsau übernommen. Sein Einfluß reichte weit über den schwäbisch-bayrischen Raum hinaus bis hinein nach Böhmen. Das Kloster war neben Beuron das bedeutendste kulturelle Zentrum der Alb. 1803 wurde das Kloster während der Säkularisation stillgelegt. 1920 zogen Beuroner Mönche wieder in die verlassenen Wirtschaftsgebäude ein. Seither ist das Kloster zum Heiligen Ulrich und zur Heiligen Afra wieder erfüllt von Gebeten, Choralgesängen und regem Geistesleben. In der Kirche steht übrigens eine von Musikfachleuten viel gepriesene **Rokokoorgel**, die J. N. Holzhay 1797 konstruiert hat. Ihre Klangfülle und die bemerkenswerte Akustik in der Kirche machen Orgelkonzerte zu einem beeindruckenden Musikerlebnis. Freunde ernster Orgelmusik, die sich regelmäßig in Neresheim zusammenfinden, kennen schon die Sehenswürdigkeiten, die das Kloster zu bieten hat. Gehören Sie nicht dazu, so besichtigen Sie die Abtei noch vor Kon-

---

Der „Spitze" oder auch „Spitzige Stein", ein bekannter Kletterfelsen dicht bei Gundelfingen im Lautertal.

zertbeginn. Sehenswert ist der **Röhrenbrunnen** im Klosterhof, dessen Standbild den Heiligen Michael zeigt. Die **Prälatur** ist reich mit Holzeinlegearbeiten geschmückt. Der **Kreuzgang** und das **Refektorium** beeindrucken durch kunstvolle Stukkaturen. Nach der Führung erfrischen Sie sich im **Lustgarten** oder im exotischen **Baumgarten.**

Es bleibt kurz nachzutragen, daß der Ort erst einige Zeit nach der Klostergründung urkundlich erwähnt ist. 1350 erhielt Neresheim Stadtrecht. Von Stadtmauer und Wehrtürmen ist nichts mehr übriggeblieben. Im Dreißigjährigen Krieg hatten die Stadt und das Kloster viel zu leiden, ebenso in den Kriegswirren, durch die ganz Europa nach der französischen Revolution erschüttert wurde. 1802 wurde Neresheim bayerisch. Seit 1810 gehört die Stadt endgültig zu Württemberg.

Neresheim liegt auf dem sogenannten Härtsfeld an der Schwäbischen Albstraße. Ringsum laden weite Wälder und die typische Distelheide der Heidenheimer Alb den Naturfreund zu unbeschwertem Urlaub ein.

Auskunft: 7086, Bürgermeisteramt, Tel. (07326) 810

Verkehrsverbindungen: Station an der Härtsfeldbahn Aalen—Dillingen. Busse fahren nach Heidenheim, Nördlingen, Aalen und Dillingen/Donau.

Sport und Unterhaltung: Fußballplätze, Kegelbahn, Segelflugplatz, Konzerte in der Klosterkirche.

Ausflüge:

1. Vom Kloster nach **Ohmenheim** und weiter über **Dehlingen** nach **Bopfingen.** Wenn Sie sich in dem mittelalterlichen Städtchen umgesehen haben, können Sie noch einen Abstecher auf den aussichtsreichen **Ipf** (668 m) machen. Wegzeit 3 Stunden. Zurück mit dem Bus.

2. Durch das **Tiefe Tal** führt Ihr Weg zur **Burg Katzenstein und** weiter zum **Schloß Taxis.** Von dort erreichen Sie nach kurzer Zeit **Dischingen.** Sie wandern jetzt ostwärts über **Buchmühle** (Egauwasserwerk) zum **Wildgehege Duttenstein.** Wegzeit 5 Stunden. Von Dischingen zurück mit Bus oder Bahn.

3. Eine Tageswanderung ist es, von Neresheim nach **Nördlingen** zu marschieren. Am Kloster vorbei schlagen Sie den Weg nach **Kösingen** ein. Nach **Christgarten** folgen in kurzen Abständen die Ruinen **Hochhaus** und **Niederhaus.** Auf dem Bergrücken zwischen Hürnheim und Horkheim steht ein obeliskförmiges Denkmal, das an die Schlacht 1634 zwischen Schweden und Kaiserlichen erinnert. Wegzeit 6 Stunden. Zurück mit dem Bus.

4. Das **Maiental,** westlich der Stadt, ist vorgeschichtlich sehr interessant, weil in ihm mehrere Gräber aus der Hallstattzeit entdeckt wurden. Die Hügel können Sie heute noch erkennen. Hinter **Großkuchen** halten Sie sich rechts und steuern durchs **Krätzental** auf die ehemalige Bahnhaltestelle **Brünstholz** zu, von wo Sie zurück zum Ausgangspunkt fahren. Wegzeit 4 Stunden.

NEUFFEN

Kreis Esslingen, 403 m

Siedlung (alemannisches Haufendorf) schon seit dem 6.—7. Jahrhundert. Über die Grafen von Urach kam das Dorf im 12. Jahrhundert an die Edelfreien von Neuffen. Aus ihrem Geschlecht stammte einer der bekanntesten schwäbischen Minnesänger, Gottfried von Neuffen. 1232 wurde Neuffen Stadt. Teile des Stadtgrabens und des Mauerrings (mit 3 Toren) sind noch erhalten. Für 7000 Heller verkaufte 1301 der letzte Edle aus dem Geschlecht derer von Neuffen die Herrschaft an den Grafen Eberhard von Württemberg. Im Reichskrieg 1312 mußte das Städtchen kapitulieren und kam unter die Oberhoheit von Esslingen. 1634 brannten die Kaiserlichen die Stadt nieder, bevor sie gegen den Hohenneuffen zogen. In jenem Jahr wurde die **Pfarrkirche St. Martin** (1275) — Mitte des 14. Jahrhunderts aus einem romanischen in einen gotischen Bau verwandelt — teilweise zerstört. Der „Ölberg" an der Außenwand wurde 1504 gestaltet. Das sehenswerte Fachwerk-**Rathaus** stammt aus dem Jahre 1657. Der Ort verfügt außerdem über viele andere schöne Fachwerkhäuser. Das **„Große Haus"** an der südwestlichen Stadtmauer war im 15. und 16. Jahrhundert ein adeliger Freisitz, ebenso wie das **„Jägersche Schlößchen"**, das sich der einflußreiche Geheime Rat und berühmteste Sohn der Stadt, Melchior Jäger von Gärtringen, 1590 baute.

Die kleine, idyllisch am nördlichen Albtrauf der Schwäbischen Alb in einer Einbuchtung gelegene Stadt wird beherrscht durch die wuchtige Burgruine **Hohenneuffen.** An den Hängen dieses Albvorberges wächst ein guter Wein, der unter dem Namen „Neuffener Täleswein" berühmt wurde. Der Weinort ist ein idealer, ruhiger Platz für Erholungssuchende. Die zahlreichen Gasthöfe garantieren genügend Unterkunftsmöglichkeiten. Erwähnenswert ist auch das schöne Höhenfreibad am Fuß des Hohenneuffen.

Auskunft: 7442, Bürgermeisteramt, Tel. (07025) 22 01.
Verkehrsverbindungen: Endstation der Nebenbahn Nürtingen—Neuffen. Busverbindungen nach Nürtingen und Metzingen.

Ausflüge:

1. Zum **Hohenneuffen** (743 m) über die Schloßsteige. Wegzeit 1 Stunde.

2. Auf dem oberen Rand des Albtraufs rund um den Talkessel: Sattelbogen, **Hörnle,** Karlslinde, Kienbein, **Hohenneuffen.** Wegzeit 3 Stunden.

3. Über den Sattelbogen zum **Jusi** (673 m), einem interessanten Vulkanberg. Von dort hinunter nach Kappishäusern und zum **Floriansberg** (522 m). Zurück über Kohlberg. Wegzeit 2½ Stunden.

4. Über die Karlslinde nach **Hülben.** Von dort zum **Nägelefelsen** und über die **Uracher Höllenlöcher** hinunter nach **Urach.** Wegzeit 3½ Stunden.

NÖRDLINGEN

435 m

Liegt in der Mitte des fruchtbaren Ries, dessen wichtigster Ort es ist. Das Ries ist die „natürliche" Furt, durch die sich das Juramassiv am einfachsten durchqueren läßt. Deshalb treffen in Nördlingen schon von altersher wichtige Fernverbindungen zusammen. Durch die Stadt fließt die Eger.

Funde aus der jüngsten Steinzeit (Bandkeramik), aus der Bronze-, Hallstatt- und La-Tène-Zeit weisen die frühe Besiedlung nach. Römer bauten hier ein Kastell. 233 überrannten Alemannen den Limes und zerstörten den befestigten Handelsplatz. Gräber auf dem Totenberg und vor allem am Hohen Schänzli beweisen, daß auch im 7. Jahrhundert n. Chr. hier eine Siedlung gestanden hat, die der Nordilinger, der Leute des Nordilo. Der Ort ist zuerst 898 in einer Urkunde des Kaisers Arnulf von Kärnten erwähnt. Im 13. Jahrhundert wurde Nördlingen freie Reichsstadt. Damals war der Ort schon bekannt durch die Nördlinger Messe (bereits 1219 erwähnt). Um jene Zeit hatte die Stadt den Umfang, der durch den sog. Alten Graben angezeigt ist. Der verheerende Großbrand von 1238 konnte die Ausdehnung der Stadt und ihre zunehmende Bedeutung als Handelsplatz nicht aufhalten. Die Befestigungswerke wurden modernisiert und auch die Vorstädte mit Graben und Mauer umgeben. Im 14. Jahrhundert entstand dann der Befestigungsring, wie Sie ihn heute vorfinden. — 1377 trat Nördlingen dem Bund der schwäbischen Städte bei. Ganz anderer Art war der Schwäbische Bund, in den Nördlingen

---

Die St. Georgskirche in Nördlingen stammt in ihrer jetzigen Gestalt aus den Jahren 1427—1505. Sie ist das weithin sichtbare Wahrzeichen der Stadt.
(Foto: Photohaus Hirsch, Nördlingen)

1488 überwechselte. Es war kein Städtebund, sondern ein Ständebund. An die Versammlungen des Bundes, die oft in Nördlingen stattfanden, erinnert noch heute die **Bundesstube** im Rathaus. Die treue Gefolgschaft der Stadt, die dem Kaiser immer bereitwillig kampffähige Männer für seine Händel zuführte, brachte Nördlingen wichtige Privilegien ein. Mit Kaiser Maximilian I. verband die Stadt ein besonders herzliches Verhältnis. Der Kaiser war gern in Nördlingen. Sein Standbild (1513) ziert noch heute das Tanzhaus. 1477 begleiteten ihn die Nördlinger auf seinem Brautzug in die Niederlande. 1488 befreiten sie ihn aus Brügge, wo er gefangengehalten worden war. Damals erwies ihm der Nördlinger Ulrich Rehlin wichtige Dienste. Maximilian bedankte sich 1498 mit einem Wappenbrief. Ein Nördlinger Häuflein begleitete Maximilian auch nach Italien, wo er zwar nicht Rom erreichte, aber immerhin mit der Kaiserwürde zurückkehrte.

In den Kriegszügen gegen die Türken brachten die Nördlinger viel Opfer an Blut und Geld. Die Stadt hatte auch einige Fehden auszufechten, so z. B. mit ihren Nachbarn, den Grafen von Öttingen, die mit List und Tücke die Stadt in die Hände bekommen wollten.

Am schlimmsten zu leiden hatte die Stadt aber unter den Glaubenskriegen (Schmalkaldischer und Dreißigjähriger Krieg). Im Schmalkaldischen Krieg zog sie den Zorn des Kaisers Karl V. auf sich, weil sie eine Schmalkaldische Besatzung in ihre Mauern aufnahm. Als sich das Blatt wendete und der Kaiser italienische Landsknechte als Besatzung der Stadt zuteilte, raffte 1547 eine aus Neapel eingeschleppte Krankheit, das sogenannte „Hauptweh", 1000 Soldaten und 2000 Nördlinger weg.

Schrecklich waren die Hexenprozesse in Nördlingen, für die hauptsächlich Bürgermeister Pferinger die Verantwortung trug. 34 Frauen und ein Mann wurden in der großen Hexenverfolgung der Jahre 1589 bis 1598 verbrannt.

Ein Ruhmesblatt der Stadtgeschichte ist der tapfere Widerstand, den Nördlingen während des Dreißigjährigen Krieges, im Jahr 1634, drei Wochen lang gegen eine Übermacht der Kaiserlichen geleistet hat. Als aber ein schwedisches Entsatzheer bei Hürnheim von den Katholischen geschlagen wurde, mußte die Stadt schließlich kapitulieren. Seuchen folgten, denen ein großer Teil der Bevölkerung erlag. In diesen Jahren verlor Nördlingen die Hälfte seiner Bewohner. Der Aderlaß war erst 1939 überwunden, wo die Stadt wieder so viel Einwohner hatte wie vor dem Dreißigjährigen Krieg.

Der Spanische Erbfolgekrieg belastete die Stadt ebenfalls schwer. Auf den Schlachtfeldern am nahen Schellenberg und bei Höchstädt (1704) blieben 8000 Verwundete zurück, die nach Nördlingen eingeliefert wurden. Einige Grabdenkmäler in der Georgskirche erinnern noch an die damals verstorbenen englischen und französischen Offiziere. — Auch in den Revolutionskriegen war Nördlingen Schauplatz harter kriegerischer Auseinandersetzungen. 1796 wurde das Hauptquartier Erzherzog Karls im Deutschen Haus gestürmt und die Stadt mit Franzosen besetzt.

Nach dem Reichsdeputationshauptschluß 1803 hörte Nördlingen auf, ein Stadtstaat zu sein und wurde dem bayerischen Staat zugeteilt. 1805 trat die Stadt noch einmal, wenn auch nur für einen Augenblick ins Rampenlicht der Weltgeschichte: Vom 6. auf 7. Oktober übernachtete Napoleon I. in der Stadt. Er benutzte den Aufenthalt dazu, sich die Schlachtfelder von Nördlingen und Alerheim anzusehen.

An der wirtschaftlichen Aufwärtsentwicklung Nördlingens hatten die Gerber großen Anteil. 1546 waren noch 86 Gerber in der Stadt tätig, 1961 beendete der letzte sein Handwerk. Im Gegensatz zu den relativ wohlhabenden Gerbern hatten die Lod- und Leinenweber mit bitterster Not zu kämpfen. Sie machten sich 1796 in einem wilden Aufstand Luft. Auch das Tuchmacher-Gewerbe, einst blühender Handwerkszweig in der Stadt, ging mit Beginn der Industrialisierung stark zurück. Die Färber standen lange im allerbesten Ruf: Im 18. Jahrhundert beispielsweise war man sich in ganz Europa einig, daß die Farben Rot und Schwarz nirgends so schön eingefärbt würden wie in Nördlingen.

1849 wurde Nördlingen ans Eisenbahnnetz angeschlossen. Der Handel nahm sprunghaft zu. Jetzt war die Zeit für Kaufleute gekommen. Der reichste Kaufmann übrigens, den Nördlingen jemals hervorgebracht hatte, war Narziß Lauinger (gest. 1447). An ihn erinnert noch die **Lauingerkapelle** in der St. Georgs-Kirche. In ihr befindet sich seine Grabplatte und ein Epitaph. — Eine große Rolle für das Wirtschaftsleben der

Stadt spielte von jeher die Nördlinger Messe. Sie begann nach Pfingsten und dauerte 14 Tage. Wichtigster Handelsartikel: Textilwaren. Ein besonderes Messevergnügen am Rande des großen Geschäfts war ein Pferderennen vor den Toren der Stadt. Bei ihm war ein scharlachrotes Tuch zu gewinnen. Dieser Brauch wird auch heute noch gepflegt. Das **Scharlachrennen** ist ein großes Volksfest. Im Scharlach sind schon die besten deutschen Reiter geritten.

Kirchen

Das **Barfüßerkloster** soll von zwei Gefolgsleuten des Bonifatius 1208 gegründet worden sein. Urkundlich ist es seit 1243 bekannt und ist somit eines der ältesten Klöster dieses Ordens. Die Kirche wurde 1584 zu einem Kornhaus, dem heutigen „Klösterle“ umgebaut. — Das **Karmeliterkloster** hat seine Gründung einem Hostienwunder zu verdanken (1381). Am Ort der Erschcinung bautcn Karmeliter eine Kirche, die 1422 fertiggestellt war. Die **Karmeliterkirche** diente in den napoleonischen Kriegen als Unterkunft für Kriegsgefangene. Dadurch wurden wertvolle Schnitzereien vernichtet, weil alles Holz von den frierenden Gefangenen verheizt wurde. Seit 1829 heißt sie **St. Salvatorkirche.** — Die **St. Georgskirche** wird erstmals 898 erwähnt. Ihre jetzige Gestalt geht auf die Jahre 1427 bis 1505 zurück. Sie ist das weithin sichtbare Wahrzeichen der Stadt und gilt als bedeutendes Baudenkmal aus der Spätgotik. Beachten Sie im Innern die gotische Kanzel, das Chorgestühl (1490) und den barocken Hochaltar. Unglücklicherweise wurden bei einem Brand im Februar 1974 die Orgel und wertvolle Fresken zerstört. Über den Künstler, der den Hochaltar gestaltet hat, gibt es jetzt Klarheit: Friedrich Herlin. Die Schreinerarbeiten an diesem Flügelaltar hat der Nördlinger Hans Waidenlich ausgeführt. Ein Selbstportrait des Rothenburger Malers Herlin finden Sie im Mittelstück des „Familienaltars“, der heute im Stadtmuseum steht. Der Hochaltar ist ein bedeutendes Kunstdenkmal der Spätgotik. Wesentlich dazu beigetragen hat auch Nicolaus Gerhaert von

---

Im Weber- und Färberviertel von Nördlingen. Die Weber, Färber und Tuchmacher hatten an der wirtschaftlichen Aufwärtsentwicklung wesentlichen Anteil. (Foto: Photohaus Hirsch, Nördlingen)

Leiden, dem man die Figuren am Hochaltar zurechnet. Der künstlerische Rang dieser Holzplastiken entspricht einem primären Dokument der Holzbildhauerei im letzten Drittel des 15. Jh. Die Kreuzigungsgruppe diente danach häufig als Modell für andere Kreuzigungsdarstellungen. Das Zusammenwirken von Hans Waidenlich, Friedrich Herlin und Nicolaus Gerhaert von Leiden ließ Nördlingen zu einem Zentrum der Altarbaukunst werden.

Persönlichkeiten

Bedeutende Baumeister weilten in der Stadt wie z. B. **Meister Wenzlaw** und **Peter Parler.** Auch auf dem Gebiet der Malerei wirkten in Nördlingen bedeutende Vertreter ihrer Kunst: **Berthold von Nördlingen** (gest. 1422) und **Friedrich Herlin** (gest. 1500). **Hans Scheufelin,** der Werkstattgenosse Albrecht Dürers, war von 1515 bis 1540 in Nördlingen ansässig. Bedeutendster Vertreter der Goldschmiedekunst war **Melchior Bos,** der 1511 nach Augsburg zog und dort Münzmeister wurde. Im 14. und 16. Jahrhundert finden sich in der Chronik auch einige bekannte Glockengießer: **Christoph** und **Paul Glockengießer** sowie **Peter Gereis.**

1657 war Nördlingen im Orgelbau durch **Paul Prescher** von Zittau führend. — Der musikfreudigen Stadt widmeten berühmte Tondichter, darunter auch **Orlando di Lasso,** einige Kompositionen.

Die Leistungen der **Nördlinger Meistersinger** stimmten sogar Kaiser Maximilian gnädig. Er verlieh ihnen das kostbare silberne Kleinod ihres Meistersingerzeichens, das als einziges seiner Art sich bis auf die Gegenwart erhalten hat (heute Museum). Und angeblich sollen zwischen 1604 und 1609 englische Komödiantengruppen die Stadt wiederholt aufgesucht und erstmals in Deutschland „Romeo und Julia" von Shakespeare aufgeführt haben.

Daß **Paracelsus** im Jahr 1531 in Nördlingen eine Abhandlung über die Pest schrieb, zeigt, welche Anziehungskraft diese Stadt auch auf Wissenschaftler hatte. **Ulrich Tengler** schrieb 1500 sein berühmtes Rechtsbuch, den Laienspiegel. Der älteste bekannte Formschneider in der Geschichte des

Holzschnitts lebte in Nördlingen: Barfüßermönch **Heinrich Luger,** der Ende des 14. Jahrhunderts gestorben ist.

Hier wurde auch eine der ältesten Zeitungen der Welt (1632) gedruckt.

Türme und Tore

Neue Bastei, Feilturm, Bergertor, Löwentor, Deininger Tor, Löpsinger Tor, Reimlinger Tor, Baldinger Tor, Alte Bastei.

Ins **Deininger Tor** waren während der Belagerung von 1634 spanische Soldaten eingedrungen und auf den Wehrgang gelangt. Die Nördlinger riegelten daraufhin die Einbruchstelle ab und setzten den Turm in Brand, so daß die Spanier jämmerlich verbrannten. — Der **Feilturm** wurde lange Zeit als Gefängnis benutzt. — Im **Reimlinger Tor** befindet sich ein Türmerstübchen, das als diskreter Karzer für besser gestellte Bürgersleute der Stadt, die sich natürlich auch einmal etwas zuschulden kommen lassen konnten, herhalten mußte. — Die **Richtstätte** mit Galgen und Schafott hatte man auf der Marienhöhe, westlich der Stadt, angelegt.

Die **Casarmen** sind eine Besonderheit Nördlingens aus der Zeit nach dem Dreißigjährigen Krieg. Man versteht darunter Häuschen, die an die Stadtmauer angebaut sind. Sie dienten Tagelöhnern als Wohnstätte. Im Verteidigungsfall mußten sie ihre Häuser den Soldaten als Unterkunft überlassen.

Trotz der mannigfaltigen Eingriffe und baulichen Veränderungen hat die Stadt im ganzen ihr mittelalterliches Aussehen durch alle Jahrhunderte hindurch unversehrt erhalten können. Ihre Altstadt gilt heute als ein Juwel mittelalterlicher deutscher Städtebaukunst.

Auskünfte: 886, Fremdenverkehrsamt, Marktplatz, Tel. (08931) 380.

Verkehrsverbindungen: Station an den Eisenbahnlinien Stuttgart—Nördlingen, Donauwörth—Pleinfeld und Dinkelsbühl—Wemding. Busse fahren nach Heidenheim, Neresheim, Aalen, Thalheim, Lauchingen, Ulm, Bopfingen. Liegt an der **B 25** und **B 29**, außerdem ist Nördlingen an der Romantischen Straße und an der Schwäbischen Albstraße gelegen.

Sport und Unterhaltung: Hallenschwimmbad, Tennis, Leichtathletik, Freibad, Theateraufführungen, Konzerte, Vorträge, Kino.

Museen: Reichsstadtmuseum, im Spital an der Baldingerstraße (Hauptattraktion: Reliefbild der Schlacht bei Nördlingen von 1634 mit 6000 Zinnsoldaten); **Vor- und frühgeschichtliches Museum,** Baldingerstraße; **Archiv,** im Rathaus (13. Jahrhundert), enthält historische Urkunden.

Ausflüge:

1. Hinauf zur **Richtstätte über die Marienhöhe und** Staufenberg. Wegzeit 10 Minuten.

2. Bei **Hürnheim** steht auf einem Höhenrücken das obeliskähnliche Denkmal, das an die Schlacht von Nördlingen 1634 erinnert. Am einfachsten ist es, wenn Sie mit dem Wagen bis Hürnheim fahren (ca. 10 km) und von dort in 20 Minuten hinaufsteigen.

3. Zum **Himmelreich.** Dort besichtigen Sie die **Ofnethöhlen.** Weiter durch das Kartäusertal zu den Ruinen **Hoch-** und **Niederhaus.** Zielpunkt ist die Gemeinde **Christgarten** mit ihrer Klosterruine. Wegzeit 3 Stunden.

4. Über **Baldingen** gelangen Sie nach Ehringen und **Wallerstein,** wo Sie ein Schloß und die Pfarrkirche (1613) besichtigen können. Wegzeit 1 Stunde.

5. Fahren Sie mit der Eisenbahn bis nach **Marktoffingen.** Östlich davon das Kloster **Maria Immaculata,** jetzt Altersheim. Die Kirche ist sehr sehenswert (Fresken, Altäre, Grabdenkmäler). Weiter nach **Maihingen** und nach **Hochaltingen** (Schloß und Kirche). Von der Station **Bühlingen** wieder mit der Bahn zurück. Wegzeit 3 Stunden.

NÜRTINGEN

Kreis Esslingen, 290 m

Die Kreisstadt liegt am oberen Neckarlauf. Obwohl der Alb vorgelagert, ist sie doch seit altersher eng mit ihrer Geschichte verbunden. 1045 wurde der Ort erstmals erwähnt. Schon 1078 gab es während des Investiturstreits ein Tauziehen um Nürtingen, das die Grafen von Achalm zunächst für sich entschieden haben. Kein geringerer als der deutsche Kaiser Rudolf von Habsburg eroberte 1286 den Ort und die stark befestigte Wehrkirche, hinter der sich Truppen der Herzöge von Teck verschanzt hatten. Im Reichskrieg 1311 wurde Nürtingen von Reutlinger Kriegern niedergebrannt. Von dem mittelalterlichen Mauerring sind Reste noch erhalten. Die Altstadt wurde in zwei verheerenden Bränden 1750 und 1787 total zerstört. Im 18. Jahrhundert verfügte der Ort über eine Lateinschule, die Hölderlin und Schelling besucht haben. Der Rektor der Schule, Gustav Rümelin, wurde 1848 als Abgeordneter in die Frankfurter Paulskirche berufen. Eduard Mörike wohnte ein Jahr lang (1870/71) in Nürtingen.

Wer die Stadt besucht, der sollte auch die **St. Laurentiuskirche** besichtigen. Die spätgotische Hallenkirche stammt aus dem Anfang des 16. Jahrhunderts. In der oberen Vorstadt steht die spätgotische **Heiligkreuzkirche**, die von 1455 bis 1830 als Friedhofskapelle benutzt wurde. Das **Rathaus** ist erst in neuerer Zeit errichtet worden. Es stammt aus dem Jahr 1800 und wurde 1935 umgebaut. Bitte beachten Sie das architektonisch interessante Treppenhaus.

Nürtingen verfügt über mehrere alte Brunnen, von denen der **Wilde-Mann-Brunnen** (1716) und der **Marktbrunnen** (1709) mit kunstvoller Schmiedearbeit noch gut erhalten sind.

Der **Mönchshof** (Mönchstraße 8) stammt aus dem 16. Jahrhundert. Seine Geschichte reicht jedoch bis ins Jahr 1024 zurück. Er diente dem Kloster Salem lange Zeit als Pfleghof. In nächster Nachbarschaft die **Salemer Scheuer** aus dem Jahr 1482. — Typisches Beispiel für die Struktur eines Bauernhofes des 17. Jahrhunderts ist der **Kroatenhof** (Metzinger Straße). — Erwähnenswert auch die **Heinrichsquelle**, in der die Mineralienanreicherung ähnlich der des Karlsbader Mineralwassers ist. Das heilkräftige Quellwasser wird abgefüllt und in alle Teile Süddeutschlands verschickt.

Auskunft: 744, Stadtverwaltung, Tel. (07022) 86 21.
Verkehrsverein, Tel. (07022) 67 27.

Verkehrsverbindungen: Station an der Bahnlinie Stuttgart—Tübingen. Busse fahren nach Stuttgart, Kirchheim/T., Tübingen, Reutlingen, Neuffen und Metzingen.

Sport und Unterhaltung: Sportanlagen, Freibad, Angeln, Tennis, Kegelbahnen, Rudern, Kino, Veranstaltungen der Volkshochschule, Konzerte, Theateraufführungen.

Ausflüge:

1. Von der 349 m hohen **Vorhalde** nach **Beuren** und von dort Aufstieg zur Burgruine **Hohenneuffen** (743 m). Mit der Zweigbahn fahren Sie von Neuffen zurück nach Nürtingen. Wegzeit 4 Stunden.
2. Zum **Jusi** (673 m). Die Route verläuft über **Tischardt** und **Kohlberg**. Wegzeit 3 Stunden.
3. Erleichtern Sie sich den Anmarsch, indem Sie bis **Linsenhofen** mit der Bahn fahren. Dann klettern Sie über **Beuren** hinauf zum **Beurener Fels**. Es folgt der **Schroffelfels**, das merkwürdige **Kesselfinkenloch** bis Sie über den **Konradsfels** die **Ruine Hofen** erreichen. Kurz danach steigen Sie ein in die wilde Schlucht **„Große Schröcke“**. Ein weiterer Höhepunkt dieser Wanderung ist die **Falkensteiner Höhle**. Nun ist es nicht mehr weit bis **Urach**, von wo Sie mit dem Bus Ihren Ausgangspunkt erreichen. Wegzeit 7 Stunden.

OBERKOCHEN

Ostalbkreis, 500 m

Am Fuß des 743 m hohen Volkmarsberg liegt die Albgemeinde sanft eingebettet in die Auenlandschaft des oberen Kochertales. Als nach dem Krieg die Firma Zeiss ein Industriewerk in Oberkochen baute, erwachte der Ort aus seiner ländlichen Geruhsamkeit und entwickelte sich zu einer lebendigen Kleinstadt. Nur 8 km von Aalen entfernt, bietet der Ort die Vorzüge der nahen Kreisstadt und ist auch zugleich idealer Ausgangspunkt zu erholsamen Wanderungen in die Stille. Als Ausflugsziele empfehlen sich der Itzelberger See, der Brenztopf, die Kocherquelle, das Wollenloch und natürlich auch der Volkmarsberg (Aussichtsturm) mit seiner schönen Rundsicht.

Auskunft: 7082, Bürgermeisteramt, Tel. (07364) 311 und 312.

Verkehrsverbindungen: Station an der Bahnlinie Aalen—Ulm. Liegt an der B 19 und an der Schwäbischen Albstraße. Busse fahren nach Aalen und Heidenheim.

Sport: Rasenplätze, Hallenbad, Wintersport.

OBERLENNINGEN

Ortsteil von Lenningen, Kreis Esslingen,
400 m

Der Ort breitet sich rechts und links entlang der Lauter aus, die das Lenninger Tal durchfließt. Es schiebt sich weit hinein zwischen die felsbewehrten Tafelberge. An den Wochenenden spuckt der Schienenbus der Nebenlinie, der von Plochingen heraufttuckert, Hunderte von Wanderern aus, die Oberlenningen als Ausgangspunkt für ihre Ausflüge rund um die Teck gewählt haben. Von hier aus erreichen Sie bequem die markanten Ziele Hohenneuffen, Teck, Beurener-, Brucker Fels, Konradsfels, Wielandstein, Hohgreutfels, Krebsstein, Wasserfelsen und Schopfloch.

In der papierverarbeitenden Industrie ist Oberlenningen als Sitz der besonders auf gestrichene Papiere (Kunstdruck) spezialisierten Papierfabrik Scheufelen bekannt.

Sehenswürdigkeit des Ortes ist die **St. Martins-Kirche** aus dem 9. Jahrhundert. Die Kirche ist als dreischiffige Säulenbasilika mit flacher Decke erbaut. Das romanische Wandbild zeigt den Heiligen Martin. Das Langhaus stammt aus dem

11. Jahrhundert, Chor und Turm wurden 1493 errichtet. Das Chorgestühl stammt aus dem Jahre 1770.

1 km südöstlich des Ortes finden Sie auf dem Wielandstein die Reste der ehemals gleichnamigen Burg. Entstehen und Verfall liegen im Dunkeln. Bekannt ist uns lediglich, daß die Burg bereits im 15. Jahrhundert nicht mehr bewohnt werden konnte.

Auskunft: 7311, Bürgermeisteramt, Tel. (07026) 841.
Verkehrsverbindungen: Station an der Bahnlinie Plochingen—Oberlenningen. Liegt an der B 465. Busse fahren nach Kirchheim, Gutenberg, Urach, Weilheim.

OBERMARCHTAL

Alb-Donau-Kreis, 530 m

Der Ort hat eine uralte Geschichte, die nur teilweise aufgedeckt werden konnte. Aus vorgeschichtlicher Zeit sind uns mehrere Gräber in der nahen Umgebung bekannt. Römische Münzen und alemannische Reihengräber bezeugen die lückenlose Besiedlung an dieser Stelle. Aus Obermarchtal stammen die berüchtigten Alaholfinger, deren Stammsitz, die **Altenburg**, gegenüber vom Kloster auf der anderen Donauseite gestanden hat. Wälle und Gräben sind noch erkennbar. Schon 776 hat einer der Alaholfinger Grafen das Kloster gegründet und den Benediktinern von St. Gallen übertragen. Es wurde zerstört, verfiel und wurde 1171 wieder aufgebaut. Aus einem Chorherrenstift wurde eine Propstei, später eine Abtei und 1500 sogar Reichsabtei. Was Sie heute sehen, ist alles neueren Datums. Nur die **Gottesackerkapelle** stammt aus spätmittelalterlicher Zeit (1481). Die übrigen Gebäude sind erst nach dem Dreißigjährigen Krieg entstanden. Zwischen 1686 und 1701 lag die Bauzeit für die **Klosterkirche.** (Innenräume beachten!) Die Klosteranlage ist in sich geschlossen und gut erhalten. Prominentester Gast war Marie Antoinette, als sie 1770 auf der Reise von Wien nach Paris hier haltmachte. Im Kloster wurden noch bis weit ins 18. Jahrhundert hinein die gefürchteten Hexenprozesse durchgeführt. Als die Fürsten von Thurn und Taxis das Kloster 1802 übernahmen, wurde Obermarchtal Verwaltungssitz. Die Fürsten richteten sich in einem der Gebäude eine herrschaftliche Sommerresidenz ein. 1814/15 war im Kloster ein Militärhospital untergebracht.

Von Obermarchtal sind es 2 km donauabwärts bis nach **Untermarchtal.** Das ehemalige **Schloß** der Herren von Speth wird seit 1887 von Ordensschwestern bewohnt. Zurückgezogen, an einer der einsamsten Stellen des Oberen Donautales, leben die Schwestern vom Orden des Heiligen Vinzenz ihrem Gott. — Untermarchtal ist Station an der Bahnlinie Ehingen — Riedlingen. Von hier wandern Sie knapp 2 km donauaufwärts und biegen dann nach rechts in das Große Lautertal ein, das zu den schönsten Tälern der Schwäbischen Alb zählt.

Auskunft: 7931, Bürgermeisteramt.

Verkehrsverbindungen: Obermarchtal liegt an der B 311. Busse fahren nach Zwiefalten, Riedlingen und Ehingen.

ONSTMETTINGEN

Stadtteil von Albstadt, Zollernalbkreis,
750 m

Zwischen Hechingen und Balingen verlassen Sie die B 27 und fahren in südöstliche Richtung. Schon der nächst größere Ort ist Onstmettingen im oberen Schmiechatal. Hier widmete sich 1764—1770 Pfarrer Hahn seinen mathematischen Studien. Er konstruierte eine astronomische Uhr und erfand die erste Skalenwaage. Der Schmied des Ortes bastelte diese Waage zusammen und fertigte sie kurze Zeit später serienweise. Der Handel mit den Waagen blühte. Schon bald entstanden kleine Fertigungsbetriebe, die sich rasch vergrößerten. Bizerba-Waagen, die im nahen Balingen hergestellt werden, sind heute weltweit geschätzt.

Die Gemeindeväter von Onstmettingen pflegen keineswegs nur die hier heimische feinmechanische Industrie, sie tun auch vieles, um den Fremdenverkehr zu beleben. Fünf Gasthöfe mit rund 80 Betten und zahlreiche Privatquartiere stehen derzeit zur Verfügung. Ein Netz von bequemen Spazierwegen legt sich rund um den Ort. Onstmettingen hat sich auf die Wintersaison spezialisiert. Seine Lage ist von Januar bis Ende Februar schneesicher. Und wenn einmal kein Schnee fällt, dann machen ihn die Onstmettinger selber: Auf der Skipiste am Nordhang des **Ruchtel** ist eine Anlage zur Herstellung von künstlichem Schnee in Betrieb. Übrigens finden auf der **Zollernschanze** regelmäßig Sprungwettbewerbe statt. Wer lieber wandert, für den gibt es viele markierte Langlaufwege.

Auskunft: 7477, Bürgermeisteramt, Tel. (07432) 255 und 72 56.

Verkehrsverbindungen: Station an der Nebenbahn Onstmettingen —Ebingen. Busse fahren nach Tailfingen, Ebingen, Balingen, Hechingen, Tübingen und Stuttgart.

Sport: Sportplätze, Skipisten, Sprungschanze.

Ausflüge:

Wenn Sie über einen Wagen verfügen, fahren Sie hinauf zum **Zollernsteighof.** Hinter dem Restaurant führt der Fußweg über Wiesen zum Waldrand. Nach insgesamt 30 Minuten treten Sie hinaus auf den Felsen des **Zellerhorns** (912 m). Ein märchenhafter Ausblick auf den Hohenzollern tut sich auf. Etwas zurückversetzt steht die 1891 erbaute Schutzhütte, ein offener Unterstand. Sie gehen den selben Waldweg wieder zurück. Nach 15 Minuten gabelt er sich. Sie halten sich links und steigen hinauf zum **Backofenfels** (942 m). Zwischen Wacholderbäumen hindurch geht's in 20 Minuten hinüber zum **Hangenden Stein** (932 m). Von dort wandern Sie in 15 Minuten zum **Raichberg** (931 m). Vom 22 m hohen Aussichtsturm haben Sie eine Fernsicht bis zu den Schweizer Alpen. Knapp unterhalb des Gipfelplateaus das schön gelegene **Nägelehaus.** Hier können Sie ausgiebig rasten oder sich auch für ein paar Tage einquartieren. Auf einem Trampelpfad wandern Sie in Richtung Westen am Waldrand entlang. Nach 30 Minuten erreichen Sie wieder Ihr Auto beim Zollernsteighof. Wegzeit 2 Stunden.

OWEN (Teck)

Kreis Esslingen, 390 m

Das Städtchen schmiegt sich an den Fuß einer gewaltigen Bergnase, die sich weit ins Albvorland hinausschiebt und auf der äußersten Spitze die Burg Teck trägt. Mit dem Schicksal dieser Burg ist auch die Geschichte Owens, das sich übrigens „Auen“ spricht, eng verschlungen. 1276 gründeten die Herzöge von Teck hier eine Stadt, wehrhaft mit Mauer, Türmen und drei Toren. Reste von dieser Anlage sind noch erhalten. Als Verwaltungssitz der Teck'schen Herrschaft hatte Owen Anfang des 14. Jahrhunderts den Höhepunkt in seiner Geschichte. Im Dreißigjährigen Krieg wurde das Teck'sche Stadtschloß zerstört. 1837 hat man auf seinen Trümmern das **Rathaus** errichtet. — Die Grablege der Herzöge von Teck befindet sich in der **Marienkirche.** Die Fundamente des Turmes stammen aus dem 12. Jahrhundert, Schiff und Chor tragen gotische Stilmerkmale. Der dreiteilige Altaraufsatz wird dem Zeitraum zwischen 1510 und 1520 zugeschrieben. Bei einem Rundgang durch das Städtchen sind noch die **Beginenklause** (1430) in der Kirchheimer Straße, die **Peterskirche** (urkundlich seit 1348; heute Privathaus) in der Marktstraße 12 und das evangelische **Pfarrhaus,** das sogenannte **Schlößle** sehenswert. Es gehört zu einem Frauenkloster, das vermutlich im 12. Jahrhundert gegründet wurde. Die damalige Klosterkirche wurde zum „Schlößle" umgebaut. Im Pfarrhaus wirkten Eduard Mörike als Vikar (1829 bis 1831) und Wilhelm Zimmermann (1872 bis 1878) als Pfarrer, der uns bedeutende Schriften über Ursache und Verlauf des Bauernkrieges hinterlassen hat. Mörike schrieb übrigens in Owen an seinem „Maler Nolten", eine stark aus persönlichem Erleben des Dichters geprägte Erzählung.

Die **Burg Teck** ist uns seit 1152 bekannt. Sie war Sitz der mächtigen Herzöge von Teck. Einer mittelalterlichen Sitte folgend erstrebten Mitglieder dieser adeligen Familie ein klerikales Amt. So stammt der Straßburger Bischof Berthold aus dem Hause Teck; ebenso Ludwig von Aquileja. Das Wappen der Familie taucht 1495 im Wappen der Württemberger auf. 1525 wurde die Burg im Bauernkrieg geschleift und seither nicht mehr vollständig wiederaufgebaut. Dank der Initiative des Schwäbischen Albvereins wurde der Bergfried zu einem weithin sichtbaren Aussichtsturm ausgebaut. In den Nebengebäuden sind ein gemütliches Restaurant und ein Touristen-Wanderheim untergebracht. Ansonsten sind nur noch die Umfassungsmauern aus dem 12.—16. Jahrhundert erhalten. Die Wallanlagen weit vor der Burg stammen aus dem 18. Jahrhundert, als man noch plante, die Burg zu einer Reichsfestung zu machen. — Wollte man die Sehenswürdigkeiten der Alb durch Sternchen klassifizieren, dann müßte die Teck drei Sterne zugeteilt bekommen. Sie gehört zu den meist besuchtesten Ausflugszielen. Ein Spaziergang zur Teck gehört zu den „Pflichtübungen" für jeden Alb-Urlauber.

Auskunft: 7311, Bürgermeisteramt, Tel. (07021) 5 50 61.

Segelflug: Willi Jauch, 7311 Dettingen, Meisenweg 3.

Verkehrsverbindungen: Station an der Nebenbahn Plochingen—Oberlenningen. Busse fahren nach Kirchheim, Neuffen, Metzingen, Urach, Schopfloch, Nürtingen.

Sport: Sportplatz, Skipisten, Segelflugplatz

Ausflüge:

1. Zur **Burg Teck.** Von Owen aus führt die asphaltierte Straße 3 km bergwärts. Nach 3 km stellen Sie den Wagen bei den Parkplätzen „Bölle" oder „Hörnle" ab. Nun liegen noch 20 Minuten Fußweg vor Ihnen. Unterhalb des Turmes der Burg die sagenumwobene **Sibyllen-**

höhle mit einem großen Eingangstor. Die Höhle ist 23 m lang. Früher soll ein Gang vom Burghof in die Höhle bestanden haben. Vorsicht beim Einstieg! Die Höhle ist im hinteren Drittel verlehmt und von Fledermäusen bewohnt. Von der Sibyllenhöhle gehen Sie weiter auf dem schmalen Rundweg und gelangen wieder auf den Hauptweg und zum Ausgangspunkt. Wegzeit 1 Stunde.

2. Von der **Teck** wandern Sie über den **Sattelbogen** zum **Rauber,** streifen die **Diepoldsburg** und erreichen über den **Engelhof** und **Wielandstein** den Zielort **Oberlenningen.** Wegzeit 4 Stunden.

3. Zu den **Gutenberger Höhlen** gelangen Sie, wenn Sie das Lenninger Tal aufwärts wandern. Hinter **Gutenberg** öffnen sich gleich mehrere Höhlen, wobei die **Gutenberger Höhle** die bekannteste ist (zur Besichtigung freigegeben). Erwähnt werden müssen noch die **Gußmannshöhle, Krebssteinhöhle, Wolfsloch, Montmilchhöhle** und die **Pfingstberghöhle,** die alle dicht bei Gutenberg und über dem Talschluß der Lenninger Lauter liegen. Wegzeit 3½ Stunden.

PFULLINGEN

Kreis Reutlingen, 450 m

4 km südlich von Reutlingen liegt die Stadt zwischen dem Georgenberg (602 m) und dem Urschelberg (692 m), eingebettet in das fruchtbare Echaztal. Aus mittelalterlicher Zeit sind noch die spätgotische **Stadtkirche St. Martin** (1463) und die **Klarissenklosterkirche** (1250) erhalten. Sehenswert sind auch das **Schloß,** das Herzog Christoph 1563 erbauen ließ; ferner das **Rathaus** (1686) und der Festsaalbau, die **Pfullinger Hallen** (1905).

Das moderne Gemeinwesen wird mitgeprägt von der nahen Kreisstadt Reutlingen. Im Ortskern, mit hübschen Partien und alten Gassen, herrscht den Tag über ein geschäftiges Leben. Die B 312 führt direkt durch die Stadt und verstärkt noch den Verkehr. Pfullingen kann und will nicht eine stille Alboase sein. Wer dennoch hier urlauben möchte, sollte sich in Hanglage einquartieren. Die einzigartigen Ausblicke von den Höhen ringsum, die gemütlichen Weinstuben und die Abwechslungen der nahen Stadt Reutlingen sind die Vorzüge, die Pfullingen seinen Gästen zu bieten hat.

Auskunft: 7417, Bürgermeisteramt, Tel. (07121) 86 51.

Verkehrsverbindungen: Station an der Bahnlinie Reutlingen—Ulm. Busse fahren nach Münsingen, Gammertingen, Reutlingen, Tübingen. Straßenbahnlinie nach Reutlingen. Liegt an der B 312.

Sport und Unterhaltung: Kino, Freibad, Sportplätze, Kegelbahn.

Ausflüge:

1. Zum **Schönberg** (793 m) mit seinem auf zwei Pfeilern ruhenden Aussichtsturm, „Unterhose" genannt. Der Weg führt hinauf über die **Wanne,** einem 699 m hohen Vorberg. Wegzeit 1 Stunde.

2. Diese Wanderung kann bis zur **Nebelhöhle** ausgedehnt werden. Über den **Gießstein** und **Schloß Lichtenstein** steigen Sie hinunter zur **Echazquelle** und fahren von **Honau** mit Bahn oder Bus zurück nach Pfullingen. Wegzeit insgesamt 5½ Stunden.

3. Zum **Georgenberg.** Wegzeit 50 Minuten.

4. Zum **Urschelberg.** Wegzeit 50 Minuten.

RECHBERG

Stadtteil von Schwäbisch Gmünd, Ostalbkreis,
580 m

Die Albgemeinde hat einen „Logenplatz" — sie liegt am Fuß des mittleren der drei Kaiserberge. Von jedem Haus haben Sie ein phantastisches Panorama, das vom Rosenstein bis zur Teck reicht. Rund um den langgestreckten Ort spannt sich ein weites Netz von Spazierwegen, die ins Rehgebirge, auf den Hornberg, zum Kalten Feld und in die Laubwälder führen, wie z. B. der Geologische Pfad.

Nicht nur im Sommer, auch im Winter wird Rechberg immer mehr zu einem Erholungszentrum des Stauferlandes. Viele Wege werden in den weißen Monaten vom Schnee freigehalten. Markierte Routen locken den Skiwanderer; auf den Pistenjäger wartet ein rasanter Abfahrtshang (mit Schlepplift).

Zwei Sehenswürdigkeiten sind von außerordentlichem Reiz: Einmal die von Idyllenromantik verzauberte **Burgruine Hohenrechberg.** Sie gehörte einer Ministerialenfamilie der Staufer, deren Stammburg auf dem benachbarten Hohenstaufen stand. Ulrich von Rechberg wurde 1194 das Marschallamt im Herzogtum Schwaben zugesprochen. Die Rechberger überlebten ihre staufischen Lehensherren. Nachkommen leben heute in Bayern. Die mächtige Burg, die erst 1865 durch einen Blitzschlag zerstört wurde, steht auf dem sog. Kleinen Rechbergle. Die Burg war ursprünglich nur durch eine Zugbrücke (heute fest verankert) mit dem Hauptberg verbunden. In einem der wiederaufgebauten Wirtschaftsgebäude im unteren Hof befindet sich eine Gastwirtschaft. Bemerkenswert ist die einfallsreich konstruierte Zisterne, die bei Belagerungen die Burgbewohner mit Wasser versorgte. Das Dach des Torturms ist so gebaut, daß die Dachflächen nicht wie üblich nach außen, sondern nach innen laufen. Dadurch sammelt sich Regenwasser am unteren Schnittpunkt der Dachseiten.

Der Gipfel des Rechberges ist seit dem 15. Jahrhundert das

Ziel von Pilgern, die das wundertätige Marienbild in der **Wallfahrtskirche „Zur schönen Maria“** verehren.

Auskunft: 7071, Bürgermeisteramt, Tel. (07171) 28 82.

Verkehrsverbindungen: Omnibusverkehr von Schwäbisch Gmünd nach Süßen. Fahrstraße nach Eislingen/Fils.

Ausflüge:

1. Fußweg zur **Burgruine Hohenrechberg** und weiter hinauf zur **Wallfahrtskirche.** Auf der Rückseite des Berges durch den Wald hinunter in den Ort. Wegzeit 40 Minuten.

2. Über Wiesen und Felder zum dritten Kaiserberg, dem **Stuifen** (757 m). Durch Kiefernwald zum Gipfel. Auf halber Höhe ein Steinbruch, der reich ist an Versteinerungen. Nächste Station beim Aufstieg ist ein Aussichtsplateau oberhalb des Steinbruchs. Es gibt den Blick frei zum Hohenstaufen und Hohenrechberg. Im Wald versteckt steht das Gipfelkreuz. An ihm vorbei den Grat entlang zu einem Sattel. Von dort Abstieg nach **Wißgoldingen.** Sie können auch am Fuß des Berges (Waldrand) entlang gehen und an der Nordflanke auf den Anmarschweg stoßen. In beiden Fällen überqueren Sie die Straße und erreichen über Wiesen und Felder im weiten Bogen Rechberg. Wegzeit 3 Stunden.

3. Zum **Hohenstaufen** (684 m) über den **Jackenhof.** Den Rückweg nehmen Sie über den **Asrücken,** auf dem früher ein Galgen gestanden hat. Wegzeit 3 Stunden.

REUTLINGEN

380—710 m

Die Stadt liegt am Fuß eines steilen Bergkegels, der Achalm, und bettet sich breit in die weite Talöffnung der Echaz. Malerische Kulisse sind die mächtigen Tafelberge der Alb. Reutlingen ist das Tor zur Mittleren Alb mit ihren erstrangigen Sehenswürdigkeiten wie Schloß Lichtenstein, Nebelhöhle, Gestüt Marbach oder Kloster Zwiefalten. Moderne Unterkunfts- und Tagungsmöglichkeiten, gemütliche Weinstuben und schwäbische Gastlichkeit haben Reutlingens Ruf als Kongreßstadt begründet. Die Stadt ist darüber hinaus Verwaltungs- und Wirtschaftszentrum der Mittleren Alb. Vorwiegend sind es Herstellerfirmen der textil-, leder und holzverarbeitenden Branchen, die in Reutlingen ansässig sind und an die lange Tradition der Reutlinger Gerber bzw. Wollweber anknüpfen.

Der Ort lag früher an der alten Königstraße, die hier an einer Furt durch die Echaz führte. Kaiser Friedrich I. stattete den Ort 1182 mit Marktrechten aus. Den Ausbau der Stadt besorgte Kaiser Friedrich II. um 1216. — Reutlingen genoß den Schutz der Staufer. Nach deren Machtrückgang versuchten die Württemberger, die Stadt unter ihren Einfluß zu bringen. 1377 lag Graf Ulrich vor den Mauern der Stadt. Die Reutlinger wagten einen Ausfall und schlugen die überraschten Belagerer in die Flucht. Die Württemberger sicherten sich aber die Achalm als Brückenkopf. Als deren Vogt in der Stadt ermordet wurde, holte der berüchtigte Herzog Ulrich zu einem Vergeltungsschlag aus und eroberte sie 1519. Da griff der Schwäbische Bund, in dem sich mehrere freie Reichsstädte zusammengeschlossen hatten, ein und entfachte damit einen erbitterten Krieg in Württemberg. Er endete erst, als Herzog Ulrich aus dem Land geflohen war.

Der Stadtbrand von 1726 fügte der Stadt verheerenden Schaden zu. Ein wahres Wunder war, daß die älteste gotische Kirche in Württemberg, die **Marienkirche**, die Katastrophe und auch die Bombardierungen des 2. Weltkrieges überstanden hat.

1803, als Napoleon daran ging, in Europa neue Grenzlinien zu ziehen, wurde Reutlingen württembergisch. Nach dem 2. Weltkrieg ging man daran, die Stadt zu modernisieren und zu erweitern. Die teilweise zerstörte Altstadt wurde fast originalgetreu wieder aufgebaut. Das Wahrzeichen der Stadt ist die **Marienkirche**, die zum Dank für eine zu Ende gehende Belagerung des Gegenkönigs Heinrich Raspe 1247 bis 1343 gebaut wurde. Ihr Turm (73 m) überragt die niedrigen Giebeldächer der Altstadt um ein Vielfaches. Die Kirche läßt zwei Stilmerkmale erkennen: Der Chor ist spätromanisch, Schiff und Turm gotisch. Beachten Sie im Innern die Strebebögen und Pfeiler, sowie das **Heilige Grab** und das **Taufbecken** (1499) mit Apostelfiguren und Darstellungen der sieben Sakramente. Vor der Kirche der **Kirchbrunnen.** Er trägt das Standbild von Kaiser Friedrich II., der Reutlingen zur freien Reichsstadt gemacht hat. Das frühere Lyzeum, heute Landwirtschaftsschule, war in einem **barocken Fachwerkhaus** (1727) untergebracht. Das sehenswerte Gebäude steht dicht bei der Kirche. Nicht weit davon, in der oberen Wilhelmstraße, der gotische **Lindenbrunnen** aus dem Jahr 1544. Der **Gartentorbrunnen** stammt aus dem 17. Jahrhundert. Linker Hand **Zwinger, Zeughausturm** und **Stadtmauer.**

Wenn Sie durch die Jos.-Weiß-Straße gehen, dann können Sie noch eine Weile an der alten Mauer entlang wandern. Etwas vorgelagert ist der **Eisturm.** Der **Ledergraben,** früher Stadtgraben, ist heute zugeschüttet und mit Alleebäumchen bepflanzt. In dem ehemaligen **Barfüßerkloster** (16. Jahrhundert) ist heute das Friedrich-List-Gymnasium untergebracht. Der große, prächtige Fachwerkbau ist sehenswert. Übrigens, Friedrich List, der Vorkämpfer des deutschen Zollvereins, wurde in Reutlingen geboren. Sein **Denkmal** steht auf dem Bahnhofsvorplatz. Sehenswert auch das **Spendhaus,** ein großes Fachwerkhaus aus der Zeit vor dem Stadtbrand von 1726. Mächtiger Zeuge der ehemaligen Wehrkraft Reutlingens sind das **Tübinger Tor** und das **Gartentor** (1392). Die Torpforte datiert ins 13. Jahrhundert zurück. Eine hübsche Ansicht bietet die **Katharinenstraße** mit den alten Giebelhäusern. Das **Rathaus** ist ein supermoderner Zweckbau, inmitten der alten Häuser. Eine gelungene Vereinigung von Jahrhunderte auseinanderliegender Stilepochen.

In der Hauptgeschäftsstraße, der Wilhelmstraße, steht die **Nikolaikirche,** die 1358 von einem Reutlinger Baumeister errichtet wurde. Die Kirche brannte 1945 aus und ist danach restauriert worden. Der **Gerber- und Färberbrunnen** erinnert an die Blüte im 14. und 15. Jahrhundert, welche die Stadt den tüchtigen Gerbern, Webern und Färbern zu verdanken hatte.

Das ehemalige **Spital** (14. Jahrhundert) hat einen sehenswerten Innenhof. Über dem Portal der **Spitalkirche** ist ein Prangerbild aus dem 14. Jahrhundert eingemauert. Gegenüber steht der 1570 errichtete **Marktbrunnen,** der Kaiser Maximilian II. zeigt.

Alle diese Sehenswürdigkeiten zeugen vom Stolz eines freien Bürgertums, das heute wie einst den Geist der Tradition bejaht, die mittelalterlichen Erinnerungen an die reiche Geschichte der Stadt pflegt und zugleich dort, wo der Krieg tiefe Wunden schlug, die Lücken nach modernsten städtebaulichen Erkenntnissen geschlossen hat. Den Adler hat sich die freie Reichsstadt vor vielen hundert Jahren als Wappentier erwählt. Der Status ist nicht mehr, aber den Adler führen die Reutlinger noch immer in ihrem Stadtsiegel, nunmehr als Symbol für ein modernes und demokratisches Gemeinwesen.

Auskunft: 7410, Verkehrsverein, Tel. (07121) 33 76 00.

ADAC-Triptik und Informationsstelle, Wilhelmstraße 124.

Verkehrsverbindungen: Station an den Bahnlinien Stuttgart – Tübingen, Reutlingen – Blaubeuren und Reutlingen – Gönningen. Busse fahren zu allen in der Umgebung liegenden Albgemeinden. Sonderbusse fahren an den Wochenenden zu Ausflugszielen auf die Alb. Reutlingen liegt an der B 28 und der B 312.

Sport: Stadion, Hallenbad, Freibad, Minigolf, Kegeln, Reiten, Segelfliegen, Tennis.

Unterhaltung: Kinos, Tanzcafés, Naturtheater (im Markwasen), Theateraufführungen des Württembergischen Landestheaters, Theater in der Tonne, Veranstaltungen der Volkshochschule, Konzerte, Kunstausstellungen, Waldlehrpfad im Stadtwald Markwasen, Stadtgarten, Panoramaweg, Volkspark (Alteburgstraße).

Museen: Heimatmuseum (Oberamteistraße 22) im ehemaligen Königsbronner Pfleghof. **Naturkundemuseum** (Spendhausstraße 6), **Stadtbibliothek** (Spendhausstraße 6) mit kostbaren Wiegendrucken aus der Mitte des 15. Jahrhunderts. Wertvollstes Stück: Die „Reutlinger Bibel" von 1475.

Ausflüge:

1. Reutlingen – Eningen (Straßenbahn) – über den **Geißberg** und die Weide zum **Übersberg** (Ausfl.-Wirtschaft) und zum **Mädlesfels** (prächtiger Ausblick). Auf schattigen Waldwegen über den **Urschelberg.** Abstieg nach **Pfullingen** – Reutlingen. Wegzeit 3½ Stunden.

2. Nach Eningen (Straßenbahn) – **Gutenberg** – Grasberg (Schutzhütte) – weiter auf dem Randweg zum **Grünen Fels** (von Eningen bis hierher 2 Stunden, nach St. Johann 20 Minuten) – über verschiedene romantische Felsenklippen zum **Sonnenfels** (überall herrlicher Ausblick) – **St. Johann – Hohe Warte** (820 m, Aussichtsturm, Schlüssel in St. Johann), vorbei am Gestüt durch romantische Schlucht nach Eningen. Wegzeit 4½ Stunden.

3. Eine der schönsten Randwanderungen in der Schwäbischen Alb: Wanderung zum **Grünen Fels** (vgl. Wandervorschlag Nr. 2). mit wunderbarer Aussicht in das Neckartal, zum Schwarzwald, den Fildern und ins Unterland. Durch hohen Buchenwald über die Heide zum **Roßfels** und **Olgafels** – über Heideland zum **Sonnenfels** mit herrlichem Blick ins Ermstal, auf das schmucke Weingärtnerdorf Neuhausen mit seinem rebenbestandenen Hofbühl, nach Dettingen, Urach. Über die **Dettinger Höllenlöcher** und **Gelben Fels** (hübscher Blick auf das mittlere Ermstal, Hohenurach und die Albhochfläche). Es folgen **Fohlenhof, Rutschenfelsen, Uracher Wasserfall,** Hohenurach, **Urach** (Wegzeit ab Grüner Fels 4 Stunden).

4. Nach **Urach** – Hannerfelsen – **Rutschenfelsen** (751 m) – Burgstelle – Stahleck – Zeller Eckfelsen – **Greifenstein** (765 m, Burgruine und Schutzhütte) – **Holzelfingen** – Burgstein – **Traifelberg – Schloß Lichtenstein** (817 m) – Naturschutzgebiet Greuthau – **Honau.** Wegzeit 7 Stunden.

5. Reutlingen – Fahrt nach Unterhausen – **Nebelhöhle – Gießstein – Lichtenstein – Traifelberg – Holzelfingen – Greifenstein – Burg Stahleck** – Unterhausen. Wegzeit 6 Stunden.

6. Reutlingen — Fahrt nach Urach — Seeburger Tal — **Falkensteiner Höhle** — Heidengraben — Burrenhof — am Albrand über die Felslandschaft der „Neuffener Schweiz" zum **Hohenneuffen** (größte Burgruine Schwabens) — Neuffen (mit Bahn nach Reutlingen). Wegzeit 6 Stunden.

7. Reutlingen — Fahrt nach **Pfullingen** — Wanne — **Schönberg** mit Aussichtsturm — Wackerstein — Gielsberg — Barmkapf — Stöffelberg — **Gönningen** (im Frühjahr mit herrlicher Tulpenblüte) oder vom Gielsberg über Genkingen zum **Roßberg** (869 m, Aussichtsturm, prächtige Fernsicht, Wirtschaft und Herberge) — Gönningen. Oder: Wackerstein — Nebelhöhle — Schloß Lichtenstein — Honau. Wegzeit 8 Stunden.

8. Reutlingen — Fahrt nach Station Lichtenstein — **Karlshöhle mit Bärenhöhle.** Weiter zur Ruine Holstein (815 m). Dann hinunter nach Haus an der Lauchert, Mariaberg und **Gammertingen.** Wegzeit 6½ Stunden.

9. Zum **Scheibengipfel** (533 m). Er erhebt sich westlich von der Achalm. Vom Stadtrand in 30 Minuten zu erreichen.

10. Der Weg zur 707 m hohen **Achalm,** der eindrucksvollsten Erhebung in der Gegend, führt vom Schönen Weg an einer ehemaligen Domäne (heute Gaststätte) vorbei hinauf zum Gipfel. Im 11. Jahrhundert wurde hier eine Burg erbaut, von der noch der Bergfried und die Umfassungsmauern teilweise erhalten geblieben sind. Die Sage erzählt, daß tief in der Erde eine goldene Kette um den Berg gelegt ist. Sie begrenzt eine „Bannmeile" innerhalb der kein Unwetter toben kann. Außerdem soll im Innern der Achalm ein großer Schatz liegen. Er wird bewacht von zwei riesigen schwarzen Pudeln. So mancher Abenteurer hat sich schon bemüht, den Schatz zu heben. Jedoch vergebens. Das „Goldloch" an der Nordseite des Berges zeugt von diesen Schürfversuchen. — Vom Turm aus haben Sie eine herrliche Rundsicht: Im Norden der Stuttgarter Fernsehturm, im Westen der Schwarzwald, im Süden und Osten die Albberge. Wegzeit 1½ Stunden.

11. Der **Georgenberg** ist vulkanischen Ursprungs. Auf ihm befand sich in heidnischer Vorzeit eine germanische Kultstätte. Sie erreichen den Berg von der Lindachstraße, vorbei am Kreiskrankenhaus, an Obstgärten und Weinbergen. Die Aussicht ist lohnend. Wegzeit 1 Std.

12. Über die Rommelsbacher Straße gelangen Sie zur **Römerschanze,** von der Sie einen schönen Blick auf den imposanten Albsturz haben. Auf dem Rückweg können Sie nach Sondelfingen oder Betzingen absteigen. Wegzeit 1½ Stunden.

RIEDLINGEN

Kreis Biberach, 530 m

Riedlingen entstand am grünen Tisch der Grafen von Veringen, die um 1250 am Schnittpunkt zweier wichtiger Verkehrsachsen, der Nord-Süd-Verbindung von Reutlingen und der Donaustraße nach Ulm, eine Stadt gründeten. Die rechtwinkligen Planquadrate lassen sich jetzt noch am Verlauf der Gassen rekonstruieren. Riedlingen kam schnell zu Reichtum, die Bürger sonnten sich im Wohlstand. Mehrgeschossige Fachwerkbauten geben heute noch Zeugnis. Im **Spital,** einem ehemaligen Kapuzinerkloster, befindet sich eine Altertumssammlung. Das **Rathaus** stammt aus den Jahren um 1450. Es wurde als Kaufhaus gebaut und erst viel später zum Sitz des Bürgermeisters bestimmt. — Die **Georgskirche,** die die ganze Stadt überragt, stammt aus dem Jahr 1271. Sie wurde 1330 und 1486 umgebaut. Sehenswert sind in ihr vor allem die gotischen Wandmalereien. Zu erwähnen sind auch die barocke **Weilerkapelle** von 1721 und die **Stadtbefestigungsanlagen,** von denen Teile des Wehrgangs, der Stadtmauerturm und das Zwiefalter Tor erhalten sind. Besonders fotogen: die Donaupartie mit den schmalen Giebelhäusern.

Auskunft: 794, Bürgermeisteramt, Tel. (07371) 522.

Verkehrsverbindungen: Station an der Bahnlinie Sigmaringen—Ulm. Busse fahren nach Reutlingen, Stuttgart, Biberach, Meersburg/Bodensee und zu vielen Orten auf der Hochalb bzw. in Oberschwaben. Riedlingen liegt an der B 311 und B 312.

Sport und Unterhaltung: Sportplätze, Kino, Tanzcafé, Vortragsveranstaltungen, bunte Abende.

Ausflüge:

1. Hinauf zum **Österberg** (690 m), an dessen Fuß Riedlingen sich ausbreitet. Wegzeit 45 Minuten.
2. Zur **Heuneburg,** etwa 3 km südlich von **Binzwangen.** Sie fahren am besten mit dem Bus bis Hundersingen und gehen dann donauabwärts bis zu dem keltischen Fürstensitz aus dem 6. Jhdt. v. Chr. Weitermarsch nach Binzwangen. Wegzeit 2 Stunden.
3. Ein viel besuchter Ausflugsberg ist der **Bussen** (767 m). Sie erreichen ihn über **Göffingen** (zu Fuß oder mit dem Bus). Auf dem Gipfel dieses alleinstehenden Albberges befindet sich ein Aussichtsturm, von dem Sie ein phantastisches Panorama auf die Schwäbische Alb, über Oberschwaben und bis zu den Schweizer Alpen haben. Wegzeit (zu Fuß ab Riedlingen) 2 Stunden.
4. Lohnend ist auch die Wanderung zur Klosterkirche von **Heiligkreuztal.** Sie verlassen Riedlingen in südlicher Richtung nach **Altheim** und folgen von dort dem bezeichneten Weg. Die Kirche besitzt herrliche Glasfenster und einen kunstvollen Altar von 1515 (von Martin Schaffner, Ulm). Wegzeit 2 Stunden.

SALMENDINGEN

Stadtteil von Burladingen, Zollernalbkreis,
750 m

Im Sommer strömen die Fremden zu der nahe Salmendingen zauberhaft auf einem Bergkegel gelegenen **Salmendinger Kapelle.** Sie ist vom Ort etwa 2 km entfernt. Der Berg, der sie trägt, heißt Kornbühl und ist 886 m hoch. Die Wallfahrtskirche wurde um 1500 von Veronika v. Neuneck gestiftet. Die Salmendinger Kapelle zählt zu den reizvollsten Punkten der Alb. Da die Kapelle zu weit vom Ort entfernt liegt, konnte Salmendingen bislang nur wenig von den Besucherschlangen profitieren. Das soll jetzt anders werden: Nahe beim Ort haben die Salmendinger einen 400 m langen Skiabfahrtshang planiert und drei Pisten für Anfänger und Fortgeschrittene abgesteckt. Ein Schlepplift sorgt für schnelles Auf und Ab. Er ist auch werktags in Betrieb. Außerdem wurde am Hang eine Flutlichtanlage installiert.

Oberhalb des Ortes sind noch Reste einer Burg sichtbar, die allerdings schon 1386 als Burgstall benutzt wurde und seitdem verfiel.

Auskunft: 7401, Bürgermeisteramt.
Verkehrsverbindungen: Buslinie nach Mössingen und Burladingen.

SCHELKLINGEN

Alb-Donau-Kreis, 540 m

Die Stadt liegt am Südostrand der Alb. Sie ist ein beliebter Wanderstützpunkt zu bekannten Sehenswürdigkeiten wie der Sirgensteinhöhle, dem Hohlenfels, dem cañonartigen Aachtal oder dem romantischen Schmiechtal.

Die uns bekannte Geschichte des Ortes beginnt mit einem alemannischen Reihengräberfeld, das man freigelegt hat. Die Herren von Schelklingen tauchten um 1100 auf. Sie gründeten die nahgelegene Benediktinerinnenabtei Urspring. 1234 erhielt Schelklingen Stadtrechte. Von 1360 an wechselte die Stadt häufig den Besitzer. Die Pfandherren nahmen sich oftmals eine Stadtwohnung und auf diese Weise kann Schelklingen eine stolze Liste adeliger Herren vorweisen, die alle Bürger der Stadt waren. Darunter ist beispielsweise der kaiserliche Söldnerführer Konrad von Bemmelberg, der sich außerhalb der Stadt ein kleines Schloß erbauen ließ. Das **Rößle** war das Wohnhaus eines der Herren von Reußenstein. Bei der Kirche steht das **Spitalgebäude.** In ihm wohnten die Herren von Wernau. Sehenswert auch die **Afrakapelle** (um 1300) im Friedhof mit dem größten in Württemberg erhaltenen Wandgemälden-Zyklus aus dem 14. Jahrhundert. Hoch über der Stadt ragt der Bergfried einer ehemaligen Burg steil in den Himmel. Sie ist seit dem Dreißigjährigen Krieg zerstört.

Das **Kloster Urspring** wurde 1179 geründet. Nonnen aus dem Benediktinerorden zogen an diesen Ort und nannten ihn Urspring, weil innerhalb der Klostermauern eine Quelle entsprang. Im 13. Jahrhundert hatte das Kloster großen Besitz in der Umgebung. Im 16. Jahrhundert wurde die Klosteranlage erweitert. Bis 1770 war hier eine Mädchenschule untergebracht. 1627 wurde die neue barocke **Klosterkirche** fertiggestellt. 1806 wurde das Kloster aufgelöst. In den Gebäuden etablierte sich eine Baumwollspinnerei. Heute beherbergen die ehrwürdigen Mauern das evangelische Landeserziehungsheim.

Auf dem nahen Lützelberg steht die 1709 gebaute **Herz-Jesu-Kapelle.**

Auskunft: 7933, Bürgermeisteramt, Tel. (07394) 276.

Verkehrsverbindungen: Station an der Bahnlinie Sigmaringen—Ulm. Fahrstraße nach Münsingen, Ringingen, Blaubeuren und Ehingen. Busse verkehren zwischen Schelklingen, Ulm, Münsingen, Stuttgart.

Sport: Sportplatz, Freibad, Kegeln.

SCHOPFLOCH

Ortsteil von Lenningen, Kreis Esslingen,
760 m

Der Ort, oberhalb des Lenninger Tales gelegen, hat sich als Wintersportplatz einen Namen gemacht, weil er über gut ausgebaute Pistenhänge, Schlepplifte und sogar über eine Sprungschanze verfügt. Schopfloch ist ein typisches Schneeloch. Hier bleibt der Schnee zuerst liegen, hier liegt er am längsten. Kein Wunder deshalb, daß sich an den Winterwochenenden Tausende von Sportlern auf den Pisten tummeln. Wer kein Freund solcher Gesellschaftsfahrten ist, der kann zu herrlichen Skiwanderungen in einsamen Wäldern starten, von denen es rund um Schopfloch viele gibt.

Der Schwäbische Albverein hat viel dazu beigetragen, daß Schopfloch auch im Sommer zu einem viel besuchten Ausflugsort wurde. Gepflegte Spazierwege führen in alle Himmelsrichtungen. Und eben weil der Ort mehr Ausgangs- und Zielpunkt ist, hat er sich seinen ländlichen Frieden bewahren können. Am Abend kehren die Wanderer im Harprechtshaus, dem Otto-Hoffmeister-Haus, in der „Linde“ oder einem anderen gemütlichen Gasthaus zu einem kräftigenden Vesper und einem „Viertele“ ein. Es dauert auch meist nicht lange, bis einer zur Gitarre greift. Zünftige Lieder schallen dann hinaus auf die Dorfstraße und „tragen Fröhlichkeit in jede Herberge“.

Auskunft: 7311, Bürgermeisteramt, Tel. (07026) 680.

Verkehrsverbindungen: Buslinien nach Kirchheim/T. und Laichingen. Fahrstraße nach Donnstetten, Urach, Weilheim.

Sport: Skipisten, Lift in der Pfulb, Sprungschanze im Renzenhau.

Ausflüge:

1. Vom Harprechtshaus ins Trockental (früher floß hier die Urlone). Bei der Wegkreuzung „Grauer Stein“ nach links bis zum **Reußensteiner Hof.** Ein kurzes Stück der Straße nach und dann dem Albtrauf entlang zur restaurierten Burgruine **Reußenstein.** Von ihm geht die Sage, daß der Riese Heim, der gegenüber in einer Höhle unter dem Heimenstein hauste, diese Burg von seinen Untertanen im Tal erbauen ließ. Als er das stolze Bauwerk beschaute, stellte er fest, daß im obersten Turmfenster ein Nagel fehlte. Er schrie und tobte, daß man es noch drunten in Kirchheim wie fernen Donner hören konnte. Er verweigerte den Handwerkern den Lohn. Keiner getraute sich auf die Zinne zu klettern und über dem schwindelerregenden Abgrund jenen Nagel einzuschlagen. Da war aber ein armer Handwerksbursch, der verliebt war in seines Meisters Töchterlein. Sie sollte mit einem sehr reichen Mann verheiratet werden. Er trat — lebensmüde — vor den Riesen und trug sich an, den Nagel einzuschlagen. Als der Riese den jungen Mann in seinem Kummer sah, wie er entschlossen aus dem Fenster kletterte, rührte es ihm an sein Riesenherz. Er packte ihn am Genick und hielt ihn so lange, bis der Nagel festsaß. „Du bist ein prächtiger Bursche!“ brüllte er ihm ins Ohr und schenkte ihm einen Sack mit Gold, den der Handwerksgesell nur mit Mühe ins Tal schleifen konnte — so schwer war er. Als reicher Mann trat er vor seinen Meister und hielt um dessen Tochter an. Der gab ihm jetzt seine Tochter zur Frau.

Von dem kühnen Felsennest geht’s zum **Bahnhöfle.** Über eine Aussichtskanzel erreichen Sie die einstige **Burg Heimenstein.** Am Heimenstein nisten Wanderfalken. Unterhalb des Felsens die schon erwähnte Höhle des Riesen Heim. Vorbei an einem **Marmorsteinbruch** und der **Schlattbuche** kehren Sie zurück nach Schopfloch. Wegzeit 3 Stunden.

2. Zum **Schopflocher Torfmoor,** einem biologisch sehr interessanten Naturschutzgebiet. Es ist das einzige Moorgebiet auf der Alb. An seiner Stelle war früher ein See, der allmählich verlandet ist. Sie erreichen das Torfmoor über **Weiler Torfgrube** und das **Otto-Hoffmeister-Haus.** Wegzeit 1 Stunde.

3. Der **Römerstein** (874 m) hat einen viel besuchten Aussichtsturm. Den Rückweg nehmen Sie am besten über das Naturfreundehaus bei Donnstetten. Wegzeit 2½ Stunden.

SCHWÄBISCH GMÜND

Ostalbkreis, 321 m

Die heutige Kreis- und ehemalige freie Reichsstadt liegt im Remstal am Nordrand der Schwäbischen Alb, ca. 50 km östlich von Stuttgart. Sie konnte sich über Jahrhunderte hinweg ihr altes, ehrwürdiges Stadtbild bewahren, das im Jahr viele tausend Besucher anlockt.

Wann und weshalb Gmünd gegründet wurde ist nicht bekannt. Glaubt man der Sage, so hatte Herzogin Agnes von Schwaben, die auf dem Hohenstaufen wohnte, einst im Gelände des heutigen Stadtkerns einen sehr wertvollen Ring verloren. Alle Suche war vergebens. Erst sehr viel später entdeckte ein Junker das funkelnde Juwel am Geweih eines erjagten Hirsches. Die Herzogin war außer sich vor Glück. Zum Dank ließ sie an der Stelle eine Kapelle bauen und dem Heiligen Johannes weihen. An der Außenwand verewigte man in einer Jagdszene diesen glücklichen Fund. Bei der Kirche siedelten sich schon bald Händler an. So soll eine kleine Gemeinde entstanden sein, aus der später die stolze Stadt wurde. Feststeht, daß Gmünd von den Staufern gegründet wurde und schon vor 1162 bestanden hat.

Die spätromanische **Johanneskirche** ist eine Pfeilerbasilika mit bedeutenden Skulpturen. Zeugnis von der bürgerlichen Blütezeit der Stadt gibt das **Heilig-Kreuz-Münster,** die älteste Hallenkirche in Süddeutschland. Ihre Bauzeit hat vermutlich zwischen 1310—1380 gelegen. Ein beherrschendes Bauwerk der Spätgotik. Die **Eingangsportale** sind reich verziert. Der **Kapellenumgang** beim Hochaltar ist einzigartig. Die Bauherren Parler haben auch das **Heilige Grab** geschaffen. Das **Chorgestühl** datiert ins Jahr 1550 zurück und die **Barockorgel** wurde 1668 eingebaut. Der **Sebaldusaltar** wird der Dürerschule zugeschrieben (1507). Beachten Sie auch den **Sippenaltar** (1512) in der Taufkapelle. Der **Löwenbrunnen** an der Außenfront des Chors wurde 1604 aufgestellt.

Sehenswert sind auch die Felsenkapelle **St. Salvator** (Doppelkapelle) auf dem Nepperstein, einer heidnischen Kult-

---

Tollkühne Kerle waren die Ritter vom Reußenstein und tollkühn haben sie ihre Burg auf einen Felsen über dem Neidlinger Tal bauen lassen.
(Foto: Fritz Bettermann, Bonlanden)

stätte, die **Herrgottsruhkapelle** beim Friedhof und die **Leonhardskirche.** Aus mittelalterlicher Zeit stammen noch die **Stadtmauern** und sechs **Wehrtürme** (14. Jahrhundert), ferner das älteste deutsche **Franziskanerkloster** (Franziskanergasse 3), die **Franziskaner- und Augustinerkirche,** beide später allerdings barockisiert, und auch das Frauenkloster **Gotteszell,** in dem heute die Landesstrafanstalt für Frauen untergebracht ist. Das ehemalige **Dominikanerkloster** am Johannisplatz ist noch erhalten, ebenso wie das **Hospital** (Marktplatz 37) von 1269 und das **Feldsiechenhaus** (beim Jahnstadion), das 1326 schon gestanden hat.

Aus der Barockzeit sind beachtenswerte Baudenkmäler überliefert wie z. B. das **Kapitelshaus** (1764, Münsterplatz 7), das **Rathaus** (1763), das **Postamt** (1753) und die **Schranne** (in der Korngasse). Im Stadtgarten steht das **Schlößchen,** das schon mehr dem Empire zuzuschreiben ist. — Der **Marienbrunnen** (1686) und die reichen Barockhäuser zeugen noch heute von der Blütezeit, die Schwäbisch Gmünd nach dem Dreißigjährigen Krieg erlebt hat.

Im späten Mittelalter arbeiteten in Gmünd berühmte Waffenschmiede. Aus diesem Handwerk hat sich dann eine Industrie entwickelt, die Schwäbisch Gmünd als Schmuckstadt weltbekannt gemacht hat. Nach dem Zweiten Weltkrieg siedelte sich auch die Gablonzer Glasindustrie an und erweiterte noch die Vielfalt künstlerisch wertvoller Produkte.

Schwäbisch Gmünd hat zumindest vier berühmte Männer ihrer Zeit mitgeprägt: Den Baumeister Peter Parler (1333 bis 1399), den Maler Hans Baldung Grien (1484—1545), den Bauernführer Jörg Ratgeb (1470—1526) und den Bischof Paul Wilhelm von Keppler (1852—1928).

Auskunft: 7070, Fremdenverkehrsverein, Tel. (07171) 32 44.

Verkehrsverbindungen: Eisenbahnknotenpunkt an den Strecken Stuttgart—Nürnberg und Stuttgart—München. Buslinien nach Schwäbisch Hall, Göppingen, Süßen, Heidenheim und zu allen sehenswerten Orten der Ostalb. Liegt an der B 29 und B 298.

Sport und Unterhaltung: Sportplätze, zwei Freibäder, Hallenbad, Tennis, Reiten, Kegeln, Minigolf, Boccia, Kinos, Vorträge, Konzerte.

Museum: Städtische Sammlung (Olgastraße 100).

Ausflüge:

1. Zum **Lindenfirst** (425 m) über das Taubental. Schöner Blick auf die Stadt. Wegzeit 30 Minuten.
2. Zum **Kastell Freimühle.** Der **Schierenhof,** der gegenüber liegt, ist mitten in ein römisches Kastell gebaut. Wegzeit 40 Minuten.

3. Sehr lohnend eine Wanderung zum **Kloster Lorch** und **Wäscherschlößle,** dem Ahnenschloß der Staufer. Zurück mit Bus oder Bahn. Wegzeit 3½ Stunden.

4. Auf die Hochalb führt Sie der Weg über **Maitis** zum **Hohenstaufen.** Anschließend wandern Sie hinüber zum **Rechberg** mit seiner romantischen Ruine und einer alten Wallfahrtskirche. Hinunter nach **Straßdorf** und mit dem Bahnbus zurück nach Gmünd. Wegzeit 4½ Stunden.

5. Eine zünftige Wanderung erwartet Sie, wenn Sie über **Waldstetten** zum **Franz-Keller-Haus** am **Kalten Feld** marschieren. Sind Sie gut zu Fuß, so nehmen Sie den Rückweg über **Weiler in den Bergen** (auch Busverbindung). Wegzeit 8 Stunden (hin und zurück).

SIGMARINGEN

570 m

Die lebendige, verschiedenartige Kultur im dichtbesiedelten schwäbischen Raum hat Städtebilder von reizvoller Vielfalt ermöglicht. Sigmaringen besitzt eines der einprägsamsten. Mittelpunkt der Stadt ist der weiße Kalkfelsen, auf dem das Schloß der Hohenzollern steht. Dieser mächtige Felsklotz, den die Donau scharf vom benachbarten Mühlberg getrennt hat, ist der krönende Abschluß des wildromantischen oberen Donautales. Unterhalb Sigmaringens fließt die Donau in einem breiten Tal ruhig und gebändigt dem bayrischen Raum zu. Der Sigmaringer Schloßfelsen ist auch noch in anderem Sinn markanter Grenzpunkt: an ihm vollzieht sich die Trennung zwischen Schwäbischer Alb und dem tiefer liegenden Hügelland Oberschwabens.

Ebenso interessant wie die landschaftlichen Gegebenheiten ist die Geschichte der Stadt. In unmittelbarer Umgebung des Stadtkerns hat man Funde von der Hallstattzeit an gemacht, die auf eine sehr frühe und stetige Besiedlung dieses Raumes hindeuten. Reste römischer Gutshöfe finden sich auf der Linie der „Sieben Krisenbäume" — Wasserwerk (Leopoldstraße) — Gorheim. Bei Laiz (1,5 km westlich) hatten die Römer eine Furt über die Donau entdeckt, die für die folgenden 300 Jahre eine wichtige Rolle spielte. Die Alemannen bauten sich ihre Häuser direkt unterhalb des Schloßfelsens, der auch weiterhin kahl und unbebaut blieb. Erst aus dem 11. Jahrhundert ist uns eine Burg auf dem strategisch wichtigen Felsen bekannt. Wer sie baute, weiß man nicht. 1077 jedenfalls wurde sie vom Gegenkönig Rudolf von Schwaben belagert. Wie überall, wo Burgen standen, entwickelte sich in deren Schutz rasch ein Gemeinwesen. Die Stadtrechte erhielt Sigmaringen im 13. Jahrhundert. Die Herrschaft über Burg und Stadt wechselte im ausgehenden Mittelalter häufig. Von den Habsburgern wurde Sigmaringen an Württemberg und später weiter an das Haus Werdenberg verpfändet. Als die Werdenberger ausgestorben waren, kam Sigmaringen unter hohenzollerische Landesherrschaft (1534). Die Stadt blieb im Dreißigjährigen Krieg zunächst verschont. Ab 1632 aber wurde sie mehrere Male belagert, erobert und geplündert. 1633 brannte das Schloß bis auf die Grundmauern nieder. Im 17. und 18. Jahrhundert war man damit beschäftigt, die Kriegsschäden zu beseitigen. Eine rege Bautätigkeit zeichnet diesen Abschnitt in der Geschichte Sigmaringens aus. Der Wiederaufbau des Schlosses, Umbau von Kirchen und neue stattliche Bürgerhäuser waren die vornehmlichsten Aufgaben. Auf Grund einer Freundschaft zwischen der Gemahlin des Fürsten und Josephine Beauharnais, der ersten Frau Napoleons, vergrößerte sich das Fürstentum Hohenzollern-Sigmaringen um mehr als das Doppelte und erhielt die volle Bündnisfreiheit. Nun erlebte Sigmaringen eine neue Blütezeit. Der mittelalterliche Mauergürtel wurde zu eng. Die Stadt dehnte sich aus. Auch das Schloß wurde 1815—1817 stark erweitert. Bis ca. 1850 wurden Plätze (Marktplatz, Leopoldsplatz) und ganze Straßenzüge (Karlstraße) umgebaut, neue Stadtteile (links der Donau) und wichtige Gebäude (Rathaus, Prinzenbau, Hoftheater, Ständehaus) errichtet.

Die Goldene Hochzeit, die Fürst Karl Anton und seine Frau in ihrer Residenz Sigmaringen im Jahr 1884 feierten, wurde zum Glanzpunkt höfischen Lebens: Der gesamte europäische Hochadel war zugegen. Die prominentesten Gratulanten: Kaiser Wilhelm I. und König Karl von Rumänien. — Sigmaringen war zu jener Zeit eine Regierungsstadt von internationaler Bedeutung. Konferenzen, Hoffeste und hochherrschaftlicher Besuch lösten einander ab. Das kulturelle

---

Schloß Sigmaringen thront hoch auf einem mächtigen Felsen, an dessen Fuß die Donau vorbeifließt. Auf dem gut erhaltenen Schloß residieren die Fürsten von Hohenzollern (katholische Linie).
(Foto: Gerhard Jost, Pforzheim)

Leben erhielt wichtige Impulse. Das Bürgertum gewann an Selbstbewußtsein. Höfische Beamte und wohlhabende Handwerker bildeten den Kern. Den Ersten und Zweiten Weltkrieg durchstand die Stadt ohne größere Zerstörungen. 1944 war im Schloß die französische Vichy-Regierung untergebracht.

Nach Kriegsende wurde das Fürstentum mit Südwürttemberg zusammengelegt und der Verwaltungssitz aufgehoben. Der Stadt teilte man als Entschädigung andere Landesbehörden zu. Mit der schwindenden Bedeutung als Regierungssitz drohte aber Sigmaringen der Abstieg zur Landstadt. Dem traten die Bürger erfolgreich entgegen, indem sie den Fremdenverkehr intensivierten. Die große kulturelle Tradition, die einzigartige Silhouette des Stadtbildes und die Umgebung mit den vielen landschaftlichen Höhepunkten wurden geschickt in die Werbung für Sigmaringen miteinbezogen und haben bewirkt, daß sich heute niemand mehr rühmen darf, die Alb oder das obere Donautal zu kennen, wenn er nicht auch diese Stadt gesehen hat.

Hervorstechendste Sehenswürdigkeit ist das **Schloß**, das auf seinem 32 m hohen Felsen die hochgiebeligen Bürgerhäuser und selbst den Zwiebelturm der Stadtkirche St. Johann noch überragt. An dem heutigen Bau sind die Stilmerkmale mehrerer Epochen zu entdecken. Von der ersten Burg (12. Jahrhundert) stammt der quadratische Teil des Turms und das Tor nebenan. Der westliche Teil ist im Renaissancestil aufgebaut (16. Jahrhundert). Besonders ausgeprägt ist das eindrucksvolle Eingangstor mit den beiden Türmen. Im Zeichen des Historismus wurde der Ostteil hochgezogen, nachdem dieser Gebäudeflügel 1893 bei einer fürchterlichen Brandkatastrophe völlig zerstört worden war. Die Schloßführung verläuft über den Wehrgang zum Schloßhof und von dort in die **Portugiesische Galerie** mit wertvollen Gobelins. Über die Eingangshalle und das Treppenhaus gelangen Sie zu den Josephinengemächern und mit Miniaturen, Porzellanen bzw. Gemälden ausgestatteten **Salons** (18. und 19. Jahrhundert). Die **Waffenhalle** beherbergt eine der umfangreichsten privaten Waffensammlungen auf dem Kontinent. Sie enthält ca. 3000 Schutz- und Trutzwaffen. Jagdtrophäen sind in der **Hubertushalle** gesammelt. Das **Fürstlich Hohenzollersche Museum** ist im gotischen Stil 1862—1867 aufgebaut worden. In ihm finden Sie eine großartige Kunstsammlung schwäbischer Meister des 15. und 16. Jahrhunderts — vornehmlich von Jörg Stocker und des Meisters von Sigmaringen sowie des Meisters von Meßkirch, unbekannte Künstler, die unter diesen Namen einen hervorragenden Platz in der Rangliste europäischer Kunstschaffender einnehmen. Sehenswert sind auch die herrlichen **Glasfenster** (Anfang 15. Jahrhundert) und die Abteilung mit den **vorgeschichtlichen Funden** aus der Umgebung. Den Abschluß der Führung bildet das **Marstallmuseum**, in dem Jagd-, Reise- und Galawagen, Damensänften und reich verzierte Schlitten ausgestellt sind.

Neben dem Schloß bestimmt der weißgetünchte Zwiebelturm der **Stadtkirche St. Johannes** die Silhouette der Stadt. Die heutige Kirche (1757—1761) steht auf den Fundamenten älterer Vorgängerinnen. Der Innenraum mit reichen Stukkaturen und Deckengemälden ist sehenswert. Beachten Sie die „Fideliswiege" auf dem gleichnamigen Altar. Nach altem Brauch werden darin die neugeborenen Sigmaringer gewiegt. Am Gedenktag des Heiligen Fidelis (24. April) dürfen die zukünftigen „Erstklässler" die Wiege rund um den Stadtkern tragen. Fidelis wurde übrigens 1577 als Markus Roy geboren, studierte Jura, trat 1612 in den Kapuzinerorden ein. Er wurde zum Vorkämpfer der Gegenreformation. 1622 haben ihn in Seewies (Schweiz) calvinistische Bauern ermordet. 1746 wurde Fidelis heiliggesprochen. Sein **Geburtshaus** (Fidelisstraße 1) dient heute als Altersheim. In der Hauskapelle ist die Seewieser Kapelle aufgestellt, von der aus Fidelis seine letzte Predigt gehalten hat.

Vor dem **Rathaus** steht der **Marktbrunnen** mit dem Standbild des ersten Fürsten von Hohenzollern-Sigmaringen (1884). Am Fastnachtsdienstag wird hier das „Bräuteln", ein alter Volksbrauch, vorgeführt. Die frischverheirateten Männer werden auf der Bräutelstange um den Brunnen getragen. Die so Geplagten verteilen Brezeln und Würstchen. Musik spielt dazu, und Tausende von Zuschauern haben ihren Spaß.

„Freuet Euch des Lebens,
d'Semmeringer Mädla
hand Peterla a,
älles ischd vergebens,
koine kriegt koin Ma."

Der langgestreckte **Prinzenbau** ist aus einem Lustschloß im Hofgarten (1822) entstanden. Einige Erweiterungsbauten (bis 1875) haben ihn zu einem weitläufigen Gebäudetrakt werden lassen. — Am Ende der Karlstraße, dem ehemaligen Regierungsviertel, steht die Grabeskirche der Hohenzollern, die **Erlöserkirche Hedingen.** Sie entstand aus einem Dominikanerinnenkloster, das 1597 aufgehoben wurde. Das Schiff wurde 1680 neu erbaut, die Seitenkapelle war erst 1747 fertiggestellt. Die Kuppel setzte man der Kirche 1889 auf. Unter der Kuppel befindet sich die **Gruft** der Hohenzollern.

Bei Ihrem Stadtrundgang werden Ihnen einige stolze Bürgerhäuser auffallen, die Zeugnis von wohlhabendem Bürgertum ablegen. Stellvertretend für alle seien hier genannt das **Ständehaus** (Landesbank), das **Hoftheater,** das **Landeshaus** und das ehemalige **Gasthaus zum Ochsen** (Schwalstraße 1). — Interessant auch der **Rundturm**, ein letztes Relikt der Stadtbefestigung.

Der **Josefsberg,** rechts der Donau, mit der barocken **St. Josefskapelle** (1629) bietet einen schönen Blick auf die Stadt.

Die Fülle von Sehenswürdigkeiten, schwäbisches Brauchtum, gemütliche Gasthäuser, gepflegte Unterkunftsmöglichkeiten und, nicht zu vergessen, die ideale Ausgangslage zu den Höhen der Alb, ins obere Donautal und zum Bodensee machen Sigmaringen als Standquartier für einen Ferienaufenthalt besonders geeignet.

Auskunft: 748, Städtisches Verkehrsamt, Rathaus, Tel. (07571) 87 55 bis 87 59.

Verkehrsverbindungen: Station an den Bahnlinien Ulm—Freiburg und Stuttgart—Friedrichshafen. Ein lückenloses Busnetz bringt Sie zu allen Orten der Umgebung, auch nach Oberschwaben und zum Bodensee. Liegt an der B 32 und B 313.

Sport und Unterhaltung: Sportanlagen, Freibad, Fischen, Reiten, Tennis, Minigolf, Rudern, Kegeln, Tanzen, Theateraufführungen, Vorträge, Konzerte, Kinos.

Museen: Fürstlich Hohenzollersches Museum.

Marstall-Museum (beide im Schloß).

Ausflüge:

1. Zum **Nägelefelsen** und zur **Ruine Altes Schloß,** auch Burg Hertenstein genannt. Wegzeit 1½ Stunden.
2. Ins **Bittelschießer Tälchen.** Wegzeit 1 Stunde.
3. Südlich zum idyllisch gelegenen **Wildpark Josefslust.** Benannt nach einem 1727 erbauten **Jagdschloß.** Im Wildgehege tummeln sich

vor allem Damhirsche. Im Park mehrere Seen, so z. B. der Wusthauer, Ablacher und Gögginger Weiher. Weiter zum **Forsthaus Oberjägerhaus.** Wegzeit 1 Stunde.

4. Zu den Ruinen **Hornstein** und **Schatzberg** bis nach **Bingen.** Wegzeit 2 Stunden.

5. Ins stille **Laucherttal.** Wegzeit 2 Stunden.

6. Nach **Krauchenwies.** Hier besichtigen Sie den Park und das Sommerschloß des Fürsten von Hohenzollern. Wegzeit 2½ Stunden.

7. Eine sehr lohnende Wanderung führt Sie nach **Inzigkofen,** das 4 km donauaufwärts liegt. Der Ort mit seinem alten **Kloster** ist einer der reizvollsten in der Umgebung. Besichtigen Sie die romantische Klosteranlage, den **Park,** die geheimnisvollen **Grotten** und die **Teufelsbrücke.** Wegzeit 1½ Stunden.

8. Erholsam ist der Weg zur **Fürstenhöhe** und über **Großwieshof** ins **Schmeietal,** einem typischen Albtal. Wandern Sie bis **Unter- oder Oberschmeien** und fahren Sie von dort mit der Bahn zurück. Wegzeit 2½ Stunden.

SPAICHINGEN

Kreis Tuttlingen, 660 m

Der Ort liegt an der äußersten Südwestalb zwischen Rottweil und Tuttlingen am Fuß des bekannten **Dreifaltigkeitsberges** (985 m). Der Berg ist eine der höchsten Erhebungen in diesem Teil der Alb. Er hat eine Gipfelfläche von 600 m Länge und 200 m Breite. In vorgeschichtlicher Zeit war er Zufluchtsstätte. Wall und Graben liefen um das Gipfelplateau. Der **Paradieswall** z. B. wird in die Latènezeit (5./4. Jahrhundert vor Chr.) zurückdatiert. 100 m nördlich der Südspitze ist ein Stück von ihm und die Stelle, an der sich ein Tor befand, zu erkennen.

Heute steht auf dem Dreifaltigkeitsberg eine **Wallfahrtskirche.** Der Turm trägt eine **Aussichtsplattform.** Von hier oben haben Sie ein phantastisches Panorama: Im Süden können Sie die Kette der Alpen von der Jungfrau bis zum Karwendel verfolgen. Die dunklen Höhen des Schwarzwaldes und die Alblandschaft im Rücken vervollständigen die Rundsicht.

Auf dem Dreifaltigkeitsberg muß schon im 14. Jahrhundert eine Kapelle gestanden haben, da überliefert ist, daß seit 1400 Wallfahrten zum Berg führten. Die Kirche in der heutigen Gestalt stammt aus den Jahren 1666—1673. Neben der Kirche lädt ein Gasthaus zum Verweilen ein. — Sie gelangen zum Gipfel auf einer Autostraße oder einem Passionsweg.

Es kommt nicht von ungefähr, daß hier der Berg **vor der** Stadt beschrieben wird, denn Spaichingen profitiert als Ausflugsort von dem mächtigen Nachbarn. Von hier aus beginnen die Wanderer den Aufstieg und hier, in einer der zahlreichen Gaststätten, endet er wieder.

Von der Stadt ging im 17. und 18. Jahrhundert eine starke Hausierertätigkeit aus. Die Spaichinger handelten mit Nägeln, Zunder, Samen und Wollwaren. Heute haben sich einige Betriebe der metall- und holzverarbeitenden Industrie niedergelassen. — Beachten Sie den Turm der **Peter- und Pauls-Kirche**, er ist gotisch. Der übrige Teil der Kirche stammt aus den Jahren 1898/1900.

Auskunft: 7208, Bürgermeisteramt, Tel. (07424) 541.

Verkehrsverbindungen: Station an den Bahnlinien Rottweil—Tuttlingen und Spaichingen—Reichenbach. Busse fahren nach Rottweil, Tuttlingen und weiter zum Bodensee. Die B 14 führt durch die Stadt.

Ausflüge:

1. Zum **Dreifaltigkeitsberg.** Von dort wandern Sie hinüber zum **Klippeneck,** einem bekannten Segelfluggelände, von dem aus an den Wochenenden ganze Schwärme eleganter Segler in die Luft katapultiert werden. Das Zuschauen allein macht schon Spaß. Sie können von hier aus umkehren oder weiter marschieren entlang dem Albtrauf zum **Lemberg,** mit 1015 m der höchste Berg auf der Schwäbischen Alb. Der **Oberhohenberg** (1011 m) ist der letzte Gipfel dieser Tour. Sie steigen in Richtung Südosten nach **Wehingen** ab. Von dort bringt Sie die Bahn zurück nach Spaichingen. Wegzeit 4 Stunden.

2. In drei Stunden erreichen Sie südlich von Spaichingen den **Rußberg** (880 m). Die nächste Station ist die **Ruine Fürstenstein.** Die Heimfahrt mit der Bahn beginnt in **Wurmlingen.** Wegzeit 4½ Stunden.

3. Über **Hausen** gelangen Sie zum 912 m hohen **Hohenkarpfen.** Von dort wandern Sie nach **Gunningen.** Zielpunkt der Wanderung ist **Trossingen.** Auf schönem Weg geht's zurück zum Ausgangspunkt. Wegzeit 5 Stunden.

STEINHEIM

Kreis Heidenheim, 540—700 m

Ausflugsort im geologisch hochinteressanten „Steinheimer Becken“, in dem vorgeschichtliche Menschen- und Tierfunde aus der Tertiärzeit gemacht wurden. Der Ort liegt inmitten dieses fast kreisrunden Kessels, dessen Entstehen man sich noch nicht restlos erklären kann. Manche Wissenschaftler vertreten die Auffassung, daß einst ein riesiger Meteorit in diesem Gebiet niedergegangen ist. Andere vermuten einen Gasausbruch aus dem Inneren der Erde.

Die erste dörfliche Siedlung, die vermutlich von den Römern angelegt wurde, überrannten die Alemannen 260 n. Chr. Nach 460 kam der wieder aufgebaute Ort unter fränkische Herrschaft und trägt seither die Endsilbe „heim“ in seinem Namen. 1448 verkauften die Grafen von Helfenstein den Ort an Ulrich von Württemberg. Der berühmt berüchtigte Despot zwang die Bewohner zu harten Frondiensten. 1514 meuterten sie, aber vergebens. Einige wurden hingerichtet, viele eingekerkert. Nach der Schlacht bei Nördlingen wurde Steinheim eingeäschert.

Der Ort liegt inmitten erholsamer Wälder und Wacholderheiden. Viele Spazier- und Wanderwege und die nahe Kreisstadt Heidenheim schaffen reichhaltige Abwechslung.

Auskunft: 7924, Bürgermeisteramt, Tel. (07329) 303.
Verkehrsverbindungen: Buslinien nach Heidenheim, Heubach, Schwäbisch Gmünd und Göppingen.

Ausflüge:

1. **Waldlehrpfad** im Landschaftsschutzgebiet **„Wental“** mit zahlreichen bizarren Felsgebilden (Wental-Weible ½ Stunde vor Gasthof „Im Wental“). Wegzeit 1 Stunde.
2. Zum **„Steinernen Meer“**, eine interessante Häufung von gewaltigen Felsblöcken in einer idyllischen Wiesenlandschaft. Sie erreichen die Felsen durch das **Wental.** Sie überqueren die Straße am Gasthof „Im Wental“ und sind nach 50 m im „Steinernen Meer“. Wegzeit 1½ Stunden.
3. Zum **„Burgstall“**, ein Felshügel in der Umrahmung des Steinheimer Beckens. Er trägt die Reste einer Burg, die 1471 noch Michelstein genannt wird. Wegzeit 1 Stunde.
4. Für den Wintersportler: 15 Autominuten vom Gasthof „Im Wental“ wurde ein neues Skigelände mit Lift angelegt.

SÜSSEN

Kreis Göppingen, 360 m

Die Industriegemeinde entstand erst 1933. Die Regierungsbehörden hatten damals Groß- und Klein-Süßen zusammengelegt. Hoch über Süßen thront die **Burgruine Staufeneck.** Die wichtigste Sehenswürdigkeit im Ort ist die spätgotische **St. Ulrich-Kirche.** Sie brannte 1707 aus, als Franzosen Groß-Süßen plünderten. Den Flammen widerstand das **Ölberg-Relief** an der Nordwand des Turmes. Das Werk wird Michael Erhart von Ulm (um 1500) zugeschrieben. Das **Holzkruzifix** und die **Barockkanzel** im Innern sind weitere wertvolle

Kunstwerke. — Ganz im Stil der zweiten Hälfte des 20. Jahrhunderts ist die **kath. Pfarrkirche** erbaut, deren hoher, schmaler Turm ein weithin sichtbarer Orientierungspunkt ist. In der **St. Maria-Kirche** befindet sich eine kostbare Holzskulptur aus den Jahren um 1500. — In der Joh.-Georg-Fischer-Str. 2 steht das Geburtshaus des Heimatdichters Johann Georg Fischer (1816—1897). Ihm verdanken die Schwaben die Hymne „Kennt ihr das Land in deutschen Gauen . . .“

Süßen ist als Industrieort (Textil-, Metall- und Baufirmen) nicht gerade ideal als Urlaubs-Standquartier, allerdings ist seine Lage sehr günstig für Ausflüge in die überaus reizvolle Umgebung. Die beliebtesten Routen führen entlang der Donzdorfer Lauter, zu den Burgen Staufeneck und Ramsberg oder tiefer hinein ins Stauferland, zu den drei Kaiserbergen, zum Messelstein oder auf die Höhen des Rehgebirges.

Auskunft: 7334, Bürgermeisteramt, Tel. (07162) 86 52.
Verkehrsverbindungen: Station an den Bahnlinien Stuttgart—München, Süßen—Weißenstein. Busse fahren nach Göppingen, Geislingen und Schwäbisch Gmünd. Die B 10 führt durch den Ort; außerdem beginnt hier die B 466.

TAILFINGEN

Stadtteil von Albstadt, Zollernalbkreis,
760 m

Die aufstrebende Industriestadt liegt im sogenannten Talgang. Darunter versteht man den oberen Teil des Schmiechatales. Die Einwohner dieses Abschnitts gingen früher das Tal hinunter, um ihre Erzeugnisse auf dem Markt in Ebingen zu verkaufen. — Tailfingen liegt auf altbesiedeltem Boden. Das fundreiche **Degenfeld**, das in nächster Nachbarschaft sich ausdehnt, ist noch heute übersät von Hügelgräbern aus der Hallstattzeit. Nach dem Dreißigjährigen Krieg zwang Armut die Bewohner sich zu der landwirtschaftlichen Tätigkeit eine Nebenerwerbsquelle zu beschaffen. Daraus entwickelten sich Leinenwebereien, Strumpfwirkereien und das Tuchmachergewerbe, die heute die Erwerbsquellen Nr. 1 für die Tailfinger geworden sind (Sitz bedeutender Trikotfabriken).

Auskunft: 7477, Bürgermeisteramt, Tel. (07432) 53 41.
Verkehrsverbindungen: Station an der Bahnlinie Ebingen—Onstmettingen. Busse verkehren zwischen Tailfingen—Onstmettingen und Ebingen.
Sport: Leichtathletik, Skilauf, Kegeln.

Ausflüge:

Wandern Sie das Schmiechatal hinab über **Truchtelfingen** nach **Ebingen.** In östlicher Richtung erklimmen Sie den **Schloßfels (953 m),** auf dem einst eine stattliche Burg gestanden hat. Heute können Sie von einem Aussichtsturm die weitere Umgebung kennenlernen. Auf einem bezeichneten Höhenweg finden Sie — vorbei an Truchtelfingen — wieder zurück zum Ausgangspunkt. Wegzeit 3 Stunden.

Weitere Ausflugsmöglichkeiten sind unter „Onstmettingen" beschrieben.

TROCHTELFINGEN

Kreis Reutlingen, 720 m

Der gedrungene **Hohe Turm** am südlichen Ortsrand der kleinen Stadt — sie ist übrigens nach der Einwohnerzahl gemessen eine der kleinsten Baden-Württembergs — ist das Wahrzeichen Trochtelfingens. Von der B 313, die an der Stadt vorbeiführt, haben Sie einen schönen Blick auf die Befestigungsanlagen aus dem 15. bis 17. Jahrhundert und die alten Fachwerkhäuser. Abseits vom Durchgangsverkehr und doch die schnelle B 313 nach Reutlingen oder Sigmaringen vor der Tür, dazu die waldreiche Lage schaffen Voraussetzungen, die Trochtelfingens Ruf als Luftkurort begründet haben.

Sehenswert sind neben dem Rundturm und der Stadtbefestigung auch die **Stadtkirche St. Martin.** Sie wurde 1320 nach einer schweren Brandkatastrophe wieder aufgebaut. Der Turm ist sogar noch älter. Beachten Sie das **Grabmal des Grafen Johann** aus dem 15. Jahrhundert, die **Familiengruft,** die Graf Eberhard II. anlegen ließ, das **Deckenfresko** im Chor und an der Nordseite die sehr interessanten apokalyptischen Fresken. Die Stadtkirche und das **Schloß** des Grafen von Werdenberg, zusammen mit anderen Verwaltungs- und Wirtschaftsgebäuden, bilden den eigentlichen Stadtkern. Der **Stadtbrunnen** zeigt die Steinfigur des Heiligen Mauritius (1779).

Bei Ihren Spaziergängen sollten Sie es nicht versäumen, sich außerhalb der Stadt die **Erhardkapelle** (vor 1363; mit sehenswerten Fresken des einheimischen Heinrich Gretzinger), die **Hünensteinkapelle** (1422), die **Haidkapelle** (1470) mit Figuren von Jörg Syrlin d. J. und die **Burgkapelle** (1660) auf dem Burgberg anzusehen. — Das **Rathaus** am Markt ist heute in privatem Besitz. Es wurde 1747 erbaut. Das Stadtwappen über der Tür erinnert noch an seine Funktion. Das neue Rathaus (1937) steht auf dem Platz, auf dem früher der „Fruchtkasten“ gestanden hat.

Auskunft: 7411, Bürgermeisteramt, Tel. (071204) 210.

Verkehrsverbindungen: Station an der Nebenbahn Gammertingen —Kleinengstingen. Busse fahren nach Sigmaringen und Reutlingen. Liegt an der B 313.

Ausflüge:

1. Zur **Bärenhöhle** über **Erpfingen.** Wegzeit 2½ Stunden.
2. Zum **Augstberg** (849 m). Auf ihm steht ein 28 m hoher Aussichtsturm. Wegzeit 1 Stunde.
3. Sie wandern nach **Hörschwag** in Richtung Westen. Durch das Laucherttal finden Sie zur **Ruine Holstein.** Wegzeit 2½ Stunden.
4. Von **Steinhilben** gehen Sie hinüber nach **Oberstetten,** das eine besonders schöne Lage hat. Die Kirche überragt den Ort. Von hier aus öffnet sich Ihnen eine berauschende Fernsicht. Wegzeit 2½ Stunden.

TUTTLINGEN

650 m

Im Fremdenverkehrsprospekt lesen Sie „die Stadt zwischen Alb, Schwarzwald, Donautal und Bodensee“. In der Tat ist die Ausgangslage der Stadt für nahe oder weitere Ausflüge ideal. — Sie selbst ist eingebettet zwischen einem Kranz bewaldeter Berge. Einer davon, der **Honberg** (739), ist mit seiner ausgedehnten Burgruine das Wahrzeichen der Stadt. Die Ruine ist, neben der schon 1006 erwähnten **Martinskirche,** das einzige bedeutende Überbleibsel aus mittelalterlicher Zeit. Die Burg wurde 1377 von dem württembergischen Grafen „Eberhard dem Greiner“ an der Stelle einer älteren Burg erbaut. Drei Jahre vor Ende des Dreißigjährigen Krieges hat sie Konrad Widerholt belagert und größtenteils zerstört. Von den Rundtürmen haben Sie einen schönen Ausblick auf die Stadt. In den teils verfallenen Kellergewölben der Burg sollen kostbare Schätze vergraben sein. Auch den Honbergwald nimmt die Sage nicht aus. Einige der alten Bäume sollen verzaubert sein und dem Glück bringen, der in einem Bett schläft, das aus dem Holz eines solchen Baumes gezimmert wurde.

Durch Tuttlingen fließt — hier noch ruhig — die junge Donau, bevor sie sich zwischen waldigen Hügeln, wilden Felsbarrieren und porösem Karstgrund hindurchzwängen muß.

Die Stadt ist gleichsam das Tor zu diesem wildromantischen Donauabschnitt und demnach Ausgangspunkt für Wanderungen und Autoausflüge. Und die Tuttlinger selbst? Sie charakterisiert der Mundartdichter Hugo Geißler so:

Miär sind vo Duttlinge, miär schtecked i Schueh,
diä laond is koa Rascht ond laond is koa Rueh;

si mond is a Sonne- und Räggedaage
uff Buckel ond Bearg i dä Welt ommetraage.

Die Stadtväter haben viel Initiative entwickelt, um aus Tuttlingen eine moderne, lebendige Kreisstadt zu machen: Architektonisch kühne Kirchenbauten, moderne Wohnsiedlungen, ein neuzeitliches Stadion, Sporthallen, Hallen- und Freibad, reges kulturelles Leben schaffen die Voraussetzungen, die Besuchern viele Gelegenheiten der Erholung und Abwechslung bieten.

Auskunft: 72, Städtisches Verkehrsamt, Rathaus, Tel. (07461) 685 App. 84.

Verkehrsverbindungen: Eisenbahnknotenpunkt an den Strecken Ulm—Donaueschingen und Stuttgart—Konstanz. Busse fahren nach Sigmaringen, Irrendorf, Beuron, Schwenningen, Meersburg/Bodensee, Waldshut, Tübingen und Stuttgart. Liegt an der B 311 und B 14.

Sport und Unterhaltung: Stadion, Sporthallen, Tennis und Reiten, Minigolf, Boccia, Kegeln, Freibad, Hallenbad, Festhalle mit Vorträgen und Theateraufführungen, Konzerte, drei Kinos, Tanzcafés, Volkshochschule, Stadtbücherei.

Museum: Heimatmuseum.

Ausflüge:

Sie können die Wanderungen in der Stadt oder von einem der sechs Waldparkplätze am **Rußberg,** am **Spitalwald,** in **Mattsteig,** beim **Tierheim,** auf dem **Koppenland** und im **Duttental** starten.

1. Zur **Ruine Honberg** mit schönem Blick auf die Stadt. Wegzeit 20 Minuten.

2. Vom **Honberg** über den Höhenrücken zur **Jägerbuche** bis **Wehestetten.** Bei klarem Wetter von hier aus Alpensicht. Über **Altontal** führt Sie der Weg zurück nach Tuttlingen. Wegzeit 3½ Stunden. (Für müde Wanderer: Busverbindung ab Altental.)

3. Auf bequemem Spazierweg durchwandern Sie das **Duttental.** Idyllisch liegt das **Duttentalbrünnele.** Grünenberg und Ehrenberg sind die weiteren Etappen, bevor Sie zum Ausgangspunkt zurückkehren. Wegzeit 2 Stunden.

4. Zum **Witthoh** (862 m). Sie marschieren durchs waldige **Duttental** oder auf der alten Poststraße, der **Witthohsteige.** Auch durch das **Hochtal der Wanne** gelangen Sie zu dem Aussichtspunkt, von dem

aus Sie eine prächtige Rundsicht zu den Alpen, den Hegaubergen, dem Schwarzwald und zu den Albhöhen haben. Wegzeit 1½ Stunden. Sonntags fahren Busse zurück nach Tuttlingen.

5. Über die **Ruine Luginsfeld** gelangen Sie auf den **Leutenberg** (790 m), von wo Sie bis zum Säntis sehen können. Weiter zur **Ruine Wasserburg** und zum **Hüttenwerk Ludwigstal.** Auf staubfreiem Uferweg, an der Donau entlang, zurück zur Stadt. Wegzeit 1½ Stunden.

6. Vom Rundwanderweg am **Kapf** haben Sie schöne Ausblicke auf die Stadt. Über den Kapfweg nach **Wurmlingen.** Von dort Rückfahrgelegenheit. Wegzeit 1½ Stunden.

7. Nach Westen führt Sie der Wanderweg über den Höhenrücken **Koppenland.** Vom **Mühlstein** (alter Grenzstein) bei klarer Sicht Alpenpanorama. Weiter zum **Hummelskopf,** vorbei an der **Ruine Konzenburg** und hinunter nach Möhringen. Von dort mit dem Bus zurück. Wegzeit 3 Stunden.

8. Rundwanderung um Tuttlingen. Über die Witthohsteige zum **Gachenwinkel.** Über den Seltenbachsteg auf den **Brenntenbühl,** dann auf dem idyllischen Brunnentalweg hinauf zum **Leutenberg.** Abstieg zu den Sportplätzen. Wegzeit 2½ Stunden.

9. Der 5-Täler-Weg führt über **Waldeck, Ehrenberg,** durch das **Rupfentäle, Heiligentäle** ins **Jägertäle.** Es folgen **Goggentäle** und **Griestal** bis Sie **Hattingen** erreichen und von dort mit der Bahn zurückfahren. Wegzeit 3½ Stunden.

10. Dem Autowanderer sei eine Tour ins obere Donautal empfohlen. Die Stationen lauten **Mühlheim, Kloster Beuron, Hausen im Tal, Sigmaringen.** Zurück über **Meßkirch** und **Altental.** Wegstrecke ca. 75 km.

11. Wer die verträumten Heiden des **Heuberges** kennenlernen möchte, fährt am besten bis **Hausen im Tal.** Dann links ab über Schwenningen nach **Heustetten.** Jetzt aussteigen und wandern. Wegstrecke ca. 35 km.

12. Sehr lohnend ist auch eine Ausflugsfahrt in den **Hegau** mit seinen vulkanischen Bergkegeln, auf denen kühne Burgen stehen. Am bekanntesten der **Hohentwiel** und der **Hohenkrähen.** Eventuell Weiterfahrt zum **Bodensee** (Radolfszell). Auf der B 34, B 313 und B 14 über Stockach zurück nach Tuttlingen. Wegstrecke ca. 80 km.

BAD ÜBERKINGEN

Kreis Göppingen, 450 m

Westlich von Geislingen liegt das Mineralbad inmitten der idyllischen Auenlandschaft des oberen Filstales. In Überkingen waren die Grafen von Helfenstein zu Hause. Ihre Burgen standen bei der Kirche und oberhalb des Ortes auf einer Bergnase (Burg Bühringen). Hier oben verbrachte Maria von Bosnien ihre letzten Jahre. Die Heilkraft der Quellen (alkalischer Säuerling) war schon im 12. Jahrhundert bekannt. Vom 15. bis 17. Jahrhundert hatte das Bad einen weltweiten

Ruf. 1926 erschloß man die Adelheidquelle, die eine neue Blütezeit für den Ort einleitete. Eines der ältesten Badehotels Deutschlands steht in der Hauptstraße 12. Es ist ein imposanter, vierstöckiger Fachwerk-Giebelbau aus dem Jahre 1553. — Das kostbare Quellwasser, das Heilerfolge bei Diabetes, Nieren- und Blasenleiden, Rheuma und Kreislaufkomplikationen erzielt, wird auch in Flaschen abgefüllt und als „Überkinger Sprudel" vertrieben. Im Ort selbst bieten der gepflegte Kurpark, Kneippanlagen und Kurwege für Atemtherapie dem Kurgast erholsamen Auslauf. Wenn Sie darüber hinaus die reizvolle Umgebung kennenlernen möchten, dann seien Ihnen die schönen Wanderwege empfohlen. Einige der beliebtesten Ziele sind unter „Ausflüge" beschrieben. Weiter entferntere landschaftliche Sehenswürdigkeiten erreichen Sie schnell auf der Schwäbischen Albstraße, die an Bad Überkingen vorbeiführt.

Auskunft: 7341, Kurverwaltung, **Tel.** (07331) 43 39.

Verkehrsverbindungen: Station an der Nebenbahn Geislingen—Wiesensteig. Busse fahren ebenfalls nach Geislingen und Wiesensteig.

Ausflüge:

1. Ein schöner Spaziergang führt entlang der Fils nach **Hausen** und wieder zurück. Wegzeit 1½ Stunden.

2. Nach **Türkheim** und von dort hinüber auf das hochgelegene **Aufhausen.** Die **Ave-Maria-Kapelle** ist eine weitere Station, bevor Sie wieder ins Filstal nach **Deggingen** hinuntersteigen und von dort mit dem Bus zum Ausgangspunkt zurückfahren. Wegzeit 4 Stunden.

3. Als Tagestour ist die folgende Wanderung geeignet: Vom **Kahlenstein** zur **Schildwacht** (schöne Sicht). Der **Geiselstein** und **Mühltalfelsen** sind eindrucksvolle Felspartien. Über den **Ödenturm** und **Helfenstein** gelangen Sie nach **Geislingen.** Für den Rückweg nehmen Sie Bus oder Bahn. Wegzeit 5 Stunden.

4. Nordwestlich von Überkingen erhebt sich der **Michelsberg** (741 m). Er ist seiner schönen Aussicht wegen ein viel besuchtes Ausflugsziel. Nach ausgiebiger Rast gehen Sie zurück über den **Hausener Felsen** und **Hausen.** Wegzeit 3 Stunden.

ULM

478 m

Wo Iller und Blau in die Donau fließen, liegt an der Südflanke der Schwäbischen Alb die baden-württembergische Grenzstadt Ulm. Auf dem gegenüberliegenden Donauufer stehen Sie bereits auf bayerischem Boden. Ulm ist der kulturelle und wirtschaftliche Mittelpunkt zwischen Schwäbischer Alb und dem Bodensee. Den industriellen Aufschwung während der letzten hundert Jahre hat die Stadt ihrer verkehrsgünstigen Lage zu verdanken. Hier kreuzen sich wichtige Nord-Süd/Ost-West Schienen- und Straßenverbindungen. Touristisch gesehen ist Ulm Durchgangsstation für viele Tausende von Ferienreisenden, die auf der Fahrt zu ihren Urlaubsquartieren in Österreich, Jugoslawien, Italien, der Schweiz und in deutschen Alpengebieten hier haltmachen. Auch die Feriengäste, die sich auf der Schwäbischen Alb einquartiert haben, besuchen gern die ehemalige freie Reichsstadt. So hat das Verkehrsamt 1969 annähernd 2 Millionen Besucher registriert. Konkreter Anlaß zum Besuch sind die vielen Sehenswürdigkeiten, allen voran das weltberühmte Ulmer Münster, die die alte Donaustadt dem Fremden zu bieten hat. Bevor sie Ihnen im einzelnen beschrieben werden, kurz zur Geschichte Ulms:

Die Besiedlung reicht bis in die Jungsteinzeit zurück. Aus alemannischer Zeit hat man in der Nähe des Hauptbahnhofs ein größeres Gräberfeld freigelegt, das auf ein nahegelegenes alemannisches Dorf, unmittelbarer Vorläufer der Stadt, schließen läßt. Die eigentliche Geschichte Ulms beginnt dort, wo uns in Chroniken über die Stadt berichtet wird. Erstmals ist Ulm am 22. Juli 854 erwähnt, als nämlich Ludwig der Deutsche in der Pfalz Ulm einen Kirchenstreit schlichtete. Östlich von dieser Feste, die bei der Einmündung der Blau in die Donau gestanden hat, entwickelte sich das Gemeinwesen. Die Burganlage wurde unter der Stauferherrschaft erweitert. Dem gesamten Bezirk verlieh Kaiser Barbarossa Stadtrecht (1181). Als freie Reichsstadt behauptete sich Ulm bis 1802. Das 14. Jahrhundert brachte der Stadt eine glänzende Blütezeit. Sie wurde um das Vierfache vergrößert. Ihre Bürger erwarben sich mit dem Salz-, Wein- und Holzhandel großen Reichtum. Ulmer Leinwand war in ganz Europa gefragt. Im Barchenthandel hatte die Stadt eine Monopolstellung auf dem Kontinent. Auf den Messen in Genf, Mailand und Antwerpen setzten Ulmer Erzeugnisse Maßstäbe für den Textil-Welthandel. Mit dem wirtschaftlichen Aufschwung gewann auch die politische Position Ulms an Bedeutung.

Die Stadt sicherte sich durch Ankauf Rechte in den Grafschaften Helfenstein, Werdenberg-Albeck, im Ulmer Winkel

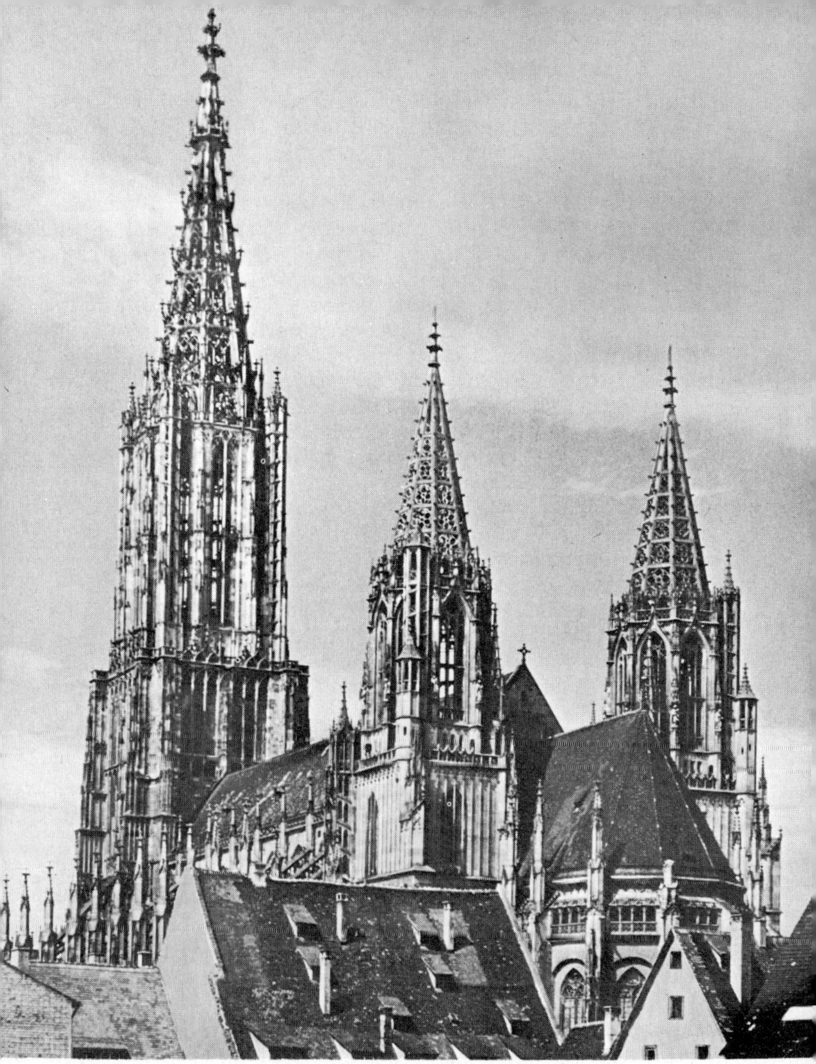

Überwältigend ist der grandiose Anblick des Ulmer Münster.
Foto: Bild Landesverkehrsverband Württemberg — Holtmann)

und auf dem Hochsträß. Vorübergehend war auch die Herrschaft Wiesensteig und Heidenheim in Ulmer Pfandbesitz. Im Schwäbischen Städtebund übernahm Ulm die Führung. Künstler und Gelehrte zog es in die lebendig-internationale „caput Sueviae". 1377 begannen die berühmtesten Architekten im Deutschen Reich, die Parler, Ensingen, Böblinger, Engelsberg und Kun mit dem Bau des Ulmer Münsters. Aus diesem Bauvorhaben heraus entwickelte sich die „Ulmer Schule". Für die Ausgestaltung gaben Bildhauer, Holzschnitzer und Maler ihr Bestes. Die bekanntesten Künstlernamen sind darunter, so z. B. Syrlin, Zeitblom, Multscher, Hartmann, Schüchlin, Erhart und Schaffner. — Heinrich Seuse, der berühmte Mystiker, lebte damals im Dominikanerkloster; sein Ordensbruder Felix Fabri schrieb die Geschichte Schwabens nieder; der Arzt Steinhövel übersetzte die Klassiker, und der Deutschordenspriester Jakob Böhm gab die erste wissenschaftliche Volkskunde heraus. Aus der Zeit der „Ulmer Schule" sind uns auch wertvolle Holzschnitte und Wiegendrucke überliefert.

1530 entschieden sich die Ulmer für den Protestantismus. Der Dreißigjährige Krieg blies der Stadt das Lebenslicht aus — so jedenfalls sah es nach den fürchterlichen Verwüstungen und Seuchen aus. Doch in Kriegen blieb Ulm weiter Anziehungspunkt der Heere. Seine Neutralität und Schonung mußte Ulm teuer erkaufen. Die Stadt war total verschuldet, als sie 1810 in württembergischen Besitz überging. Der Deutsche Bund ließ die Stadt zur Bundesfestung ausbauen. 41 Bastionen, ein 9 km langer Mauerring und 3 Haupttore sicherten sie fortan gegen Überfälle. Ulm zählte seit jenem Zeitpunkt zu den meist befestigten Städten Deutschlands. Von diesem Festungswerk sind noch das **Blaubeurer** und das **Ehinger Tor** (teilweise), die **Bastionen am Kuhberg** und **Eselsberg** sowie das Festungswerk **Albeck** erhalten.

Ab 1860 setzte eine intensive Bautätigkeit ein. Messing-, Werkzeug-, Hut- und Kleiderfabrikationen entwickelten sich zu qualitätsbewußten Hochleistungsindustrien. — Der Zweite Weltkrieg brachte der Stadt große Verluste. Zum zweiten Mal in ihrer Geschichte — das erste Mal 1134 im salischen Erbstreit — wurden über 70 % des Wohngebiets total zerstört. Wie durch ein Wunder blieb das Ulmer Münster, das Wahrzeichen der Stadt und Symbol für den Lebensmut und Leistungswillen der Ulmer Bürger, in dem alles vernichtenden Bombenhagel stehen.

Nach dem Krieg wurde die historische Altstadt stilvoll restauriert und die Stadt großzügig wieder aufgebaut. Sie präsentiert sich heute mit breiten Straßen, modernen Einkaufszentren und vielen Grünanlagen.

Die Sehenswürdigkeiten Ulms verbinden Sie zweckmäßigerweise zu einem Rundgang. Ihr Auto stellen Sie so lange am Münsterplatz ab. Auf ihm steht das Münster, das noch ausführlich beschrieben wird, und der **Löwenbrunnen** (1590). Die Löwen halten die Wappenschilde des Reiches und der Stadt. An der Südseite des Platzes der **Neue Bau** (1585), ein ehemaliges Lagerhaus. Im Hof ein malerischer Treppenturm und der **Hildegardsbrunnen.** Sie überqueren dann die Neue Straße. Vor der Stadtsparkasse steht der **Teichmann-Brunnen** (1911), der Ihnen die Ulmer Originale vorstellt: den Kuhhirt, den „Spatzametz" (Ausscheller) und den Ulmer Schneider. Über den **Weinhof** geht's hinunter zur Blau. Der Weinhof markiert die Stelle, an der 854 die karolingische Pfalz gestanden hat. Seinen Namen hat er als Handelsplatz für den Weinmarkt bekommen, der vom 14. bis zum 19. Jahrhundert hier stattgefunden hat. Hinter dem Vorbau des Weinhofes ein altes Patrizierhaus, in dem Wallenstein 1630 eine zeitlang wohnte.

Die **Kronengasse** vermittelt Ihnen einen Eindruck vom mittelalterlichen Stadtbild. Faszinierend die alten ehrwürdigen Bürgerhäuser! Die „Krone" beherbergte im 15. und 16. Jahrhundert reiche Kaufherren, Fürsten und sogar Könige. — Noch vor der Blau die **Staufenmauer** (13. Jahrhundert). Am rechten Ufer des Flusses das **Münzhaus,** ein schlichter Fachwerkbau aus dem Jahr 1620. Links der Blau das **Schiefe Haus,** das viel fotografiert oder gemalt wird. Die Vorderseite steht auf Holzpfählen im Flußbett. Weiter oben haben Sie einen reizvollen Blick zur **Häuslesbruck.** Über den Blausteg gelangen Sie zum Fischerplätzle. Rechts das **Fischerhaus** aus dem 15. Jahrhundert. Unter der Stadtmauer hindurch gehen Sie zur Donau. Am **Schönen Haus** erinnert eine Tafel an den Ulmer Schiffmeister Scheuffele, der 1717 mit seinem Schiff die Donau abwärts bis Belgrad fuhr. In der **Fischergasse** sind noch einige heimelige Fischerhäuser aus früheren Zeiten erhalten. Die Weinstube „Zur Forelle“ ist ein originelles Lokal. In ihm treffen sich die „Räsen“, wie die Fischer in Ulm genannt werden. — Beim Haus Nr. 15 führt ein Steg auf die **Blauinsel,** dem ehemaligen Gerber-Viertel. Anschließend klettern Sie hinauf zur **Wilhelmshöhe,** die als „Bastion Lauseck“ eine wichtige Funktion in der Stadtverteidigung übernommen hatte. Unterhalb der Wilhelmshöhe steht ein Denkmal für die Donauschwaben, die mit ihren Schiffen im 18. Jahrhundert bis nach Ungarn und ins Banat gefahren sind. Direkt am Donauufer der Sockel des **Dicken Turmes.** Weiter abwärts der schiefe **Metzgerturm.** Er wurde 1340 errichtet und hat sich seither um 2.05 m nach Nordwesten geneigt. Sie marschieren wieder hinauf in Richtung Münsterplatz. Kurz davor erreichen Sie die Südseite des Rathauses. Im oberen Feld des Giebels eine typische Ulmer Zille, wie die Donauschiffe benannt wurden. Der **Syrlinbrunnen** stammt von 1482 und wird Jörg Syrlin d. Ä. zugeschrieben. Vom Patrizierhaus Nr. 9 haben Sie den eindrucksvollsten Blick auf das **Rathaus** (1370; renoviert 1944 bis 1951). Am Ostfenster die „Kaisergruppe“, gestaltet von Hans Multscher. Oberhalb der Kanzel, von der der Kaiser die Huldigungen entgegennahm, der **Uhrengiebel** mit einer astronomischen Uhr (1520). Die Bemalung des Gebäudes stammt aus dem Jahr 1540 und wurde 1905 restauriert. Die Motive zeigen Szenen aus der Bibel und antiken Sagen. Im gewölbten Erdgeschoß befindet sich der **Ratskeller.** Im **Ratssaal** bunte Glasscheiben aus der Spätrenaissance. — Auf dem Taubenplätzle steht der **Delphinbrunnen** (vor dem Museum), aus dem die Stadt früher mit Trinkwasser versorgt wurde. Das Wasser fließt aus 69 Öffnungen des kunstvollen Brunnenaufsatzes. Das **Ulmer Museum** ist auf drei Gebäude verteilt. Es zeigt in 44 Räumen bedeutende Sammlungen zur Stadtgeschichte, wertvolle Kunstwerke aus der „Ulmer Schule“ und moderne Grafik. — Sehenswert ist auch der **Salmannsweiler Hof** (Frauenstraße 2). Seine klassizistische Fassade stammt von 1794. Die

---

Im barocken Bibliothekssaal von Kloster Wiblingen bei Ulm finden jedes Jahr im September die berühmten „Ulmer Bachtage“ statt.
(Foto: Bild Landesverkehrsverband Württemberg — Foto Zimprich)

Ostwand ist identisch mit der staufischen Stadtmauer (2 m dick). Vor der **Dreifaltigkeitskirche** der **Petrusbrunnen** (1815). Gegenüberliegend der **Ochsenhäuser Hof,** der im 1. Stock eine bemerkenswerte spätgotische Säulenhalle hat. Das stattliche Gebäude stammt aus dem Anfang des 16. Jahrhunderts. Nun gehen Sie die Neue Straße hinunter bis zur **Adlerbastei** (1605). Von hier unternahm der „Schneider von Ulm", Albrecht Ludwig Berblinger, einen mißglückten Flugversuch über die Donau. Bei der **Herdbrücke** entdecken Sie noch einige besonders alte Stadthäuser. Der **Ehinger Hof** beispielsweise wurde 1535 erbaut. In ihm übernachtete mehrere Male Kaiser Karl V. Der Ostflügel ist sogar noch älter. Er stammt aus dem Jahr 1370. Den Prunkraum in diesem Teil mit einem großartigen Freskenzyklus sollten Sie sich nicht entgehen lassen (Schlüssel beim Hausmeister). Durch die Donaustraße gelangen Sie in die Frauenstraße. Das Haus Nr. 19 ist ein sehenswerter Patrizierbau (1577). Das **Kornhaus** ist im Renaissance-Stil erbaut (1594; 1962 erneuert). Westlich davon das **Dreigiebelhaus,** dessen Bauform für das Ulm im 17. Jahrhundert charakteristisch war. Besuchen Sie auch den jedermann zugänglichen **Kornhauskeller** (1563). Auf dem Judenhof steht der **Neptunbrunnen** (17. Jhdt.). Das **Schuhhaus** (1537) diente der Schuhmacherzunft, davor der **Georgsbrunnen** (1580). Die **Valentinskapelle** (1458) hinter dem Münster ist der Endpunkt des Rundganges. Unter der Kapelle befindet sich übrigens ein alter Weinkeller aus dem 12. Jahrhundert.

Etwas außerhalb des engeren Stadtkerns gibt es noch weitere Sehenswürdigkeiten zu besichtigen. Da ist bei der Wenggasse die Kirche **St. Michael zu den Wengen,** einst Klosterkirche eines Augustiner-Chorherrenstifts. — Mächtig ist der Giebel des **Salzstadels** (1592) in der Salzstadelgasse. In der Platz-, Herrenkeller- und Kohlgasse stehen stolze Fachwerkhäuser. Da finden Sie auch die älteste Weinstube Ulms „Zum Bäumle" (Kohlgasse). — Auf dem **Seelengraben,** nahe der Frauenstraße, sehen Sie sog. Grabenhäuslein, Soldatenwohnungen seit etwa 1600. Im Hintergrund der **Seelturm**

In Ulm: Donaupartie mit Altstadt, überragt vom Ulmer Münster. Rechts im Bild der Metzgerturm. Unterhalb der Giebelhäuser Teile von der Stadtmauer.
(Foto: Bild Landesverkehrsverband Württemberg — Foto Zimprich)

(14. Jhdt.). Vom Seelengraben geht's in die Zeughausgasse, vorbei am eindrucksvollen **Zeughaus.** Sie gelangen zum **Gänsturm** (1360). Durch sein Tor drangen im Spanischen Erbfolgekrieg als Bauern verkleidete bayerische Offiziere und überwältigten die verdutzten Wachen. Eine Besetzung der Stadt gelang allerdings nicht. Vor dem Tor der **Löwenbrunnen** (16. Jhdt.). Einen prächtigen Blick auf Alt-Ulm haben Sie vom Jahnufer auf der bayerischen Donauseite (Neu-Ulm).

Die teilweise erhaltenen Festungswerke aus der Mitte des vergangenen Jahrhunderts sind von eigenartigem Reiz. Grünanlagen umgeben sie und so bieten sich in ihrer Nähe viele Gelegenheiten zu ausgedehnten Spaziergängen, so z. B. auf dem **Michelsberg,** an der **Prittwitzstraße, „Beim alten Fritz"** und am **Kienlesberg,** wo unterhalb der Kaserne Napoleon I. im Jahr 1805 von einem Felsen aus **(Napoleonsfelsen)** die Kapitulation der österreichischen Armee entgegennahm. — Zu empfehlen ist auch der Besuch der **Friedrichsau,** die 1811 als Erholungspark angelegt wurde. Für Kurzweil sorgen Seen, Aquarien, Bärenzwinger und Minigolf-Anlagen. — Im Vorort **Söflingen** ist die restaurierte **Klosterkirche** mit ihrem stimmungsvollen Klosterhof erwähnenswert.

Ulms Mittelpunkt ist das **Münster,** dessen Turm ein weithin sichtbarer, markanter Orientierungspunkt in der Landschaft südlich der Alb ist. Er ist 161,60 m hoch und somit der höchste Kirchturm der Welt. Drei Stunden nach Sonnenaufgang, am 30. Juni 1377, legte Bürgermeister Ludwig Krafft den Grundstein zu dieser zweitgrößten Kirche Deutschlands (Kölner Dom). Überwältigend ist die Raumwirkung der fünf Schiffe dieser gotischen Basilika! Wer ahnt schon, daß die Bauzeit hoch dramatisch verlief! Elf Architekten versuchten sich an dem Torso von 1377— 1543, davon nur 66 Jahre wirkliche Bauzeit. 1543 beschloß der Ulmer Rat, die Bauarbeiten einstellen zu lassen. Das Münster blieb unvollendet. Erst 1844 begannen die Bauarbeiten wieder. Noch 46 Jahre benötigten vier Architekten, bis die Kirche 1890 vollendet war.

Im **Hauptportal** ein Meisterwerk Hans Multschers: Der Schmerzensmann, der auf seine Wunden zeigt (1429). Am siebten Mittelpfeiler nach Süden finden Sie das großartige **Gründungsrelief,** das für die Geschichte des Münsters dokumentarischen Wert besitzt. Das große Wandgemälde über dem

Triumphbogen stellt das **Jüngste Gericht** dar. Das 26,5 m hohe **Sakramentshaus** steht am Chorbogen. Die sechs herrlichen **Chorfenster** stammen aus dem 15. Jahrhundert. Ein Höhepunkt abendländischer Bildschnitzerei ist das **Chorgestühl,** das Jörg Syrlin d. Ä. 1469—1474 aus Eichenholz geschaffen hat. Das feingliedrige Maßwerk erreicht eine Höhe bis zu 15 m! Besonders kostbar die Büsten der Philosophen und Sibyllen aus der Antike an den Stuhlwangen. Von den Rückwänden schauen Frauen und Männer des Alten Bundes und aus den Wimpergen des Gesprenges blicken streng die Apostel des Neuen Testaments. — Der Hochaltar ist im 16. Jahrhundert verlorengegangen. An seiner Stelle steht der **Heilige Sippenaltar** (1521), auch **Hutz-Altar** genannt. Ihn hat Martin Schaffner gestaltet. Im Schrein ist die heilige Anna mit ihren Männern und Josef dargestellt. Der Altar hat seinen Namen nach der Familie Hutz bekommen, die ihn gestiftet hat. Vermutlich sind ihre Mitglieder auf den Altarflügeln abgebildet. — Große Kunstschätze beherbergt die **Bessererkapelle,** die Sie vom Chor aus erreichen. Epitaphien, das Kruzifix an der Südwand und die Glasfenster von 1430 sind von hoher künstlerischer Qualität. — Die **Konrad-Sam-Kapelle** war die frühere Sakristei. Sie enthält wertvolle Gemälde und einen spätgotischen Hausaltar. Im nördlichen Kirchenschiff die **Neithardtkapelle,** die sich aus drei Räumen zusammensetzt. Sie enthält den Sebastiansaltar (1492) und mehrere kunstvolle Originalstatuen. — Wenn Sie die 768 Stufen auf den Turm hinaufsteigen, dann achten Sie auf die **Schwörglocke** (14. Jhdt.). Von der Viereckplattform überschauen Sie das 125 m lange und 49 m breite Gotteshaus. Über den Achteckskranz erklimmen Sie vollends die 143 m hohe Helmgalerie.

Haben Sie auch den Spatz gesehen, der auf dem First des Langhauses sitzt? Er erinnert die Ulmer an eine kuriose Begebenheit während der Bauzeit. Zimmerleute versuchten einen großen Eichenbalken durch das Hauptportal zu tragen. Das Portal war freilich viel zu schmal, weil sie unbedingt mit dem Balken quer zur Öffnung hinein wollten. Die braven Leute waren ratlos. Da sahen sie plötzlich, wie ein Spatz (Sperling) mit einem Strohhalm im Schnabel durch das Portal flog. Das kluge Tierchen hatte den Halm längsseits gepackt, damit es damit nirgends aneckt. Das beobachteten die Ulmer Handwerker mit Staunen. Gleich taten sie es ihm nach — und siehe da, sie brachten den Balken in voller Länge durch das Portal. In dankbarer Erinnerung setzten sie dem klugen Spatzen auf dem First ein Denkmal.

Von Ulm aus lassen sich die wichtigsten Sehenswürdigkeiten auf schnellen Straßen und guten Bus- bzw. Bahnverbindungen erreichen. Nachfolgend sind weitere Ausflüge beschrieben. Die entfernteren Ausflugsziele sind unter eigenem Stichwort bzw. unter dem der Gemeinde, in der sie liegen, beschrieben. Am häufigsten davon besuchen Einheimische und Fremde die Tropfsteinhöhlen auf der Alb (Charlotten-, Tiefen-, Nebel- und Bärenhöhle), das zauberhafte Schloß Lichtenstein und das obere Donautal. Zu diesen Sehenswürdigkeiten veranstalten Ulmer Reisebüros regelmäßig Kaffee- und Sonderfahrten mit komfortablen Bussen, die übrigens auch zu den nahen Alpen, nach München, ins Allgäu und zum Bodensee fahren.

Auskunft: 79, Städt. Verkehrsbüro, Tel. (0731) 6 16 11 und 6 41 61.

Verkehrsverbindungen: Station an den Eisenbahnlinien Stuttgart—München, Ulm—Friedrichshafen, Ulm—Freiburg. Zweigbahnen nach Oberstdorf, Regensburg, Kempten, Heidenheim. Busse fahren nach Stuttgart, Blaubeuren, Ehingen, Urach. — Autobahnanschluß. Folgende Bundesstraßen führen durch die Stadt: 10, 19, 28, 30 und 311.

Unterhaltung und Sport: Stadion, Schwimmstadion, Tennis in der Friedrichsau, Rollschuhbahn, Minigolf am Gänswiesenweg, Donauschwimmbad, Wassersport, Theater, Konzerte, Vorträge, Kunstausstellungen, Bibliotheken, Volkshochschule, Jahrmarkt, Volksfeste, Tanzcafés, Kinos.

Museen: Ulmer Museum, Neue Straße 92 (montags geschlossen); **Deutsches Brotmuseum,** Fürsteneckerstraße 17 (montags geschlossen); **Archiv,** Weinhof 12.

Ausflüge:

1. Auf dem linken Donauufer aufwärts. Über den Galgenbergweg zum Aussichtspunkt „Illerblick". Unter Ihnen mündet die Iller in die Donau. Der Spaziergang führt Sie weiter durch Obstgärten zur **Barbaralinde.** Wegzeit 40 Minuten.

2. Nördlich von Ulm liegt der **Obereselsberg** mit einem Ausflugslokal. Wegzeit 1½ Stunden.

3. Nördlich der Donau verläuft die **B 311.** Sie folgen ihr in Richtung Ehingen. Erster Zielort ist **Erbach,** das beherrschend auf einem Hügel thront. Das massige **Schloß** aus dem 16. Jahrhundert ist sehenswert. Wenige Kilometer weiter in Richtung Ehingen die Gemeinde **Oberdischingen** mit behäbigen Bürgerhäusern, zwei interessanten Kirchen (Schloß- und Dreifaltigkeitskirche) und dem schönen Schloßpark. Wegstrecke ca. 25 km.

4. Mit der Städt. Buslinie fahren Sie in ca. 15 Minuten hinaus zu dem südlich Ulm gelegenen **Kloster Wiblingen.** Eindrucksvollstes Bauwerk der ehemaligen Benediktinerabtei ist die **Klosterkirche** (1772 bis 1781). Der prachtvolle Barockbau beeindruckt durch die wuchtige Fassade mit den beiden über Eck angeordneten Türmen. Beachten Sie

im Innern die wertvollen Deckengemälde von Januarius Zick. Besichtigen Sie auch die **Klosterbibliothek** (1744). Die Säulengalerie und das Deckengemälde sind Höhepunkte barocker Innenausstattung. Eingang vom Hof, links von der Kirche.

5. Wenn Sie Lust haben, mit dem eigenen Wagen die Landschaft südlich Ulms zu durchstreifen, dann besuchen Sie **Witzighausen** und **Roggenburg.** Die reizvolle Fahrt führt über sanfte Moränenhügel und durch tiefe Wälder. Im „Ulmer Winkel" stehen viele sehenswerte Barockkirchen und Landschlößchen. So z.B. in **Neubronn, Tiefenbach, Holzschwang** oder **Reutti.** Wegstrecke ca. 60 km.

6. Ein beliebtes Ausflugsziel ist **Thalfingen,** nordöstlich der Stadt. Wanderwege der Donau entlang und im Thalfinger Wald bieten erholsame Spaziergänge, beispielsweise nach **Obertalfingen** mit seinem Schloß. 3 km weiter **Oberelchingen.** Ein malerischer Ort am steilen Abhang eines Albberges. Als krönender Abschluß des Ortsbildes eine imponierende Klosterkirche. Wegstrecke 9 km.

7. Auf dem Hochsträß über den Oberen Kuhberg nach **Allewind,** dann halten Sie sich westlich nach **Blaubeuren.** Wegzeit 5 Stunden (mit der Bahn zurück).

8. Die vorgenannte Wanderung läßt sich noch bis **Weiler** und **Schelklingen** ausdehnen. Weiler ist ein hübsches Dorf an der Schelklinger Ach, das für seine köstlichen Forellengerichte bekannt ist. – Schelklingen (siehe Ortsbeschreibungen!) ist überragt von einer ehemals mächtigen Burg, von der heute nur noch der Bergfried und Mauerreste stehen. Wegzeit 6½ Stunden (mit der Bahn zurück).

BAD URACH

Kreis Reutlingen, 665 m

Die Stadt gilt landläufig als „Perle der Alb". Die vielen herrlichen Fachwerkbauten und der reizvolle landschaftliche Umkreis geben der ehemals schwäbischen Residenz einen unvergleichlichen Zauber. Die ehrwürdigen Bürgerhäuser kuscheln sich dicht zusammen, damit sie auch alle in die Talausbuchtung, durch die die Erms fließt und zu der sich an dieser Stelle auch die Elsach gesellt, Platz finden. Sie haben viel erlebt, diese verwitterten Hausveteranen und sie haben viel zu erzählen. Wenn man's nur verstehen könnte! Vielleicht gelingt es Ihnen am ehesten spätabends, nachdem Sie drei, vier Viertele im „Bären" oder „Hirsch" genossen haben. Gehen Sie nicht gleich zu Bett, sondern nutzen Sie die Gunst dieser Stunde. Zuerst wandern Sie hinüber zum Marktplatz. Die knorrigen Fachwerkhäuser geben die richtige Kulisse ab, um Ihnen schnell etwas über die Geschichte der Stadt zu erzählen:

Die Gründung Urachs liegt im Ungewissen. In der Umgebung hat man Funde aus der Steinzeit gemacht, im engeren Stadtgebiet wurden alemannische, keltische und römische Spuren entdeckt. Den ersten Aufschwung nahm die Stadt, als die Herren von Hohenurach (seit 1050) den Ort 1140 zum Marktflecken erhoben. Die vermutlich erste Plünderung erlebte Urach 1377 durch Reutlinger Handwerker, die ihre freie Reichsstadt durch das benachbarte württembergische Urach bedroht glaubten. 250 Rinder trieben die Reutlinger als Beute aus der Stadt. 1442 wird Urach Residenz für die südliche Landeshälfte. 1443 zogen die Grafen von Hohenurach hinunter in die Stadt und quartierten sich in einem Wasserschloß ein. Zwei Jahre später erlebte die Stadt ein großes gesellschaftliches Ereignis bei Hofe: die Taufe des Grafen Eberhard (später: „im Bart"). Mit 29 Jahren heiratete er. Die prunkvolle Fürstenhochzeit fand ebenfalls in Urach statt. Die Stadt entwickelte sich in jenen Jahren zu einem geistigen Mittelpunkt in Württemberg. 1477 wurde von hier aus die Universität Tübingen gegründet. Die Papierindustrie und Druckerkunst, die für Württemberg bis heute von großer Bedeutung sind, erlebten in Urach ihre Geburtsstunde, als hier 1477 die erste Papiermühle und 1480 die erste Druckerei zu produzieren begannen.

1518 traf sich in Urach alles, was unter der deutschen Ritterschaft und am Hofe Rang und Namen hatte, zum „Großen Turnier", das Herzog Ulrich veranstaltete. 1534 führte Herzog Ulrich die Reformation ein. 1537 versammelten sich zum „Uracher Götzentag" die führenden Männer der Reformation in Württemberg. An ihrer Spitze der Heidenheimer Reformator Johannes Brenz. Dabei kam es durch den Pöbel zu einem unvorhergesehenen Bildersturm in den Kirchen, der im Land draußen als Signal verstanden wurde und allerorts Kirchenplünderungen nach sich zog.

Fünf Tage lang wurde die Stadt geplündert, als 1634 die Kaiserlichen Urach eroberten. 1638 drehten die Schweden den Spieß um und besetzten die Stadt bis 1649.

1724 führten die württembergischen Schäfer den „Schäferlauf" ein, der heute **das** historische Ereignis im Lande darstellt. Er findet alle zwei Jahre (ungerade Zahlen) statt. Das Volks- und Heimatfest war früher gekoppelt mit dem Schäfertag, an dem sich die Schäfer der Alb in Urach einfanden, alle Probleme besprachen und strittige Angelegenheiten dem Schäfergericht vortrugen. Der Tag klang mit dem fröhlichen Wettlauf aus, bei dem alle ledigen Schäfer und Töchter der Schäfer über ein Stoppelfeld laufen mußten. Noch immer dürfen sich nur Schäfer und Schäferstöchter an dem Lauf beteiligen. Höhepunkte des Festes, das immer auf einen Sonntag im Juli fällt, sind neben dem langen Festzug der Wettlauf und die Krönung des Schäferkönigspaares sowie der Schäferkönigsreigen. Viel altes Brauchtum wird sichtbar, so auch in den Trachtentänzen, dem Metzger-, Becher- und Hahnentanz, nicht zu vergessen der melodiöse Uracher Schäferlaufmarsch.

Soweit zu den bemerkenswertesten Daten in der Geschichte dieser traditionsreichen Stadt. — Werfen Sie noch einen Blick auf den **Marktbrunnen**, einer spätgotischen Meisterleistung aus den Jahren 1495—1500, denn morgen ist hier Treffpunkt zu einem Stadtrundgang. Der Brunnenaufsatz ist übrigens dem Original nachgearbeitet, das im Landesmuseum in Stuttgart steht.

Die stolzen Fachwerkhäuser rings um den Marktplatz lenken Ihre Aufmerksamkeit wie von selbst auf sich. Aus dem 16. Jahrhundert stammt das **Handelshaus** (Marktplatz 10). In der Kirchstraße links steht das **Schuhhaus Beck.** Hätten Sie erahnt, daß dieses Fachwerkhaus erst 1964 gebaut wurde? Das **Fachwerk-Doppelgiebelhaus** (1571) und das sich anschließende Gebäude mit der **Rokoko-Fassade** (1746) gehörten einst zur „Privilegierten Leinwandhandelskompagnie". In der Eingangshalle eine sehenswerte Stuckarbeit „Fortuna" (1681). Einer der ältesten Fachwerkbauten im ganzen Land steht in der Kirchstraße 14, das **Sprandel'sche Haus.** Es gehörte einer Adelsfamilie. In ihm soll 1462 der württembergische Landtag getagt haben. Bei der Einmündung der Kirchstraße in die Bismarckstraße steht die **Klostermühle** (um 1600). Die Inschrift an der Straßenseite stammt aus dem Jahr 1768.

Das bedeutendste Uracher Bauwerk ist die **Amanduskirche.** Die dreischiffige Basilika wurde 1499 fertiggestellt. Sehenswert der **Betstuhl** des Bauherrn, des Grafen Eberhard im Bart, aus dem Jahr 1472. Im Innern, zwischen zwei Rosen, der Wahlspruch Eberhards **„Attempto".** In der Taufkapelle beachten Sie den **Taufstein** (1518) mit acht Brustbildern aus dem Alten Testament. Die **Kanzel** rechnet man der Jahrhundertwende (14./15.) zu. Die **Glasfenster** stammen zum Teil von 1477 und sind besonders kostbar. Ein schmiedeeisernes Kunstwerk ist das **Schutzgitter** am Altar „Gespreng". Es wurde 1650 geschaffen. Die älteste Stadtansicht Urachs (1570) erkennen Sie auf einer der Gedächtnistafeln, die an den Wänden ringsum hängen. In der Sakristei ein bemerkenswerter Renaissanceschrank (1506). Im Chor stehen Grabdenkmale aus verschiedenen Epochen, auch das des Erbauers der Kirche, Peter von Koblenz. Neben dem Gotteshaus der **Mönchshof,** in dem Eduard Mörike 1818 ein theologisches Seminar besuchte.

Zu den eindrucksvollsten Sehenswürdigkeiten im Stadtkern zählt das **Schloß.** In der heutigen Gestalt stammt es aus dem Jahr 1443. Unmittelbar neben dem Schloß muß das Wasserschloß gestanden haben, in das die Grafen von Hohenurach einzogen, als sie ihren Wohnsitz vom Berg in die Stadt verlegten. Heute befindet sich in den restaurierten Räumen ein **Heimatmuseum.** Der „Goldene Saal" muß seiner prachtvollen Ausstattung wegen besonders hervorgehoben werden. Er wurde anläßlich der Fürstenhochzeit 1474 angelegt.

Durch die Spitalstraße führt Sie der Rundgang zum **Spital,** einer sozialen Institution aus dem Jahre 1480. Nahebei die **Spitalkapelle,** von der nur noch der spätgotische Chor erhalten ist. Die Kapelle wurde 1519 geweiht. — In Richtung Graf-Eberhard-Platz gelangen Sie zum **Beginenhaus** mit den charakteristischen Marterwerkzeugen als Hauszeichen, denn die Beginen gehörten einem mildtätigen Frauenorden an. In dem Gebäude, in dem Sie noch eine bemalte Holzdecke aus dem 15. Jahrhundert bewundern können, ist jetzt die Stadtbücherei untergebracht.

In der Stuttgarter Straße steht der **Goresbrunnen** und das **Haus am Goresbrunnen,** leicht zu erkennen an seinem Erker. Baujahr und Verwendungszweck liegen im Dunkeln. Merkwürdigerweise findet sich an der Hausrückseite der Wahlspruch Graf Eberhards. Ob er das Haus hat erbauen lassen? Vielleicht haben die denkwürdigen Sitzungen des Landtages 1462 auch in diesem Haus stattgefunden. Am Marktplatz das stattliche **Rathaus.** Es stammt aus dem 16.

Prächtig beflaggt ist das alte Rathaus von Urach anläßlich des berühmten Schäferlaufes, der alle zwei Jahre in der ehemaligen Residenzstadt stattfindet.
(Foto: Bild Landesverkehrsverband Württemberg — Foto Holder)

Jahrhundert. Der **Sitzungssaal** ist geschmückt mit Gemälden von Grafen und Herzögen sowie wertvollen 400 Jahre alten Glasfenstern. Im Rathaus werden die kostbaren Utensilien der Schäferzunft aufbewahrt: Die Schäfertruhe mit Dokumenten und der Zunftkasse sowie die Schäferfahne. – In der Wilhelmstraße steht das **Gasthaus „Faß“** mit einem mächtigen Aushängeschild. Es ist einer der ältesten Gasthöfe im Land. Hier fanden die Schäfer von der Alb eine Herberge; jahrzehntelang fuhren die Postkutschen vor, um die Pferde zu wechseln und viele Jahre tagten die Zünfte in diesem altehrwürdigen Lokal. – Aus der mittelalterlichen Befestigungsanlage entstammte der **Runde Turm** in der Ulmer Straße. Dicht dabei die **Weberbleiche,** ein ehemals 29 Häuser umfassendes Weberviertel, 1599 angelegt. Heute noch mit alten typischen Weberhäusern und idyllischen Winkeln. Auf der anderen Seite des Viertels der **Ulrichsturm.** – Der Rundgang führt durch die Pfählerstraße zum Marktbrunnen zurück. Letzte Station ist die **Apotheke,** ein Fachwerk-Doppelgiebelhaus, in dem mindestens seit 1603, wenn nicht schon seit 1479, eine Apotheke eingerichtet ist. 1970 hat man in Urach nach Mineralwasser gebohrt und konnte tatsächlich eine Thermalquelle anzapfen, die 52-57 Grad heißes Heilwasser ausschüttet (10 l pro sec.). Das Wasser wird für Badezwecke auf 33-35 Grad abgekühlt. Das neue **Thermalbad** ist stark besucht. Es hat dazu beigetragen, daß Urach sich unter die anerkannten Heilbäder in Deutschland einreihen darf. Den Zusatz „Bad“ zum Ortsnamen hat es sich bereits erworben. – Die Schwäbische Alb ist für Gesteinssammler ein wahres El Dorado. Was sich da an Mineralien und vor allem Versteinerungen finden läßt, zeigt ihnen eine private, ständige Ausstellung im **Café Ruf** am Marktplatz.

Eine besondere Sehenswürdigkeit Urachs ist die **Ruine Hohenurach.** Die Burg wurde um 1050 von den Grafen von Urach erbaut. Am gotischen Ostfenster liefert ein Wappenstein (Schachbrettmuster) den Beweis dafür. Die heutigen Ruinen lassen noch etwas erkennen von dem Umfang, den die Burganlage einst hatte. Im 16. Jahrhundert funktionierte der berüchtigte Herzog Ulrich die Feste in ein Staatsgefängnis um. In seinen Verliesen schmachteten u.a. der Kanzler

Matthäus Enzlin, die Gräfin von Würben, der Baumeister Donato Guiseppe Frisoni (Miterbauer von Schloß Ludwigsburg) und der Dichter Nikodemus Frischlin, der bei einem Fluchtversuch von der Mauer in die Tiefe stürzte.

Die Sage erzählt von dem freiheitsliebenden Mann, daß er sein Leintuch in Streifen schnitt, zusammenknüpfte und sich in einer mondlosen, besonders dunklen Nacht vorsichtig an der Mauer entlang abseilte. Es riß aber und Frischlin stürzte in die Tiefe.

Wo das Blut des Dichters in den Waldboden sickerte, wächst seitdem das „Totenköpfle", eine seltene, unter Naturschutz stehende, Blume des Uracher Tales.

Im Dreißigjährigen Krieg wurde die Festung abwechselnd von den Schweden und Kaiserlichen gestürmt. 1767 ließ Herzog Carl Eugen Hohenurach abbrechen und die Quader für den Bau des Jagdschlosses Grafeneck verwenden.

Überliefert, aber nicht belegt ist die Information, daß in Urach die Brezel erfunden worden ist. Dieses in Süddeutschland sehr beliebte Laugengebäck hat angeblich ein Bäcker geformt, der sein Leben einer Betrügerei wegen verwirkt hatte. Er sollte begnadigt werden, wenn es ihm gelänge, ein Brot zu backen, durch das dreimal die Sonne scheint. Da hatte er die rettende Idee, eine lange Teigwurst zu kneten und sie zu der bekannten Brezelform zu biegen.

Auskunft: 7417, Städtisches Verkehrsamt, Tel. (07125) 80 81.

Verkehrsverbindungen: Station an der Zweigbahn Metzingen—Urach. Busse fahren nach Reutlingen, Stuttgart, Münsingen, Blaubeuren, Ulm und zu fast allen Orten auf der Hochalb. Liegt an der B 28 und an der Schwäbischen Albstraße.

Sport und Unterhaltung: Freibad, Sauna, Schießen, Tennis, Mini golf, Reiten, Skisport (Abfahrtspisten bis zu 6 km Länge, 2 Sprungschanzen), Kino, Tanzcafé, Konzerte, Vorträge, Schäferlauf, Volkskunst, Stadtführungen, Theater, Rundfahrten.

Museum: Albmuseum im Schloß (Außenstelle des Württembergischen Landesmuseums Stuttgart).

Ausflüge:

1. In einer Stunde wandern Sie hinauf zu der imposanten **Feste Hohenurach,** von der noch weitläufige Mauerreste, Gewölbe, Wehrgänge und Kasematten zu sehen sind. Nachdem Sie die Ausblicke ins Ermstal genossen haben, marschieren Sie auf breitem Weg ca. 500 m abwärts bis Sie in einem Sattel auf die Abzweigung zum **Wasserfall** stoßen. Es geht hinunter ins Brühlbachtal und dort auf ebenem Weg zum 37 m hohen Uracher Wasserfall. Ein Zick-Zack-Weg führt Sie hinauf auf die „Hochwiese", wo Sie rasten und sich erfrischen können. Den Rückweg nehmen Sie am besten wieder durch das Brühl-

bachtal. Beim Parkplatz endet der schöne Spazierweg. Auf asphaltierter Straße legen Sie die restliche, kurze Strecke bis zur Stadt zurück. Wegzeit 2½ Stunden.

2. Eine abwechslungsreiche Tour erwartet Sie, wenn Sie vom Parkplatz beim Uracher Wasserfall rechts der schmalen Straße folgen. Sie endet beim **Gestüt Güterstein,** einer ehemaligen Klosteranlage, heute bekannt durch die großartige Pferdezucht (Außenstelle des Gestüts Marbach). Durch das Gut, schon seit 1554 Fohlenaufzucht, hindurch und auf der anderen Seite bergan zu den **Gütersteiner Wasserfällen.** Bei weitem nicht so kompakt wie der Uracher Wasserfall, aber romantischer. Wenig besucht. Sie steigen weiter hinauf. Auf der Hochfläche der **Fohlenhof,** eine Außenstelle des Gestüts St. Johann, das seinerseits wieder zum Gestüt Marbach gehört. Der **Rutschenfelsen** ist die nächste Station (herrliche Sicht). Ihm folgen der **Uracher Wasserfall** und die **Paulinenruhe.** Am Höhenfreibad vorbei führt der Weg zurück in die Stadt. Wegzeit 3½ Stunden.

3. Über **Hohenurach,** dem **Uracher Wasserfall, Rutschenfelsen** und dem **Fohlenhof** zum Aussichtsturm **Hohe Warte** (820 m). Von dort sehen Sie schon die Gutsgebäude von **St. Johann.** Mit dem Bus zurück. Wegzeit 3 Stunden.

4. Beim Olpp'schen Bierkeller am Tiergartenberg beginnt ein 2,6 km langer Rundweg. Am Tiergartenberg befand sich früher einmal der Tiergarten. Vorbei am Höhenfreibad erreichen Sie den **Hannerfels** mit prächtigem Blick auf Urach. Weiter bis zum Fernsehumsetzer, dann hinunter bis zur Hannersteige. Über die Alte Hannersteige vollends bis zur Stadt. Wegzeit 1 Stunde.

5. Auf dem „Grünen Weg" gelangen Sie ins **Seeburger Tal.** Vorbei an der wilden Ruine **Hohenwittlingen** nach **Seeburg.** Sie wenden sich nach Norden und wandern zum **Ermsursprung.** Durch das idyllische **Fischburgtal** an **Hengen** vorüber erreichen Sie wieder Ihren Ausgangspunkt. Wegzeit 5 Stunden.

6. Oberhalb von Urach liegen die geheimnisvollen **Höllenlöcher.** Von hier aus haben Sie ebenfalls schöne Ausblicke auf Urach und ins Ermstal. Der Weg führt weiter zum **Buckleten Kapf** (731 m). Die **Karlslinde** wurde 1871 zu Ehren des württembergischen Königs Karl gepflanzt. Zielpunkt ist der **Hohenneuffen** (743 m) mit seiner gewaltigen Burganlage. Die Stationen des Rückweges heißen **Schillingskreuz, Wachtertal, Eichhalde.** Wegzeit 7 Stunden.

7. Eine sehr lohnende Tageswanderung führt Sie durch das Elsachtal zur **Falkensteiner Höhle** und zu einer keltischen Ringburg, dem **Heidengraben** (2. Jahrhundert v. Chr.), von der noch Wall und Graben zu erkennen sind. Wild und ursprünglich ist die Felsschlucht der **Kleinen Schröcke.** In **Schlattstall** haben Sie Gelegenheit, zum „Vespern" einzukehren. In Richtung Norden liegen die **Gutenberger Höhlen,** die zu besichtigen sich lohnt. Der Heimweg führt Sie an der **Großen Schröcke,** einer eindrucksvollen Felsbastion, vorbei. Wegzeit 7 Stunden.

8. **Schloß Lichtenstein** ist eine der größten Attraktionen auf der Schwäbischen Alb. Zu ihm gelangen Sie über die **Alte Hannersteige, Bleichstetten** und den **Stahlecker Hof.** Vorbei an der **Burg Greifenstein** wandern Sie weiter nach **Holzelfingen.** Sie überqueren die B 312 beim **Bahnhof Lichtenstein** und marschieren an der Ruine des

alten Lichtenstein vorbei hinauf zu dem romantischen Schloß. Vom Bahnhof Lichtenstein können Sie mit der Bahn über Honau, Reutlingen und Metzingen nach Urach zurückfahren. Wegzeit 7 Stunden.

VERINGENSTADT

Kreis Sigmaringen, 630 m

Das Städtchen schmiegt sich an den **Schloßberg,** auf dem die Ruinen einer großen Burganlage aus dem 12. Jahrhundert stehen. Erhalten ist noch die **Burgkapelle St. Peter.** Sie wurde durch die Gebrüder Strüb, die „Meister von Sigmaringen", 1515 mit Fresken ausgemalt. Von der Burg zogen Mauern hinunter zu den Brücken über die Lauchert. Reste sind noch erkennbar. — Das **Rathaus** ist um 1500 erbaut. In ihm können Sie Gerichts- und Folterwerkzeuge besichtigen, die an Hexenprozesse in Veringenstadt erinnern. Im Rathaus ist auch eine Gedächtnisstätte für den Höhlenforscher Peters eingerichtet. In ihr sind die Funde aus den örtlichen Wohnhöhlen seit dem Kriegsende gesammelt. Die Kulturreste, die vor dem Zweiten Weltkrieg ausgegraben worden waren, sind in den Kriegswirren verlorengegangen.

Die **St. Nikolaus-Kirche** (1862) enthält eine kostbare Schnitzarbeit von Martin Schaffner aus dem Jahr 1520: Die Heilige Sippe. — Sehenswert ist auch die **Wallfahrtskirche zu Deutstetten,** die 1751 an Stelle einer romanischen Vorgänger-Kirche erbaut wurde. Sie dient heute als Friedhofskapelle.

In den Weißjurafelsen zu beiden Seiten der Lauchert haben in der Steinzeit Mammutjäger vier Höhlen bewohnt (siehe auch „Auf Rulamans Spuren"!). Drei dieser Höhlen können Sie von der Straße aus sehen. Es sind die **Nikolaus-, Göpfelstein-** und **Annakapellenhöhle.**

Älter noch als Veringenstadt ist das 2,5 km talabwärts liegende **Veringendorf.** Diese Siedlung gab der Grafschaft Veringen ihren Namen. Die Seitenapsiden und die Turmschäfte an der **St. Michaels-Kirche** wurden bereits ums Jahr 1000 erbaut. Der Chor wurde im 14. Jahrhundert vergrößert. Aus dieser Zeit stammen auch die Fresken im Innern. Das Langhaus erhielt seine heutige Gestalt im 18. Jahrhundert. Beachten Sie bitte auch das Kruzifix auf dem Hochaltar. Es wird ins 13. Jahrhundert zurückdatiert. — Auf der rechten Seite der Straße nach Jungnau stehen auf einem Felsen die Reste einer Burg, die vor vielen hundert Jahren den Herren von Apfelstetten gehört hatte.

Auskunft: 7481, Bürgermeisteramt.
Verkehrsverbindungen: Station an der Bahnstrecke Reutlingen—Sigmaringen. Buslinien nach Ebingen, Sigmaringen, Gammertingen, Hechingen. Liegt an der B 32.

WALDSTETTEN

Ostalbkreis, 390 m

In einem Seitental der Rems liegt südlich von Schwäbisch Gmünd Waldstetten am Fuß des Hornbergs. Der Erholungsort ist umgeben von den majestätischen Kaiserbergen Stuifen und Rechberg. Das Schwarzhorn und das Kalte Feld schließen den Kreis und sind ideale Wanderziele in allen vier Himmelsrichtungen. Die zahlreichen Ausflügler, die an den Wochenenden von der nur 3 km entfernten Kreisstadt heraufkommen, kennen das **Schlößchen** schon, das die Herren von Rechberg um 1600 erbauen ließen. Später diente es als Amtshaus. Wenn Sie hier fremd sind, dann sollten Sie es in einem Rundgang miteinbeziehen, ebenso die **Pfarrkirche**, die zwar erst 1906 neugebaut wurde, aber an der Stelle einer romanischen Wehrkirche steht.

Auskunft: 7076, Bürgermeisteramt, Tel. (07171) 8 23 28
Verkehrsverbindungen: Buslinie nach Schwäbisch Gmünd.
Sport: Fußball, Kegeln, Freibad, Skipisten mit zwei Lifts.

Ausflüge:

1. Zum **Eichhölzle** (437 m) mit Burgruine. Schöner Ausblick. Wegzeit 40 Minuten.
2. Zum **Stuifen.** Wegzeit 1 Stunde.
3. Zur sagenumwobenen **Reiterleskapelle** (642 m), die 1717 erbaut wurde. Von dort können Sie einen Abstecher zum **Franz-Keller-Haus** machen. Der Rückweg führt über den **Hornberg** (698 m). Dort befindet sich Gasthof und Segelfluggelände. Wegzeit 4 Stunden.

WEILHEIM

Kreis Esslingen, 384 m

Der Ort liegt im Lindach-Tal, am Fuß eines Basaltkegels, der die Limburg trägt. Weilheim ist durch seine ausgedehnten Obstplantagen (Äpfel, Birnen, Kirschen) bekanntgeworden. Zum erstenmal wird Weilheim 769 urkundlich erwähnt. 1969 konnte es sein 1200jähriges Bestehen feiern. Entlang einer Römerstraße fanden Archäologen Reste mehrerer römischer Villen; auch alemannische Reihengräber wurden unmittelbar in der Umgebung des Ortes freigelegt. Im 11. Jahrhundert residierten die Zähringer auf der Limburg. Sie gründeten im Ort das Kloster St. Peter, das später in den südlichen Schwarzwald, nahe St. Märgen, verlegt wurde. In den folgenden Jahrhunderten hatten die Bewohner unter Pest, Bränden, Überschwemmungen und Plünderungen sehr zu leiden. Die **Pfarrkirche St. Peter** wurde erstmals 1089 erwähnt und zwar gehörte sie zum Kloster St. Peter. Nach einem Brand, in dem die Kirche völlig zerstört wurde, ist sie durch Peter von Koblenz 1489—1519 wieder als dreischiffige gotische Hallenkirche aufgebaut worden. Die Kirche ist vor allem wegen ihrer wertvollen Wandmalereien sehenswert. Die bekanntesten Motive sind das „Jüngste Gericht", „Anna Selbdritt", „Wunderbarer Rosenkranz" und die „Heilige Sippe", gemalt vom Ulmer Meister Thomas Schick.

Hoch über Weilheim steht die **Limburg**, die 1060 von dem Zähringer Berthold I. erbaut wurde. Aber schon im 12. Jahrhundert war die Burg restlos verfallen. Auf ihren Trümmern erhob sich im 15. Jahrhundert die Michaelskapelle, die während der Reformationszeit wieder verschwand. 1913 wurden auf dem Bergkegel Ausgrabungen vorgenommen und dabei eine zweigeteilte römische Anlage mit ovalem Grundriß und zwei Türmen freigelegt. Die Römer hatten die strategisch günstige Lage schnell erkannt und einen Wachtposten auf dem Berg eingerichtet. — Heute ist der Aussichtsberg ein beliebtes Wanderziel.

Auskunft: 7315 Bürgermeisteramt, Tel. (07023) 421.

Verkehrsverbindungen: Nur 3 km bis zur Autobahn Stuttgart—München. Omnibuslinien nach Kirchheim/Teck, Göppingen, Ulm oder Stuttgart.

Sport: Freibad, Hallenbad in der Limburg-Halle, Fußball.

Ausflüge:

1. Zur **Limburg.** Wegzeit 30 Minuten.
2. Nach **Holzmaden,** wo Sie das Hauff-Museum mit seinen einzigartigen Versteinerungen besichtigen können. Wegzeit 1 Stunde.
3. Über **Hepsisau** und **Ochsenwang** zum **Randecker Maar** und weiter zum aussichtsreichen **Breitenstein.** Von dort über Bissingen zurück nach Weilheim. Wegzeit 3½ Stunden.
4. Zur **Ruine Reußenstein** über den 794 m hohen **Boßler,** dann östlich auf einem markierten Höhenweg zum Gut Reußenstein (Einkehrmöglichkeit). Jetzt sind es nur noch wenige Minuten bis zu der geheimnisvollen Burg. Auf dem Rückweg steigen Sie am besten hinunter nach **Neidlingen** und wandern oder fahren mit dem Bus von dort zurück nach Weilheim. Wegzeit 5 Stunden.
5. Eine sehr lohnende Wanderung führt Sie zur **Teck.** Sie gehen hinauf nach **Ochsenwang,** folgen dem Wegweiser nach **Diepoldsburg,** einem Gut mit angeschlossener Gastwirtschaft und machen einen kleinen Abstecher hinaus auf eine Felsnase, wo an der äußersten Spitze die restaurierte **Ruine Rauber** klebt. Von hier weiter bis zur berühmten Teck und der dicht unterhalb der Burg liegenden **Sibyllenhöhle.** Rückweg über Bissingen. Wegzeit 5 Stunden.

WEISSENSTEIN

Stadtteil von Lauterstein, Kreis Göppingen,
535 m

Das Städtchen liegt in einem Seitental der Lauter, durch das der Josefsbach fließt. An den steilen Berghängen stehen hunderte alter Buchen. Auf der Höhe ein **Schloß,** das im 17. Jahrhundert umgebaut, ursprünglich eine rechenbergsche Lehnsburg war. Vom Schloß mit seinen vielen Erkern und Türmen führen sogenannte Schenkelmauern hinunter in die Stadt. Sie gewährleisteten bei Belagerung die Koordination der Verteidigungsmaßnahmen zwischen Bürgerwehr und Burgbesatzung. Hinter dem Schloß eine Quelle, das sogenannte **Forellenloch.**

Aus dem Mittelalter stammt die 1478 erbaute **Kirche St. Maria.** Der Turm ist noch spätgotisch, Chor und Schiff sind 1725 barockisiert worden. Im Ostchor befinden sich eine alte Gruft der Rechberger. Beachtenswerte Grabplatten sind noch erhalten.

Weißenstein ist als Erholungsort für Fremde und als Ausflugsort für Wanderfreunde aus Gmünd, Göppingen, Geislingen, Stuttgart etc. sehr beliebt. Das hat sich aus der idyllischen Lage der Stadt und aus den vielseitigen Wandermöglichkeiten im Tal und auf der Albhochfläche ergeben. Ganz in der Nähe liegen der **Hornberg** mit einer Segelfluganlage und das **Kalte Feld**, ein viel besuchtes Wander- und Skisportgebiet. In unmittelbarer Nähe von Weißenstein sind Abfahrtspisten angelegt, die mit vier Schleppliften ausgerüstet sind.

Auskunft: 7321, Verkehrsverein, Rathaus, Tel. (07332) 205

Verkehrsverbindungen: Endstation an der Eisenbahn-Nebenstrecke Süßen—Weißenstein. Liegt an der B 466. Omnibusse fahren nach Göppingen, Heidenheim und Schwäbisch Gmünd.

Sport und Unterhaltung: Wanderparkplatz mit Rundwegen, Sportplatz, Freibad, Segelflug, Skisport.

WESTERHEIM

Alb-Donau-Kreis

Der auf der Hochfläche gelegene Ort hat seine Hauptsaison im Winter. Tausende von Wintersportlern fahren dann hinauf zu den schneesicheren Hängen. Neben Schopfloch und Donnstetten, die beiden Nachbargemeinden, ist Westerheim der bekannteste Wintersportort auf der mittleren Alb. Die Gemeinde hat die Hänge präpariert, fünf Lifte angelegt, Restaurationsmöglichkeiten geschaffen und Skiwanderrouten markiert. Außerdem verfügt dieses Wintersportzentrum über eine eigene Skischule.

Auskunft: 7419, Bürgermeisteramt.

Verkehrsverbindungen: Liegt an der Schwäbischen Albstraße. Busse fahren nach Laichingen, Blaubeuren, Urach und Wiesensteig.

WIESENSTEIG

Kreis Göppingen, 590 m

Ein reizvoller Erholungsort, tief eingebettet ins obere Filstal. Das Städtchen ist eingeschlossen durch steile Berghänge und weiße Kalkfelsen. Östlich von Wiesensteig zieht die Autobahn Stuttgart—Ulm auf die Albhochfläche hinauf und erreicht beim Lämmerbuckel-Tunnel mit über 800 m den höchsten Punkt im deutschen Autobahnnetz.

Wiesensteig wird in einem Stiftungsbrief bereits 861 als „Wisontesteiga“ erwähnt. Aus einem Benediktinerkloster entwickelte sich schnell ein Gemeinwesen, das 1364 Stadtrecht bekam. Die Grafen von Helfenstein bauten sich im 16. Jahrhundert ein **Stadtschloß,** von dem heute nur noch der Südflügel steht. Als ehemaliger Hauptort der Reichsgrafschaft hat sich Wiesensteig noch einen Hauch von Residenz bis in unsere Tage bewahrt: Mehrstöckige Fachwerkhäuser, malerische Brunnen, **Fruchtkasten** (Jugendherberge) und **Stiftskirche.** Sie steht etwas erhöht und ist das weithin sichtbare Wahrzeichen des Ortes. 1648 brannten die Schweden Wiesensteig nieder. Dabei wurde auch die 1466 erbaute Kirche ein Raub der Flammen. Von 1670—1785 dauerten die Arbeiten an ihrem Wiederaufbau. Ursprünglich wollte man aus ihr eine Barockkirche machen — sie ist aber in klassizistischem Stil vollendet worden. Sehenswert das **Kruzifix,** geschnitzt von Joh. Bapt. Straub (1704—1784), hier geboren und in München als Hofbildhauer tätig gewesen.

Im 16. Jahrhundert kam Wiesensteig zu zweifelhaftem Ruhm: Der Hexenwahn tobte in dem abgelegenen Landstädtchen. Über 70 Frauen wurden angeblich überführt, Umgang mit dem Teufel zu haben. Im Armensünderkleid wurden sie alle auf dem Marktplatz öffentlich verbrannt.

1752 war Wiesensteig vorübergehend bayrisch, bevor es 1806 an Württemberg fiel. 1945 mußte der Ort mehrere Bombenangriffe über sich ergehen lassen. Ein Volltreffer zerstörte das Rathaus.

Auf Wiesensteiger Gemarkung steht hoch über dem benachbarten Neidlinger Tal die **Ruine Reußenstein.** Sie ist teilweise restauriert und so vor dem sicheren Verfall bewahrt worden. Die staufische Burg wurde vermutlich im 13. Jahrhundert erbaut. Der quadratische Bergfried wird dem 14., der Pallas dem 15. Jahrhundert zugeschrieben. Ringmauern und Zwinger sichern die Burg zur Hochfläche hin ab. Die Reußen waren die Stammherren der Burg. Sie ging dann über an die Herren von Randeck und von dort an die Helfensteiner. Seit 1860 ist der Reußenstein und das nahegelegene Hofgut württembergische Domäne.

Auskunft: 7346, Stadtverwaltung, Tel. (07335) 464.

Verkehrsverbindungen: Endstation an der Bahnlinie Geislingen—Wiesensteig. Busse fahren nach Geislingen, Göppingen, Stuttgart, Weilheim, Urach, Westerheim und Blaubeuren.

Sport: Freibad, Kegeln, Minigolf, Sommerski-Sprungschanze, Wintersport am Bläsiberg (mit Schlepplift).

Ausflüge:

1. Zum aussichtsreichen **Papierfelsen** (749 m). Wegzeit 50 Minuten.
2. Zum **Steinernen Weib** (Dolomitenfelsen). Wegzeit 40 Minuten.
3. Zur **Filsquelle** (mit Schutzhütte). Von dort hinauf zum 819 m hohen **Lämmerbuckel.** Unter Ihnen im Berg der Autobahntunnel. Wegzeit 2½ Stunden.
4. Mit dem Bus bis **Westerheim.** Von dort zur **Schertelshöhle,** Tropfsteinhöhle (230 m lang). Besichtigung möglich. Wegzeit (hin und zurück) 3 Stunden.
5. Zum sagenumwobenen **Drachenstein,** wo einst ein böser Drache die Tochter des Kaisers von Marokko gefangen gehalten und ein Schneidergeselle aus Wiesensteig sie befreit haben soll. Beachten Sie die architektonisch hoch interessante Autobahn-Verspannung. Der Weg zum Drachenstein führt übrigens an der **Todsburger Höhle** vorbei. Die Stationen auf dem Rückweg sind **Hiltenburg** und **Bad Ditzenbach.** Von dort mit Bus oder Bahn zurück. Wegzeit 4 Stunden.
6. Durch das Autal hinauf zur **Ruine Reußenstein.** Über das **Bahnhöfle** (Wegespinne) und an der **Filsquelle** vorbei zurück zum Ausgangspunkt. Wegzeit 4 Stunden.

ZWIEFALTEN

Kreis Reutlingen, 540 m

Wenn Sie auf einer der Albhöhen nördlich von Zwiefalten stehen und in der Ferne die beiden Zwiebeltürme der Klosterkirche zu Ihnen herübergrüßen, dann werden Sie verstehen, weshalb man auf der Schwäbischen Alb Zwiefalten zu den Orten mit der eindrucksvollsten Silhouette rechnet. Das ganze Jahr über bringen moderne Reisebusse aus allen Himmelsrichtungen Tausende von Besuchern in den Fremdenverkehrsort, der nicht allein der bevorzugten landschaftlichen Lage, sondern hauptsächlich seiner berühmten Barockkirche wegen so stark frequentiert wird.

Zwiefalten hat seinen Namen nach zwei Tal-Falten erhalten, die hier zusammentreffen. Durch das eine Tal fließt die Aach, durch das andere der Kesselbach. Hirsauer Mönche, die um das Jahr 1000 das Christentum auch in die entlegensten Winkel der Schwäbischen Alb trugen, hatten Gefallen gefunden an dieser breiten Tälermündung und berichteten ihrem Abt von dem begnadeten Fleckchen Erde. Man beschloß, ein **Kloster** zu gründen. 1109 wurde die erste Klosterkirche fertiggestellt und von Abt Wilhelm von Hirsau ihrer Bestimmung übergeben. In den folgenden Jahren entstanden die berühmten Klosterchroniken der Mönche Berthold und Ortlieb. Das Kloster mehrte rasch seinen Besitz. Ihm unterstanden 26 Dörfer auf der Alb. Mit 70 Mönchen und 130 Laienbrüdern erreichte es eine beachtenswerte Größenordnung. Mit Erfolg widersetzte sich das Kloster den Annexionsansprüchen der württembergischen Landesherren während der Reformationszeit. Der Dreißigjährige Krieg hat dem Kloster viel Schaden zugefügt. Dennoch erlebte es nach Kriegsende eine neue Blütezeit, die mit dem Umbau der **Klosterkirche** ihren sichtbaren Höhepunkt erreichte. Johann Michael Fischer, damals der angesehenste Baumeister in Mitteleuropa, ließ die Kirche 1744 bis 1765 nach seinen Plänen umgestalten. Den Innenraum statteten F. J. Spingler (Fresken) und J. M. Feichtmayr (Stukkaturen) aus. Diese Klosterkirche ist eine Spitzenleistung des Barock, wie sie im süddeutschen Raum allenfalls noch in Birnau/Bodensee oder in der Wieskirche bei Garmisch-Partenkirchen zu bewundern ist. Sehr eindrucksvoll die hochaufragenden Türme mit den geschwungenen Hauben und das lange Kirchenschiff. Der Haupteingang befindet sich an der mächtigen Westfassade. Im Inneren sind die Kanzel, das Chorgestühl, kunstvolle Stukkaturen und die perspektivischen Malereien an der Decke bewundērungswürdig. Das Marienbild auf dem Hochaltar stammt aus dem 15. Jahrhundert. Die Sakristei beherbergt zwei besondere Kostbarkeiten: Ein Kruzifix und eine byzantinische Reliquientafel aus dem 12. Jahrhundert. 1802 wurde das Kloster aufgelöst. Heute beherbergen die Klostergebäude das Psychiatrische Landeskrankenhaus.

Auskunft: 7942, Bürgermeisteramt, Tel. (07373) 271.

Verkehrsverbindungen: Die B 312 führt durch den Ort. Busse fahren nach Reutlingen, Tübingen, Stuttgart, Riedlingen, Ehingen, Biberach, Saulgau, Hayingen, Münsingen, an den Federsee und zum Bodensee.

Ausflüge:

1. Auf einsamen Wegen gelangen Sie in die völlig unberührte Landschaft bei **Upflamör.** Einen Kilometer westlich davon, auf einer bewaldeten Bergnase, die vorgeschichtliche **Heunenburg.** Graben und Wall sind teilweise noch zu erkennen. Wegzeit 1½ Stunden.
2. Zur **Wimsener Höhle** (über Gossenzugen), der einzigen mit einem Kahn befahrbaren Höhle auf der Alb. Dann im Tal weiter aufwärts bis **Schloß Ehrenfels.** Wenige Minuten vom Schloß entfernt, **Ruine Altehrenfels** aus dem 13. Jahrhundert. Wegzeit 1 Stunde.
3. Über **Zwiefaltendorf** und **Rechtenstein** zur Lautermündung. Donauaufwärts bis **Obermarchtal.** Mit Bus zurück. Wegzeit 2½ Stunden.

Es sieht zwar gefährlich aus, ist es aber nicht: Eine Nachenfahrt durch die Wimsener Höhle bei Zwiefalten.

D. PRAKTISCHE HINWEISE

1. Kleidung

Ihre Feriengarderobe wählen Sie am besten nach zwei Gesichtspunkten aus:

1. Sie muß bequem und praktisch sein.
2. Sie muß sich den Erfordernissen von Klima, Hobby-Betätigung und landschaftlichen Gegebenheiten anpassen.

Im Sommer ist das Wetter auf der Alb auch nicht anders wie überall in Deutschland. Die Temperaturen können bis 40° C in der Sonne klettern. Sie brauchen demnach leichte Sommerkleidung und wirksame Sonnenschutzmittel. Wenn Sie eine Liegedecke im Reisegepäck haben, kann das von großem Vorteil sein. Wanderer richten sich darauf ein, daß sie oft stundenlang unterwegs sind. Denn Abwechslungen, die Sie auf Wanderungen erleben, müssen Sie auch in der Garderobe berücksichtigen: Badezeug, um sich in den klaren Flüssen oder in einem der zahlreichen Freibäder zu erfrischen. Anorak oder Regenmantel, auch ein leichter Pullover sollte nicht im Rucksack fehlen, denn es gibt kaum eine Wanderroute, die nicht an einer Höhle vorbeiführt. In ihnen liegen die Temperaturen oft 10—15° C niedriger als an der Oberfläche. Außerdem tropft Sickerwasser von den Wänden. Ihren Regenschutz benötigen Sie auch gegen Gewitter, die sich zwischen den Albbergen verfangen und keinesfalls so schnell verschwinden wie sie heraufziehen.

Im Frühjahr und Herbst fegen scharfe Winde über die baumlosen Kuppen. Warme Kleidung, Mantel und Schal sind notwendige Utensilien. Das Wandern ist in diesen Jahreszeiten eine großartige Sache, aber Sie müssen entsprechend gekleidet sein.

Vollblutwanderer tragen in ihrem Reisegepäck auch Kompaß und eine Wanderkarte (mindestens 1:100 000). In der zerklüfteten Landschaft mit den vielen Schluchten, Felsabbrüchen und Erdlöchern kann Verirren z. B. bei Nebel verhängnisvolle Folgen haben.

Mit besonderer Sorgfalt wählen Höhlenbegeher ihre Kleidung aus. Warm muß sie sein und Spielraum für extreme

Bewegungen lassen. Bundhosen haben sich der Schrittweite wegen als ideal erwiesen. Das Schuhwerk ist ebenfalls wichtig. Tragen Sie wasserdichte, leichte Bergstiefel (glattes Leder). Höhlenkundige wissen natürlich, was sie an Spezialausrüstung benötigen. In gefährlichere Höhlen sollten sich Laien ohnehin nicht hineinwagen. Aber auch harmlose Gänge können lebensgefährlich werden, wenn Sie ohne Ersatz-Taschenlampe (Batterien) einsteigen. Seilsicherung verhindert, daß Sie Ihren Partner aus den Augen verlieren. Es gibt Spezialkarten von den Alb-Höhlen. Sie sind von großem Nutzen, wenn man sie zu lesen weiß (siehe „Kartenmaterial").

Und wohin mit all den Utensilien? Am besten in den Rucksack. Bei längeren Wanderungen ist er am bequemsten zu tragen. In ihm läßt sich eine Menge verstauen, außerdem haben Sie die Hände frei. Bequem ist auch die Hüfttasche, wie man sie häufig bei Skifahrern sieht. Für mehr als ein Vesper ist freilich kaum Platz. — Der Brotbeutel ist zwar außer Mode gekommen, aber in ihm lassen sich die notwendigsten Dinge ebenfalls bequem tragen.

2. Unterkunft

Die Gemeinden auf der Schwäbischen Alb haben sich in den letzten Jahren zu Gebietsgemeinschaften zusammengeschlossen, um vereint den Fremdenverkehr wirkungsvoll anzukurbeln. Zu diesen Maßnahmen gehört auch, daß man Unterkunftsmöglichkeiten bis in kleinste Albdörfer hinein geschaffen hat. Dabei können Sie zwischen Hotels, Gasthöfen oder Privatquartieren wählen. Die Zimmer sind im allgemeinen sehr sauber. Die Verpflegung ist reichlich und noch preiswert. Gasthöfe nehmen jederzeit auch Familien mit Kindern zu Ferienaufenthalten auf.

Unterkunftsverzeichnisse mit Hotels, Gasthöfen und Gaststätten erhalten Sie kostenlos vom Fremdenverkehrsverband Württemberg in 7 Stuttgart 1, Postfach 1365. Wenn möglich, nennen Sie das Gebiet, in das Sie Ihren Urlaub verlegen möchten. Es gibt nämlich eine Reihe von ausführlichen Teilverzeichnissen.

Camping

Über die Alb erstreckt sich ein enges Netz von offiziellen Campingplätzen, die vorbildlich ausgerüstet sind. Eine Kommission des Fremdenverkehrsverbandes und des Deutschen Camping-Clubs überwacht die Plätze und sorgt für tadellose sanitäre Einrichtungen. Viele der Plätze haben Einkaufs-, Bade- und Sportmöglichkeiten. Einzelheiten über Lage und Ausstattung der Plätze erfahren Sie aus dem Camping-Führer, den der Deutsche Camping-Club (8 München 23, Mandlstraße 28) herausgibt.

Bitte beachten Sie, daß große Gebiete der Schwäbischen Alb unter Landschaftsschutz stehen, d.h. wildes Camping wird bestraft.

Ferienwohnungen und Feriendörfer

Auf der Schwäbischen Alb gibt es Ferienwohnungen in jeder Komfortlage und für jeden Geldbeutel. Die Gastgeber sorgen sich in rührender Weise um das Wohl der Gäste und sind auch sehr kinderfreundlich. Die Zahl der Ferienwohnungen nimmt jährlich zu, dennoch sind die Quartiere noch knapp. Je früher Sie sich um Reservierung bemühen, desto besser.
Genaue Details zu den einzelnen Ferienwohnungen und den Preisen finden Sie in der Werbebroschüre „Ferienwohnungen, Feriendörfer in Baden-Württemberg“, die Sie kostenlos vom Landesfremdenverkehrsverband Baden-Württemberg in Stuttgart zugesandt bekommen.

Geschlossene Feriendörfer, in denen Sie Häuschen oder Etagen mieten können, gibt es in (Auswahl):

7071 Bartholomä, Ostalbkreis, Feriendorf „Amalienhof“

Auskünfte: Schwäbische Wohnbau GmbH, 7012 Fellbach, Cannstatter Straße 84, Tel. 0711/582489.

7411 Erpfingen, Kreis Reutlingen, Familien-Feriendorf „Sonnenmatte“

Auskünfte: Schwaben International, 7000 Stuttgart, Charlottenplatz 6, Tel. 0711/240549 und 244604

7421 Gomadingen, Kreis Reutlingen, Ev. Familienferienstätten und Jugendfreizeitheim

Auskünfte: Heimeltern Freitag, 7421 Gomadingen, Tel. 07385/415

7461 Tieringen, Zollernalbkreis, Familien-Feriendorf des Vereins für Familienferienheime in Württemberg e. V.

Auskünfte: Walter Kirchner, 7461 Tieringen, „Landheim und Feriendorf"

7419 Westerheim, Alb-Donau-Kreis, Feriendorf „Westerheim"

Auskünfte: Siedlungswerk der Diözese Rottenburg Tel. 0711/600551

Von besonderem Reiz sind **Ferien auf dem Bauernhof.** Auf mehreren dieser Bauernhöfe gibt es auch Reitgelegenheiten. In der umseitig erwähnten Broschüre sind weitere Einzelheiten zu Ferienmöglichkeiten auf Albhöfen genannt.

Jugendherbergen

Aalen, Im Rohrwang, beim Stadion, Tel. (07361) 69203
Balingen, Im Alten Schloß, Schloßstraße 5, Tel. (07433) 8041
Blaubeuren, Am Rucken, Tel. (07344) 444
Ebingen, Kirchgrabenstraße 17, Tel. (07431) 4341
Geislingen/Steige, Forststraße 10, Tel. (07331) 60249
Göppingen, Dreikönigsweg 8, Tel. (07161) 76549
Hausen ob Lontal, ev. Freizeitheim, Tel. (07324) 2519
Heidenheim/Brenz, Giengener Straße 88, Tel. (07321) 51414
Hohenstaufen, Schottengasse, Tel. (07165) 438
Kirchheim/Teck, „Schlößle" im Freihof, Wollmarktstraße 30, Tel. (07021) 3050
Oberlenningen, Heerweg 20, Tel. (07022) 841
Reutlingen, Im Arbach, Tel. (07121) 38782
Schwäbisch Gmünd, Im Taubental, Tel. (07171) 2260
Ulm/Donau, Am Oberen Kuhberg beim Grimmelfinger Weg, Tel. (0731) 31055
Urach, „Seltbach", Tel. (07125) 8025
Wiesensteig, Grabenstraße 26, Tel. (07335) 447

Jugend- und Freizeitheim der Evangelischen Jungenschaft „Horte":

Allenspacher Hof bei 7205 Böttingen

Das idyllisch gelegene Heim ist in einem ehemaligen Schafhaus aus dem 15. Jahrhundert eingerichtet. Es liegt zentral im Wandergebiet des Vorderen Heuberges.

Wanderheime des Schwäbischen Albvereins

Franz-Keller-Haus bei Schwäbisch Gmünd

Auf dem Kalten Feld, 781 m. 27 Matratzenlager.
Auskünfte durch Helmut Schabel, 707 Schwäbisch Gmünd, Schindelackerweg 15.

Wasserberghaus bei Schlat

700 m. 26 Betten und 16 Matratzenlager.
Anschrift: 7321 Schlat, Tel. (07161) 7 64 17.

Teck-Wanderheim bei Owen

775 m. Anschrift: Burg Teck, 7311 Owen, Tel. (07021) 26 08.

Roßberghaus mit Aussichtsturm, bei Gönningen

869 m. 44 Betten. Anschrift: 7416 Gönningen, Tel. (07128) 207.

Nägelehaus bei Onstmettingen

944 m. Anschrift: 7477 Onstmettingen, Tel. (07432) 72 15.

Otto-Hoffmeister-Haus bei Schopfloch (wird vom Schwäb. Turnerbund betreut)

750 m. 90 Lager, 2 Aufenthaltsräume, Herbergsküche, Gastwirtschaft.
Anschrift: Fritz Döring, Torfgrube, 7315 Weilheim, Tel. (07023) 150.

Weidacher Hütte bei Herrlingen

606 m. 54 Matratzenlager.
Auskünfte durch Willi Siehler, 7901 Weidach, Gartenweg 14.

Pfannentalhaus bei Lauingen/Donau

450 m. 27 Matratzenlager und 15 Notlager.
Auskünfte durch Siegfried Foitl, 8882 Lauingen/Donau.

Burg Derneck im Großen Lautertal

Kreis Reutlingen, 655 m, 35 Matratzenlager, 10 Notlager
Anschrift: Alfred Hauber, 7418 Metzingen, Kanalstr. 5

Rauher Stein bei Irndorf

Kreis Tuttlingen, 782 m, 20 Betten, 42 Matratzenlager
Anschrift: Xaver Schorer, 7201 Irndorf, Wanderheim Rauher Stein.

Wanderheime des Touristenvereins „Die Naturfreunde“

Braunenberghaus bei Aalen

600 m. 9 Zimmer mit 38 Betten, 1 Schlafsaal mit 20 Betten.
Anschrift: 708 Braunenberghaus, Post Röthardt / Kreis Aalen.

Naturfreundehaus im Ried bei Blaubeuren

530 m. 5 Zimmer mit 20 Betten, 2 Schlafsäle.
Anschrift: 7902 Blaubeuren, Im Ried 1.

Boßlerhaus bei Bad Boll

724 m. 7 Zimmer mit 19 Betten, 3 Schlafsäle.
Auskünfte durch Willi Hagel, 732 Göppingen, Georg-Böhringer-Weg 17.

Naturfreundehaus Dettingen bei Urach
430 m. Nur Samstag und Sonntag bzw. ganz im Monat August geöffnet. 20 Betten, 15 Lager.
Auskünfte durch Adolf Heinkel, 7417 Dettingen, Schneckenhofgasse 29.

Falkenberghaus bei Metzingen
400 m. Nur Samstag und Sonntag bzw. ganz im Monat August geöffnet. 15 Betten, 10 Notlager.
Auskünfte durch Emil Maurer, 7418 Metzingen, Nürtinger Straße 84.

Haus Immenreute bei Donzdorf
407 m. 43 Betten.
Auskünfte durch Werner Kölle, 734 Geislingen, Hölderlinstraße 26, Tel. (07331) 58 63.

Naturfreundehaus am Hasenloch bei Giengen/Brenz
470 m. 5 Zimmer mit 19 Betten.
Auskünfte durch Matth. Wirth, 7927 Gerschweiler, Tel. (07322) 76 38.

Am Hahnenschnabel bei Heidenheim
550 m. 9 Zimmer mit 43 Betten, 2 Schlafsäle mit 10 und 24 Lagern.
Anschrift: 792 Heidenheim, Tel. (07321) 2 46 60.

Spatzennest bei Herrlingen
510 m. 4 Zimmer mit 24 Betten, 1 Schlafsaal mit 18 Lagern.
Auskünfte durch Eugen Bader, 79 Ulm, Mähringer Weg 104.

Auf dem Himmelreich bei Heubach
680 m. 10 Zimmer mit 49 Betten, 1 Schlafsaal mit 10 Lagern.
Anschrift: 7072 Heubach, Tel. (07173) 68 13.

Am Hartenbuch bei Schelklingen
520 m. 2 Schlafsäle mit 18 Lagern.
Auskünfte durch Ludwig Heuschmid, 7933 Schelklingen, Blaubeurer Straße 22, Tel. (07394) 273.

Römerstein bei Donnstetten
850 m. 25 Betten, 10 Notlager.
Anschrift: 7419 Donnstetten, Tel. (07382) 356.

Rohrauer Hütte über Urach beim Rutschenfelsen
750 m. Nur Samstag und Sonntag bzw. ganz im Monat August geöffnet. 10 Betten, 10 Notlager.
Auskünfte durch Willi Berlinger, 741 Reutlingen, Benzstraße 35.

Pfadfinder-Bergheim Schachen bei Buttenhausen
680 m. 25 Betten.
Auskünfte durch A. Schmid, 7422 Buttenhausen.

Seltbachhaus bei Urach
470 m. Nur Samstag und Sonntag bzw. ganz im Monat August geöffnet. 20 Betten, 10 Lager.
Auskünfte durch Fritz Rehm, 7417 Urach, Musel 14a.

Strümpfelbacher Haus
300 m. 7 Zimmer mit 31 Betten, 1 Schlafsaal mit 10 Lagern.
Anschrift: 7051 Strümpfelbach, Tel. (07151) 6 19 56.

Haus Donauversickerung bei Möhringen

680 m. 40 Matratzenlager.
Anschrift: R. Lang, 7717 Möhringen, Karlstraße 9.

Haus Donautal bei Unterneidingen

780 m. 36 Betten, 40 Notlager, Aufenthaltsräume und Küche.
Auskünfte durch Erwin Manz, 72 Tuttlingen, Stockacher Straße 82.

Naturfreundehaus Am Brand,bei Aalen-Unterkochen,

635 m, Tel. (07361) 8428, Anfragen: Erich Schmid,
Wachholdersteige 36, 7082 Oberkochen.

Naturfreunde Am Tierstein, bei Oberkochen

600 m, Anfragen: Erich Wojatschke, Jenaer Str. 19,
7082 Oberkochen.

Naturfreundehaus Härtsfeldhäusle, bei Dorfmerkingen,

Anfragen: Hermann Huber, Hauptstraße, 7086 Neresheim-1.

Naturfreundehaus am Sturz, bei Heidenheim-Schnaitheim,

493 m, Anfragen: Gustav Hönig, Kernerstr. 12,
7920 Heidenheim-Schnaitheim.

Naturfreundehaus am Erbisberg, Heidenheim-Mergelstetten,

520 m, Anfragen: Karl Prechtel, Roseggerweg 8,
7920 Heidenheim-Mergelstetten.

Naturfreundehaus am Haldenwald, bei Uhingen,

Anfragen: Werner Lorenz, Gerhard-Hauptmann-Str. 24,
7336 Uhingen.

Naturfreundehaus am Nau-Ursprung, bei Langenau,

461 m, Anfragen: Ernst Junginger, G.-Honold-Str. 6,
7907 Langenau.

Naturfreundehaus Römerschanze bei Reutlingen,

Anfragen: Albert Vögele, Baumgartenweg 34, 7410 Reutlingen

Die Jugendburg Derneck (Großes Lautertal) ist ideal für Freizeiten. Und wenn der Schwäbische Albverein sein großes Pfingstlager für 1 000 Jungen und Mädchen veranstaltet, dann ist nahe der Burg auf einer großen Waldwiese Platz genug für zünftiges Lagerleben.

Naturfreundehaus am Lindenplatz, bei Eningen u. A.,
Anfragen: Heinz Theurer, Hölderlinstraße 38, 7412 Eningen.

Naturfreundehaus Hans-Wenger-Hütte, bei Balingen,
Anfragen: Ernst Wagner, Burgenwand 15, 7460 Balingen.

Naturfreundehaus Hochberghütte, bei Tailfingen,
Anfragen: Ernst Schwarzbach, Katharinenstr. 96, 7470 Albstadt-2.

Naturfreundehaus Richard-Joner-Heim, bei Ebingen,
930 m, Tel. (07431) 54319, Anfragen: Gerhard Bleibler, 7470 Albstadt-1.

Naturfreundehaus Jungbrunnen, bei Rottweil,
600 m, Anfragen: Hans Glaser, An der Halde 6, 7210 Rottweil

Naturfreundehaus Steppachhalde, bei Trossingen
700 m, Anfragen: Naturfreundehaus Steppachhalde, 7218 Trossingen-1.

Naturfreundehaus Wendlingen,
Tel. (07024) 2456, Anfragen: Kurt Pfeiffer, Austr. 17, 7313 Wendlingen

Naturfreundehaus Sulzbachhaus, bei Denkendorf,
340 m, Anfragen: Helmut Lang, Obere Löcherhaldenstr. 49, 7306 Denkendorf,

Naturfreundehaus Schurwaldhaus, Bei Hegenlohe,
420 m, Tel. (07153) 41538, Anfragen: Willy Oesterlein, Lindenstr. 22, 7333 Ebersbach/Sulpach.

Naturfreundehaus Sechselberg, Sechselberg/ ü. Backnang,
478 m, Anfragen: Naturfreundehaus Sechselberg.

Kinderheime

Wenn Sie Ihren Urlaub ohne Kinder gestalten, sie aber doch in der Nähe wissen möchten, so vertrauen Sie Ihr Kind einem der bestens geführten Kinderheime an, die sich über die gesamte Alb verteilen. Die Kinder werden von ausgebildeten Kindergärtnerinnen betreut und stehen ständig unter ärztlicher Aufsicht. Das leichte Reizklima auf der Alb ist dem kindlichen Organismus besonders zuträglich. Zu den bioklimatischen Vorzügen kommen in einigen Badeorten noch die wohltuenden Bade- und Trinkkuren, die die Konstitution im Sinne einer umfassenden Ganzheitswirkung nachhaltig stärken. Die Landschaft ist ein prächtiges Kinder-Erholungsgebiet! Unter kundiger Führung lernen die Kinder schnell die tausend schönen Dinge der Natur kennen. Die sind mit ihrer kindlichen Begeisterung unter ihresgleichen, was ihre Urlaubserlebnisse noch vertiefen wird.

Sie können Ihre Kinder in die Obhut folgender Heime geben (Auswahl):

	Alter/Jahre
Psychotherapeutisches Kinderheim Haus Aichele 744 Beuren, Tel. (07025) 358	5-12
Haus Knollenberg 7925 Dischingen, Tel. (07327) 360	1-14
Ev. Kinderheim Lindenhof 7340 Geislingen, Tel. (07331) 5511	0-12
Heil- und Erziehungsinstitut 7920 Heidenheim, Tel. (07321) 23433	4-18
Kinderheim des ev. Diakonissenrings 7418 Metzingen, Tel. (07123) 4125	0- 7
Kinderkurheim „Im Wiesental“ 7420 Münsingen, Tel. (07381) 344	5-12
Priv. Entbindungs- u. Säuglingsheim 7421 Offenhausen, Tel. (07385) 207	0- 1
Kindererholungsheim der Arbeiterwohlfahrt 7477 Onstmettingen, Tel. (07432) 7281	6-14
Städt. Kinderheim 7410 Reutlingen, Tel. (07121) 7281	0-12
Kinderheim St. Canisiushaus (kath.) 7070 Schw. Gmünd, Tel. (07171) 2930	11-15
Kinderheim Sonnenhof 7070 Schw. Gmünd, Tel (07171) 2698	6-10
Erzb. Kinderheim Haus Nazareth (kath.) 7480 Sigmaringen, Tel. (07571) 467	0-14
Kindergenesungsheim der Inneren Mission (evang.) 7844 Stetten, Tel. (07573) 340	4-14
Kinderheim „Zwergenhaus“ 7411 Traifelberg, Tel. (07129) 128	0- 7
Kindererholungsheim der Arbeiterwohlfahrt 7200 Tuttlingen, Tel. (07461) 3100	6-14
Säuglingsheim Gross 7417 Urach, Tel. (07125) 8055	0- 2
Baby-Pension 7315 Weilheim, Tel. (07023) 791	0- ½

Nähere Auskünfte erhalten Sie direkt bei den Heimverwaltungen. Es empfiehlt sich für die Hauptsaison ca. 4 Monate im voraus einen Platz für das Kind reservieren zu lassen.

Reiterferien

Reiten ist für viele eine liebgewordene Ferienbeschäftigung. Auf der Alb macht's besonderen Spaß! Sie können Wälder und Wacholderheiden zu Pferd erwandern. Das Pferd ist übrigens auf der Alb zu Hause. In grauer Vorzeit zogen die Wildpferdherden über das Steppenland, im Mittelalter galoppierten kaiserliche Reitergruppen durch die Wälder und bis in die jüngste Zeit war das Pferd treuer Arbeitsgefährte des Albbauern. Reiten auf der Alb ist ein großes, romantisches Ferienerlebnis! In Reitställen, Gestüten und Gutshöfen erhalten Anfänger Reitstunden, Fortgeschrittene können Kurse belegen oder sich an den täglichen Ausritten beteiligen.

Nachfolgend die wichtigsten Orte, in denen Sie Reiterferien machen können:

Aalen, Balingen, Bad Ditzenbach, Donzdorf, Dürbheim, Ebingen, Eybach, Giengen/Brenz, Göppingen, Gomadingen, Großengstingen, Hechingen, Heidenheim/Brenz, Holzelfingen, Kirchheim/T., Laichingen, Lauchheim, Münsingen, Nürtingen, Pfullingen, Reutlingen, Schwäb. Gmünd, Sigmaringen, St. Johann, Tuttlingen, Ulm, Unterhausen, Urach, Westerheim, Würtingen.

3. Volksfeste

Die ältesten Brauchtumsfeste auf der Alb reichen in ihren Ursprüngen weit ins frühe Mittelalter zurück. In ihnen sind meist mystische und heidnisch-abergläubische Riten bis zum heutigen Tag überliefert. Sie sind als typische Volksfeste angelegt und haben oftmals Jahrmarktcharakter. Zu den ältesten Festen dieser Art zählen im Bereich der Schwäbischen Alb Schäferläufe, Fasnet-Umzüge und Höhlenfeste.

Schäferlauf

Urach — Mitte Juli (an einem Sonntag), nur in Jahren mit ungeraden Jahreszahlen

---

Vielleicht begegnen auch Sie diesem Hirten, der seine Schafe auf den Matten am Fuß des Hohenneuffen (Hintergrund) weidet.

Fasnet

Donzdorf	— Fasnet-Eröffnung auf der Alb mit großem Umzug
Riedlingen/Donau	— Fasnet-Umzug
Schömberg/Balingen	— Fasnachtstreiben an den närrischen Tagen
Sigmaringen	— „Bräuteln" am Fastnachtsdienstag
Spaichingen	— Fasnachtsumzug

Höhlenfeste

Genkingen	— Nebelhöhlenfest
Heldenfingen	Brezgamarkt (Hungerbrunnenfest)
Schelklingen	Höhlenfest am Hohlen Fels
Sontheim	Höhlenfest bei der Sontheimer Höhle
Undingen	— Nebelhöhlenfest

Ein sehr altes Brauchtumsfest feiern die Eybacher Mitte Oktober mit dem **Huttanz**, der natürlich viele Schaulustige anlockt (siehe auch unter **Eybach!**) — Stolz sind die **Gmünder** auf ihr Brauchtumsfest, das im Juli stattfindet. Es gibt ein farbenprächtiges Bild lebendiger Historie und ist mit phantasievollen Kostümierungen reich ausgestattet.

Am vorletzten Julimontag eines jeden 4. Jahres, dem sogenannten **Schwörmontag**, leistet der Ulmer Oberbürgermeister einen Schwur, der seit 1397 jedes Jahr wiederholt wird. In ihm verpflichtet sich der Bürgermeister, sein Amt zum Wohl der Stadt auszuüben sowie „Reichen und Armen ein guter Mann zu sein". — Durch den „Schwörbrief" wurde damals die rechtliche Gleichstellung der Zünfte mit dem Rat der Stadt erreicht und die Verfassung schriftlich festgehalten. Anschließend findet auf der Donau ein **Wasserfestzug** statt, „Nabada" nennen es die Ulmer, bei dem geschmückte Boote humoristisch oder satirisch aktuelle Probleme der Stadt illustrieren. In der **Friedrichsau** trifft sich Jung und Alt zu lustigem Jahrmarkttreiben. — Tausende von Besuchern erleben alle vier Jahre das **Fischerstechen.** Ihm voran geht ein Festzug und der Fischertanz (24 Fischerpaare). Danach trifft man sich an der Donau, wo die historischen Figuren sich mit Lanzen von Booten gegenseitig ins Wasser stoßen. Zu diesem traditionellen Wasserturnier trifft man sich 1974 und 1978 wieder.

Am ersten Wochenende im September findet in Nördlingen das **Scharlachrennen** statt. Es stellt eine Fortsetzung der Ritterturniere dar und hat seine Ursprünge im 12. Jahrhundert. Das Pferderennen wird auf der Kaiserwiese durchgeführt (seit 1438 beurkundet). Der Sieger erhält ein kostbares flämisches und scharlachrotes Tuch, dem Letzten winkt immerhin noch ein lebendes Ferkel als Trostpreis.

Nicht ganz so traditionsreich ist der **Gallusmarkt** (November) und der **Märzenmarkt** (März) in Kirchheim/T. — Die **Maientage, Frühlings-** und **Sommerfeste** sind im allgemeinen erst Ende des 18. / Anfang des 19. Jahrhunderts entstanden. Mit dem zunehmenden Fremdenverkehr vervielfachten sich die **Kinder-, Kirchweih-, Feuerwehr-** und **Musikfeste,** von denen heute fast jede Gemeinde zumindest eines auf dem Veranstaltungskalender stehen hat.

Das **Südmährertreffen,** das jährlich in **Geislingen/Steige** stattfindet, ist zwar nicht als Volksfest gedacht, aber die mährischen Volkstänze, vorgeführt in kostbaren Originaltrachten, sind so sehenswert, daß Tausende von Schaulustigen Plätze und Straßen säumen.

4. Mundart

Die Bewohner der Alb sprechen schwäbisch. Dieser Dialekt gehört zur oberdeutschen, insbesondere zur alemannischen Sprachgruppe. Schwäbisch und Alemannisch sind heute zwei verschiedene Mundartbezeichnungen. Zum Alemannischen zählt man den Schwarzwälder und deutsch-schweizerischen Dialekt.

Das Alb-Schwäbisch unterscheidet sich erheblich von dem, das die Stammeskollegen im Oberland, im Neckartal oder im Stuttgarter Raum sprechen. Das finden freilich nur die Einheimischen heraus. Und die stellen sogar noch feine Differenzierungen fest zwischen den Dialekten auf der Balinger, der Uracher und Heidenheimer Alb. Die Mundart im oberen Donautal lehnt sich an den Dialekt des Bodenseeraumes an, der wiederum Merkmale des schweizerischen bzw. Schwarzwälder Mundartdeutsch aufweist. Im östlichen Teil des Härtsfeldes und in Nördlingen finden sich bayerische Sprachelemente, während an der Albnordseite östlich von Aalen sich das Schwäbische mit dem Fränkischen vermischt.

Kurz zu einigen sprachlichen Besonderheiten, die typisierend für die schwäbische Mundart sind:

Die Verkleinerungsform **-le** wird sehr häufig benutzt, und zwar auch bei Gegenständen, zu denen sie eigentlich nicht paßt, so z. B. für Mantel = Mändele, Rucksack = Rucksäckle, Gasthaus = Wirtschäftle, Hundle, Wägele, Bähnle, Kußle etc. Es scheint doppelt gemobbelt, wenn der Älbler ein Haus als ein „kloins Häusle" bezeichnet. Das Beispiel macht andererseits deutlich, daß der Schwabe mit dem angehängten -le nicht unbedingt verkleinern, sondern vielmehr verniedlichen möchte. Wenn er etwas mit einem -le behängt, dann ist das eine Bevorzugung, ein Ausdruck für wahrhafte Sympathie. Die Sache gefällt ihm ebenso wie die vielen „nette Mädle", die auf der Alb gedeihen. Grotesk wird es freilich, wenn dabei Wortbildungen wie die folgenden zustande kommen: ade / adele, so / sodele, jetzt / jetzedle.

Nicht weniger oft hören Sie das **„gell"**. Fast jede Frage endet damit, auch Aufforderungen oder Vorschläge. Das „gell" fordert den Gesprächspartner auf, Stellung zu nehmen, eigentlich mehr noch: Zustimmung zu geben. „Des möchdsch habe (han oder hau), gell?" Oder: „Mach koine Zicke, gell!?"

Und **„hano!"** ist Ausdruck großen, leicht empörten Erstaunens. Das bekommen Sie zu hören, wenn Sie einem Schwaben versehentlich auf den Fuß treten, ihn stoßen, ihm etwas ganz Unglaubliches weismachen wollen. Fremd sind dem Dialekt Unterschiede zwischen p und b, t und d. Kein Älbler geht auf die Post, das ist die „Boschd". Paul wird zu Baule, Tanne zu Dann und Tür zu Dier. Bei dieser Deformierung zeigt sich noch eine Verschiebung: ü wird zu ie. „Sin Sie mied?" „Bisch glicklich?" Die Umlaute ö und eu werden zu ee (heersch Du do zu?) und ei (mach des Feier aus, gell!). Umgekehrt wandelt sich der Doppellaut ei zu oa oder ao (groß wird groaß bzw. graoß). Der Dialekt ist ohnehin reich an Doppellauten: muß / muesch, heim / hoam, die / dui. Das s wird meist als sch gesprochen, regelmäßig vor t und p und hinter r.

Die Lautverschiebungen sind so zahlreich, daß sie in einem kurzgefaßten Sprachexcurs nicht alle aufgezählt werden können. Wenn Sie diesen Abschnitt gelesen haben, werden Sie vielleicht bezweifeln, ob Sie die Menschen in ihren abgeschlossenen Hochtälern überhaupt verstehen können. Sie können —

Blick von Heidenheims Stadtmitte hinauf zum Schloß Hellenstein. Im Mittelgrund die Michaelskirche.
(Foto: Bild Landesverkehrsverband Württemberg — Foto Holder)

zumindest in den größeren Orten, wo seit dem Zweiten Weltkrieg auch viele Menschen aus anderen Sprachgruppen leben, mit denen sich der Einheimische zu verständigen gelernt hat.

Und noch etwas: Der ausgeprägte Dialekt verführt dazu, ihn nachzuahmen. Machen Sie das bitte nicht in Gegenwart eines Einheimischen. Versuchen Sie auch nicht, sich mit mühsam angelernten Mundartfetzen bei einem Schwaben anzubiedern. Beides empfindet der Einheimische als Verspottung und denkt sich: „Dui wället mi versekle! Denne zahle's hoim!" (Die wollen mich veräppeln! Denen zahle ich es heim!) Er schaltet dann auf stur wie jener Bürgermeister von Heiningen, der das Aufstellen eines Wegweisers mit den lakonischen Worten verhinderte: „Wa brauche mir en Wegzoiger? Mir Eiheimische wisset, wo's naagoht und d'Fremde sollet frooga!"

5. Vom Essen und Trinken

Essen und Trinken sind dem Älbler liebgewonnene Lebensgewohnheiten. Ein kräftiges Essen hält Leib und Seele zusammen, so meint er zurecht, und schafft sich passende Gelegenheiten zum „Schbachdle" oder „Veschbern". Die schwäbische Küche bietet einige Spezialitäten, die jedem Magen bekommen. Ob sie auch jedem Gaumen gerecht werden, das freilich bleibt offen. Beim **Frühstück** kann eigentlich nichts schief gehen. Es ist nicht so reichhaltig wie das norddeutsche und besteht im allgemeinen aus Kaffee (Tee), Schwarzbrot (Roggen), Butter und Gsälz (Marmelade). Fremden werden selbstverständlich auch Frühstückseier angeboten. Auf Bauernhöfen ist es meist noch herzhafter, da kann schon sein, daß Sie den Tag mit einem kräftigen „Bauernfrühstück" (Bratkartoffel, vermischt mit Ei, Blut- und Schinkenwurst) beginnen. — Um 9.30 Uhr sitzt der Älbler wieder am Tisch: **Vesperzeit.** Die klassischen Utensilien sind ein Vesperbrett, ein Messer, hausgemachte Leberwurst, Blutwurst oder ein Schweinsrippchen (gekocht), und nicht zu vergessen, das dunkle Brot, von einem runden Laib abgeschnitten. Ein Knöchle (vom Schwein) oder Schweinesulz können übrigens das Rippchen ersetzen. Und dazu Bier oder Most. — Das **Mittagessen** bleibt ganz der Phantasie der Hausfrau überlassen. Der Älbler ist nicht festgelegt auf bestimmte Nationalitätenkost. Er ißt Kartoffeln ebenso gern wie Nudeln, am liebsten freilich sind ihm die Spätzle (im Balinger Raum: Knöpfle). Sie sind aus leicht gesalzenem Teig gemacht, der auf einem Spatzenbrett ausgestrichen wird. Sie sollten einmal sehen, wie flink eine Schwäbin mit dem Messer die ca. 7 cm langen, 1—2 cm breiten Teigstückchen vom Brett ins kochende Wasser schabt. Schon nach kurzer Zeit sind sie tischfertig. Am häufigsten aber wird der Teig durch einen Wolf gedreht. Diese „Maschinenspätzle“ erkennen Sie an der gleichförmigen Länge und Dicke. Spätzle serviert man als Beigabe zu einem Braten mit viel Sauce und Kartoffelsalat. — Eine andere Spezialität, die als Hauptgericht gereicht wird, sind Maultaschen (Nudelteig, gefüllt mit Fleisch, Spinat und Ei). Sie werden abwechslungsweise in der Brühe oder mit Ei überbacken serviert. — Der „Gaisburger Marsch“ ist ein Eintopfgericht, das aus Spätzle, geschnittenen Kartoffeln, Schinkenwurst, in Fett geschmelzten Zwiebeln und Fleischbrühe besteht. Ofenschlupfer und Pfannengebakkenes sind andere heimische Hauptmahlzeiten. Zu einem rechten schwäbischen Mittagessen gehört auf jeden Fall auch eine Suppe: Reis-, Nudel-, Einlauf- oder Flädlesuppe (in Streifen geschnittene Pfannkuchen). Ein Mittagessen ohne Suppe ist für den Älbler wie „Weihnachten ohne Brödle (Gebäck)“.

Um 16 Uhr legt er gern noch einmal eine kleine Pause ein. Die einen vespern wieder Brot, Wurst oder Rauchfleisch, die anderen trinken Kaffee und tunken ein Stück Hefenkranz ein.

Abends wird kalt gegessen. Ab und zu gibt es auch gekochtes Rippchen mit Sauerkraut.

Der Württemberger **Wein** ist weit über die Grenzen des Landes bekannt, obwohl er dort nur selten vertreten ist. Die Schwaben trinken ihn nämlich selbst. Ein Viertele „Neuffener Täleswein“ mag ein Hochgenuß sein, doch bevorzugen selbst die Älbler im allgemeinen die beständigeren Weine aus dem Neckar-Remstal. Vom Unterland übernommen ist die Sitte, im Herbst den frisch gekelterten, noch süßen Wein zu trinken und dazu heißen Zwiebelkuchen zu essen. Lieber noch als Wein trinkt der Albschwabe seinen **Most** („Birnenschnitz“), den er aus Birnen, Äpfeln und Zwetschgen selbst zusammenbraut.

6. Führerschein im Urlaub

Wer mit seiner Zeit knapp ist oder aus irgendwelchen anderen Gründen daheim den Führerschein nicht machen kann, der hat in einigen Ferienorten auf der Alb Gelegenheit, während des Urlaubs in 14 Tagen oder drei Wochen in aller Ruhe den praktischen sowie den theoretischen Unterricht (einschließlich Prüfung) zu absolvieren. In Ferienatmosphäre schaffen Sie das bestimmt leichter als im angespannten Alltag zu Hause. Alles, was Sie dazu benötigen, ist ein Personalausweis. In folgenden Orten können Sie den Urlaubs-Führerschein machen:

Burladingen, Degenfeld, Donzdorf, Eningen/Achalm, Geradstetten, Hausen i. Tal, Hechingen, Heubach, Laichingen, Lorch, Metzingen, Neresheim, Oberkochen, Rechberg, Reutlingen, Schwäbisch Gmünd, Sigmaringen, Undingen, Weißenstein

7. Flugschulen

Wenn Sie den Führerschein schon haben, können Sie stattdessen den Flugschein machen. In den nachgenannten Orten gibt es Flugschulen, die Sie für alle Klassen der Motor- und Segelflugscheine ausbilden:

Aalen, Degenfeld, Deggingen/Fils, Dettingen/Teck, Donzdorf, Göppingen, Hechingen, Heiligenberg, Metzingen, Neresheim, Oberlenningen, Reutlingen, Schwäbisch Gmünd, Unterhausen, Weißenstein

8. Kneipp-Kureinrichtungen

Unter ärztlicher Aufsicht stehen die Kneipp-Kuren, auf die mehrere Gemeinden eingerichtet sind. Die Anlagen sind nach modernsten medizinischen Erkenntnissen angelegt. Vorbildliche Kureinrichtungen bestehen in:

Bad Überkingen, Bad Boll, Bad Ditzenbach, Lindach/Schwäbisch Gmünd, Urach

In diesen Kneippheilbädern und Kneippkurorten werden Kuren zur Prävention oder zur völligen Genesung von einem Leiden anempfohlen. Die individuelle Betreuung durch geschultes Personal sichern den bestmöglichen Kurerfolg.

9. Wanderparkplätze

Große rechteckige Tafeln mit einem weißen „P“ auf blauem Grund und zwei Wanderern daneben zeigen dem Autotouristen, wo Wanderparkplätze angelegt sind. Nach der Parole „Steig aus und wand're!“ haben das Land Baden-Württemberg und die Gemeinden in enger Zusammenarbeit mit dem Landesfremdenverkehrsverband und dem Schwäbischen Albverein nahe den schönsten Punkten geräumige Parkplätze geschaffen. Auf großen Holztafeln sind die Rundwege aufgezeichnet, auf denen Sie die reizvolle Umgebung erwandern können. Je nach Lust und Laune bieten sich Ihnen Wege verschiedener Länge an. Unterwegs sorgen Ruhebänke für ausreichende Rastgelegenheiten. Mehrstündige Wanderwege führen im allgemeinen an einem Dorf oder zumindest an einem Naturfreunde- bzw. Albvereinshaus vorbei, damit die Wanderer sich bei herzhaftem Vesper wieder stärken können.

Seit ein dichtes Netz von Wanderparkplätzen über die Alb gezogen ist — insgesamt sind es 450 — achten Forstbeamte besonders darauf, daß Autos nicht willkürlich auf Waldwegen, Feldern oder Wiesen abgestellt werden. Das gilt natürlich in erster Linie dort, wo ein Waldparkplatz in der Nähe ist. Bitte vermeiden Sie deshalb das wilde Parken. Sie ersparen sich Unannehmlichkeiten.

In den Wintermonaten halten Räumfahrzeuge Wanderparkplätze in der Nähe von Skigebieten frei von Schnee. Skiwanderwege oder Pisten-Zufahrten beginnen praktisch direkt an Ihrem Wagen. Daher kommen viele Ski- und Rodelfreunde an weißen Wochenenden auch zu diesen Parkplätzen. Denn hier findet man noch eher einen freien Platz für den Wagen als auf den vollbesetzten Parkplätzen der Wintersportzentren.

Wandern ohne Gepäck

Der Verkehrsverein Reutlinger Alb e. V. bietet eine zehntagige Wanderung an, bei der Sie nur Ihren Proviant zu tragen haben. Das Gepäck wird von Gasthof zu Gasthof transportiert. Dieser Wandervorschlag ist individuell. Sie bestimmen den Zeitpunkt und auch die Aufenthaltsdauer an den Etappenzielen. Weitere Einzelheiten erfahren Sie direkt beim Verkehrsverein Reutlinger Alb in Reutlingen, Omnibusbahnhof

(Tel. 07121/44482). Die Route verläuft von Reutlingen über Urach, Gomadingen nach Gundelfingen. Von dort geht es weiter nach Zwiefalten, Gammertingen und Erpfingen (Bärenhöhle) zum Roßberg. Vorbei an der Nebelhöhle und Schloß Lichtenstein erreichen Sie wieder den Ausgangspunkt in Reutlingen.

10. Kartenmaterial

Sie benötigen Karten mit großem Maßstab, damit alle wichtigen Orientierungspunkte auf Ihren Wanderungen verzeichnet sind. Am besten geeignet sind Meßtischblätter im Maßstab 1 : 25 000. Die amtliche Wanderkarte von der Schwäbischen Alb umfaßt 22 Teilblätter im Maßstab 1 : 50 000. Die Karten des Schwäbischen Albvereins im Maßstab 1 : 50 000 und 1 : 100 000 sind ebenfalls sehr empfehlenswert. Aus dem Reise- und Verkehrsverlag kommt eine Wanderkarte **(RV Nr. 39/40)** im Maßstab 1 : 100 000. Sie ist in zwei Faltblätter aufgeteilt (West und Ost).

Eine ideale Kombination zwischen Straßen- und Wanderkarte ist die Touristenkarte **RV Nr. 53**, ebenfalls aus dem Reise- und Verkehrsverlag, im Maßstab 1 : 200 000. Sie umfaßt das gesamte Gebiet der Schwäbischen Alb einschließlich Stuttgart, Bodensee und Schwarzwald. Sie können die Karten in jeder Buchhandlung kaufen.

11. Der Büchertip

Franz Georg Burstgi, Sagen und Schwänke von der Schwäbischen Alb

Max Eyth, Der Schneider von Ulm

Ludwig Finckh, Rapunzel. Eine Handwerkergeschichte von der Alb

Ludwig Finckh, Verzauberung. Erinnerungen an einen Sommer in Kirchheim/T.

Karl Götz, Schwäbisch von A bis Z

Wilhelm Hauff, Lichtenstein

Theodor Heuss, Von Ort zu Ort

Max Kibler, Johann Jakob Meunier. Die Lebensgeschichte eines Theologen, der sich als Steinmetz auf die Alb zurückgezogen hat.

Matthias Koch, Albleut', Geschichten vom Heuberg.
Wilhelm Kotzde-Kottenrodt, Lupold auf dem Staufen
Merian — Heft „Schwäbische Alb“
Eduard Mörike, Maler Nolten
Eduard Mörike, Das Stuttgarter Hutzelmännlein
Karl Heinrich v. Neubronner, Der Schoberhof
Gustav Schwab, Die Neckarseite der Schwäbischen Alb
Hermann Strenger, In die Welt gestreut. Samenhändler von der Alb.
Friedrich Weinland, Rulaman. Die Geschichte eines Steinzeit-Jungen.

Es gibt außerdem eine Reihe von bemerkenswerten Heimatbüchern über die größeren Städte und ihre Umgebung. So liegen Bände vor z. B. von Tuttlingen, Balingen, Hechingen, Reutlingen, Urach, Göppingen, Geislingen, Schwäbisch Gmünd, Aalen, Nördlingen, Heidenheim, Ulm, Ehingen, Riedlingen, Sigmaringen, Münsingen, Ebingen u. a. Sie erhalten das jeweilige Heimatbuch und die oben angezeigten Titel im örtlichen Buchhandel.

Hart am Abgrund steht die Büste von Wilhelm Hauff, der das Schloß Lichtenstein in seinem historischen Roman „Lichtenstein“ weltberühmt gemacht hat.

12. Wichtige Anschriften

(Auskünfte und Prospekte)

Landesfremdenverkehrsverband Baden-Württemberg
7000 Stuttgart 1, Postfach 304, Tel. (0711) 481045

Gebietsgemeinschaft „Schwäbische Alb"
7325 Boll, Rathaus, Tel. (07164) 457
7400 Tübingen, An der Neckarbrücke, Tel. (07122) 33566

Verkehrsverein Reutlinger Alb
7410 Reutlingen, Am Omnibusbahnhof, Tel. (07121) 44482

Fremdenverkehrsgemeinschaft „Bergland junge Donau"
Verkehrsamt Möhringen, 7200 Tuttlingen 14, Tel. (07462) 6217

Schwäbischer Albverein
7000 Stuttgart 1, Hospitalstraße 21b, Tel. (0711) 290996

Touristenverein „Die Naturfreunde"
7000 Stuttgart 1, Neue Straße 150, Tel. (0711) 481076

Schwaben International
7000 Stuttgart 1, Charlottenplatz 6, Tel. (0711) 241651

Allgemeiner Deutscher Automobilclub
7000 Stuttgart 1, Richard-Wagner-Straße 53
Tel. (0711) 240742-45
7400 Tübingen, Wilhelmstraße 3, Tel. (07122) 5733
7900 Ulm, Verkehrs-Pavillon am Münsterplatz,
Tel. (0731) 64161

Staatl. Amt für Denkmalpflege
7000 Stuttgart, Altes Schloß, Tel. (0711) 290941
7400 Tübingen, Schloß, Tel. (07122) 2904

Verband Deutscher Höhlen- und Karstforscher
7440 Nürtingen, Jusistraße 4/2, Tel. (07022) 2091

Deutscher Camping Club
8000 München 23, Mandlstr. 28, Tel. (089) 334021

STICHWORTVERZEICHNIS

Ortsregister

Sachregister

Fotografieren, damit Ihre schönsten Urlaubserinnerungen nicht verblassen!

Die Mehrheit der fotografierenden Weltenbummler bevorzugt für die Aufzeichnung ihrer Urlaubserinnerungen das farbige Papierbild, während für andere das Farbdia in der großflächigen Projektion das Nonplusultra bedeutet. Wofür Sie sich auch entscheiden, möglicherweise für beides und zwei Kameras: die Qualität Ihrer Bilder wird durch die Qualität des verwendeten Filmmaterials entscheidend mitbestimmt. Deshalb verwenden wir Filme, die auch von Profis gekauft werden.

Kodak beispielsweise, auf dem Filmsektor weltweit führend, bietet Filme für jede Kamera und jede Aufnahmesituation an. Die gebräuchlichsten Filme auf Reisen und auch sonst: Kodacolor Gold Filme für Papierbilder in satten, natürlich wirkenden Farben, und Ektachrome oder Kodachrome Filme für brillante Farbdias. Es gibt diese Filme in verschiedenen Lichtempfindlichkeiten: Mit dem Kodacolor Gold 200 Film (24°) werden Sie die meisten Tageslichtverhältnisse meistern, ebenso – falls Sie Dias bevorzugen – mit dem Ektachrome 200 oder dem Kodachrome 200 Film. Ein farblich überaus interessantes Material ist auch der neue Ektachrome 100 HC Film (21°). Für Aufnahmen bei wenig Licht und für Aufnahmen mit langbrennweitigen Teleobjektiven stehen auch Filme mit 400 und 1000 ISO (27° und 31°) zur Verfügung. So z.B. der neue Kodak Ektar 1000 Film, das in dieser Empfindlichkeitsklasse schärfste Material für Papierbilder mit exzellenter Farbwiedergabe.

Eine grundsätzliche Anmerkung noch zum Filmkauf: decken Sie den Filmbedarf für Ihre Reise bei Ihrem Fotohändler. Er wird Ihnen einwandfreies Material zu vernünftigen Preisen anbieten. Im Ausland müssen Sie fast überall mehr dafür bezahlen und oft auch für Material, dessen Qualität z.B. durch Hitzeeinwirkung gelitten hat. Wichtig ist auch, daß Ihre belichteten Filme möglichst bald in ein Fotolabor gegeben werden, damit Sie die Farben auf Ihren Bildern so wiederfinden, wie Sie sie gesehen haben.

Wie beim Filmmaterial sollten Sie auf Qualität und Ausrüstung der Kamera Wert legen – handlich in der Bedienung, vielseitig in der Aufnahmetechnik und trotzdem klein im Gepäck. Besonders das Objektiv ist entscheidend für die Qualität Ihrer Aufnahmen. Deshalb sind lichtstarke Zoomobjektive eine empfehlenswerte Ausrüstung. Bei Leica z.B. die Vario-R-Objektive 1:3,5/35-70 mm und Vario R 1:4/70-210 mm mit unerreichten Zeichnungseigenschaften in der Kleinbildfotografie.

Die heute viel verwendeten Kompaktkameras sind natürlich die einfachste Ausrüstung, um seine Urlaubserinnerungen festzuhalten. Auch in diesem Markt hat Leica mit ihren Qualitätsobjektiven ein Angebot: Leica AF-C1 ist mit allen Automatikfunktionen und einem Bifokal-Objektiv ausgestattet, das sich von der Weitwinkelposition 1:2,8/40 mm auf Knopfdruck in die Telestellung 1:5,6/80 mm umschalten läßt. Mit beiden Brennweiten sind auch Nahaufnahmen bis 70 cm möglich.

Und nun – viel Erfolg für ein „farbiges Reiseerlebnis".